Relação entre Direito Material e Processo
UMA COMPREENSÃO HERMENÊUTICA

— compreensão e reflexos da afirmação da ação de direito material —

H632r   Hidalgo, Daniela Boito Maurmann
        Relação entre direito material e processo: uma compreensão hermenêutica: compreensão e reflexos da afirmação da ação de direito material / Daniela Boito Maurmann Hidalgo. – Porto Alegre: Livraria do Advogado Editora, 2011.
        248 p.; 23 cm.
        ISBN 978-85-7348-723-7

        1. Direito processual. 2. Processo civil. 3. Teoria do Direito. I. Título.

                            CDU – 347.9

        Índices para catálogo sistemático:
        Teoria do Direito   340.12
        Processo civil   347.9

        (Bibliotecária responsável: Marta Roberto, CRB-10/652)

Daniela Boito Maurmann Hidalgo

Relação entre Direito Material e Processo
UMA COMPREENSÃO HERMENÊUTICA

— compreensão e reflexos da afirmação da ação de direito material —

Porto Alegre, 2011

© Daniela Boito Maurmann Hidalgo, 2011

Capa, projeto gráfico e diagramação
Livraria do Advogado Editora

Revisão
Rosane Marques Borba

Direitos desta edição reservados por
Livraria do Advogado Editora Ltda.
Rua Riachuelo, 1338
90010-273 Porto Alegre RS
Fone/fax: 0800-51-7522
editora@livrariadoadvogado.com.br
www.doadvogado.com.br

Impresso no Brasil / Printed in Brazil

Aos meus filhos, meus amores,
Isabela e Augusto, tesouros
sagrados da minha vida.

Ao Mauro, meu marido,
por absolutamente tudo.

Agradecimentos

Àquele que sempre será o meu querido Professor e que está presente em cada expressão, cada parágrafo, dessa obra, o Prof. Dr. Ovídio Araújo Baptista da Silva (*in memoriam*), quero agradecer do fundo do meu coração. A ele – que me ensinou tanto, que me fez ver, desvelando sentidos com suas lições – agradeço por toda disponibilidade, por seu exemplo singular e invulgar, por ter respeitado minhas ideias, por ter sido sempre crítico e, ao mesmo tempo, compreensivo. A ele, que se foi há pouco tempo (que parece tanto, dada a lacuna que se abriu, nos corações daqueles que o tinham com carinho e nele viam mais que um Professor ou Orientador, mas um exemplo de vida) sem nunca ter deixado de priorizar as orientações, sem nunca deixar de se fazer presente e guiar os meus passos, dedico a minha eterna admiração, o profundo agradecimento e a saudade que ficará. Agradeço a ele, ainda, por ter marcado aquilo que será o meu futuro, mas não apenas por isso, porque todos sabem que o futuro do processo e, como dito aqui tantas vezes, do direito material, está definitivamente marcado por sua obra. Esse futuro, que acredito seja inexorável, está cada vez mais perto, pois as sementes desse conhecimento continuam a se espalhar.

Agradeço, com admiração, ao Prof. Dr. Lenio Luiz Streck, que me apresentou Heidegger e a Filosofia Hermenêutica, num acontecimento que se tornou uma paixão pela fenomenologia hermenêutica e que marca essa obra, influenciando-a de maneira inexorável, agradeço por ter visto em meu trabalho a potencialidade que viabiliza o empreendimento que agora é trazido ao público leitor, dispondo-se a orientar e comandar essa publicação. Dedico-lhe o meu eterno agradecimento e minha eterna admiração por seu invulgar exemplo, cujas marcas profundas transformam o Direito, a cada dia, em uma revolução absolutamente necessária na compreensão e no modo-de-fazer Direito.

Agradeço, com todo carinho e especial admiração, ao Prof. Dr. José Carlos Moreira da Silva Filho (PUC/RS) e à Profa. Dra. Jânia Maria Lopes Saldanha (UNISINOS/RS – FADISMA/RS), que apresentam essa obra à comunidade jurídica. Agradeço, ainda, ao Prof. Dr. Albano Marcos Bastos Pepe (FADISMA – Santa Maria/RS), aos colegas do curso de Mestrado Rafael Tomaz de Oliveira, Luis Fernando Moraes de Mello e Elisa Scheibe. A André Karam Trindade, pelo apoio e pela paciência que se mostrou inesgotável. A Mara Teresinha Vargas da Silva e Eledi Amorim Porto, pela amizade e apoio inestimáveis.

Agradeço, com amor, a três pessoas fundamentais. Minha mãe, Elenice; meu pai Solon (*in memoriam*); e meu avô, Antônio Boito Sobrinho (*in memoriam*), que meio sem querer, meio sem saber, foi também meu pai.

Agradeço, por fim, à Livraria do Advogado Editora que apostou no conteúdo deste trabalho, realizando a presente edição.

Porto Alegre/RS, inverno de 2010.

Daniela Boito Maurmann Hidalgo

Prefácio

Quando Rei Lear disse a Gloucester que "Um homem pode ver sem olhos como vai o mundo" fez, na realidade, um alerta: "Olhe com teus ouvidos". Para que isso ocorra, ensinou Shakespeare, é preciso mudar de lugar, para "ver" diferente. Ousar reintroduzir o mundo prático no direito processual, dele varrido com a modernidade, como essa competente estudiosa das "coisas" do direito processual – da geração de alunos do saudoso Prof. Ovídio Araújo Baptista da Silva – faz na presente obra, é o grande desafio da contemporaneidade, uma vez as fórmulas pré-dadas e abstratas serem a regra onde os juristas, em geral, e os processualistas, em particular, têm repousado tranquilos. Uma guinada dessa envergadura exige mudar o rumo e, amiúde, mudar de lugar, ir além dos pontos de vista individuais e, quiçá, "ver" com os ouvidos.

Pensar o direito processual sob o ponto de vista da viragem linguística que tem em Heidegger o seu autor visionário e corajoso, implica renegar uma dupla herança deixada ao processo: a dos romanistas do Século XIX e a dos filósofos iluministas para aportar na filosofia hermenêutica e na hermenêutica filosófica nascidas na turbulência e brevidade do Século XX que cedeu lugar a reivindicações humanistas em rebelião à frieza e onipotência da técnica.

Todavia, toda herança implica uma dada tradição que o tempo e a temporalidade encarregam-se de mostrar torna-se inautêntica. No processo deixou marcas indeléveis de difícil, mas não impossível, superação, pois transformada em paradigma. Para compreendê-la, um olhar do ponto de vista da filosofia percebe que há uma inescondível ligação entre o modo de ser do direito processual com o modo mecanicista de pensar. Isto porque dele se espera, por meio das respostas dos juristas e da jurisdição, certezas matemáticas, segurança nas respostas e nos precedentes, algo exacerbado em tempos de "jurisprudência defensiva", de estandartização de práticas judiciárias e de gestão orientada pelos padrões das empresas privadas, que reduz os juristas ao *homo concorrencial* neoliberal. Daí a permanência do afastamento do direito processual do mundo da vida, da experiência e da contingência que todo fato levado a julgamento carrega como algo que é constituinte e que o constitui, para subsumir-se, como diz a autora, na "anomia" da lei. Essa inversão de perspectiva, causada pela modernidade, faz supor que a escrava da Trácia tinha razão – por agasalhar a dimensão sapiencial que o jurista da modernidade perdeu – ao rir da queda de Tales de Mileto no buraco e dizer: "os homens de tanto olharem para o alto, esquecem do que está mais rente ao chão".

Do ponto de vista político, o imperativo categórico que coloca a necessidade de estar o pensamento racional de acordo consigo mesmo, como muito bem lembrou Hannah Arendt, confirma o perfil do direito processual fortemente comprometido com a noção de que "se sou um, é melhor estar em desacordo com o mundo, do que estar em desacordo comigo". Esse concordar "com a própria consciência" – aqui com a lei geral e abstrata – é da ordem da Ética ocidental e o não cair em contradição é da ordem da Lógica ocidental, como acentua Celso Lafer. Para não cair em contradição, nada melhor do que ser o direito processual orientado pela razão instrumental – a razão dos modernos –, que muito bem pode ser associada às vertentes instrumentalistas que o reduzem a instrumento de "solução de conflitos" por meio de rituais previamente definidos.

Porém, o jurista comprometido com o neoconstitucionalismo, com o encontro de respostas adequadas à luz da Constituição, busca iluminação não na frieza do texto, não na inversão da "modulação" do direito material pelo "direito processual" e sim no acontecer do "caso concreto", por ser sempre plural e reivindicar "mentalidade alargada", capacidade de colocar-se no lugar do outro que apenas as vicissitudes do real podem permitir diálogo e cuidado com o "ser do ente".

Do ponto de vista jurídico, a crença em que o direito processual pode dar todas as respostas ao direito material e abarcar todas as situações que o mundo da vida em sua inesgotável riqueza não cansa de criar, não resiste à decantada crise da Justiça. A intemperança normativa, resultado da crescente oferta de Direito e demanda por Direito é expressão do quanto o direito processual renega sua alma, o direito material. Uma alma que acompanha os movimentos sociais, as contingências de um mundo transformado em "sociedade de risco" a converter o simplismo e otimismo do jurista, fortalecido pelas suas certezas iluministas, numa vã ilusão. Tais certezas, em aparência, parecem evitar muitos problemas e a não formular muitas interrogações, na confiança em um sistema que tenha na lei – e no processo – a única fonte expressiva de juridicidade. Uma lei, como diz Paolo Grossi, a concretizar muito mais um ato de vontade do que de conhecimento.

A crítica central desta obra radica na separação abissal entre a ação de direito processual e as ações de direito material imposta por um laborioso trabalho de "depuração" do direito processual de tudo o que pode romper com suas certezas. A autora, ao percorrer caminhos tão diversos quanto desafiadores para um processualista, denuncia com veemência o velamento que a doutrina processual provocou sobre a ação de direito material, a confirmar a lógica normativista de que é muito mais fácil contemplar um mundo povoado por figuras abstratas, como que projetadas por uma lanterna mágica na Caverna platônica, do que olhar ao que está mais próximo de nós, na Clareira a ser desvelada, constantemente a nos interpelar.

É interessante perceber, a todo tempo, a fuga do texto de alusões transcendentais e meramente teóricas e o esforço em demonstrar dever ser o direito processual coerente com a diversidade dos fatos da vida que para o processo são levados sob a denominação de direito material. Se essa percepção é exata, em superfície, o texto desmantela a tradição processual que relegou o direito e a ação material a segundo plano, favorecida pela arquitetura conceitual instrumentalista e inautêntica, criando com isso um suposto espaço vazio de Direito a que o processo estaria sempre pronto a preencher num estado de exceção permanente. Em sua profundeza, o que a obra expõe é um debate sobre a Justiça, esquecida quando o Direito tornou-se sinônimo de lei. A Justiça como uma grande ideia que convoca os humanos e reler o passado e assumir o compromisso com um futuro transformado que somente o desafio de entender o tempo presente é capaz de permitir.

O que se quer dizer é que o direito processual deve ser a caixa de ressonância do direito material e não seu contrário. Já não se trata mais de decidir relações somente entre devedores e credores, entre possuidores e esbulhadores, entre pais e filhos, ou de regular e limitar as relações entre os poderes do Estado, senão de dizer que na sociedade da urgência em que vivemos, nenhum conflito escapa da proteção constitucional, desde a possibilidade de serem usados embriões congelados para recuperar tecidos e órgãos humanos, demarcar terras indígenas, reivindicar efetivação de direitos humanos, como vaga nas escolas públicas, remédios e leitos hospitalares até a efetivação dos direitos difusos/coletivos que tocam na própria manutenção da existência humana, como os derivados das questões ambientais e que confirmam a luta pelo respeito aos princípios e valores democráticos. Não fosse a sua ausência de vaticínio sobre o que seria o Século XX e o presente Século Piero Calamandrei jamais teria defendido, como o fez, a suprema necessidade de obediência ao preceito legislativo, embora esse causasse horror ao cidadão comum!

Essa é a preocupação demonstrada pela autora no último capítulo ao tratar, de forma inusitada, o direito processual não como método ou abstração e sim como projeto aberto à identidade e à diferença que somente a recuperação do mundo prático pode viabilizar. Aqui, a hermenêutica reivindica seu lugar como condição de possibilidade para romper com os limites interpretativos impostos pelos mitos da certeza e definitividade que caracterizam o processo "modulado" denunciado no texto.

Ao percorrer a trilha iniciada pelos iluministas e pelos romanistas dos novecentos a autora desde o início deixa claro o seu ponto de chegada: encontrar-se, como o fez de forma qualificada e competente ao utilizar relevante matriz teórica sobre a qual debruçou-se, com a filosofia hermenêutica de Heidegger e com a hermenêutica filosófica de Gadamer para nutrir-se de teoria hábil a dar guarida à crítica que fez às vertentes tradicionais do direito processual, que detém a condição de hegemonia, e que negam o "ser" do direito material ao argumento de que o direito processual, com sua arrojada técnica, apresenta todas as respostas. Entretanto, um olhar mais apurado denuncia que sua fonte de desconformação parece ser muito menos a redução do direito processual à pura técnica pois que, como afirma, ela é necessária, e muito mais a superação do desafio de compreendê-lo no círculo da compreensão hermenêutica que busca resposta à pergunta sobre o ser – então sobre o sentido – do Direito, em geral e do direito processual, em particular, para ir ao encontro das situações da vida reguladas pelo primeiro.

A obra, em seus estertores, trata da busca da compreensão autêntica da ação de direito material que, antes de ser *alter ego* da ação processual, consiste sim numa categoria do direito material enquanto ser concreto, medida e parâmetro, segundo a autora, para a construção de formas processuais. Trata-se de inegável sensibilidade que autoriza e baliza a postura contra-hegemônica expressa ao longo do texto.

Finalmente, "Nada é mais delicadamente perseguido, nada é mais delicadamente sentido do que a injustiça" diz o Pip de Charles Dickens em sua obra Grandes Esperanças. As escolhas feitas nesta obra, que convidam o leitor a chegar às respostas do final, embora seu constante perguntar, implicam em conduzir o pensamento pelas perguntas permitidas por uma "filosofia no processo" que se aborrece com o pensamento puro, uma vez impor vigilância de sentido, inescapável para quem está jogado na faticidade e na historicidade, como deve estar o jurista. Afinal, o delineamento dos fatos só pode ser encontrado em nossa existência real, aqui expressa pela ação de direito material. Na imensidão dessa existência é que a Justiça pode ser encontrada e realizada em favor dos homens.

Jânia Maria Lopes Saldanha
Professora do Programa de Pós-Graduação em Direito e do
Curso de Direito da UNISINOS e do Curso de Direito da
Universidade Federal de Santa Maria

Sumário

Apresentação – *José Carlos Moreira da Silva Filho* 15
1. Introdução 21
2. A tradição: a (des)construção da relação entre direito material e processo 25
    2.1. Esclarecimento introdutório: a ação e a "ação" 27
    2.2. Em busca das origens de uma polêmica: da controvérsia entre Windscheid e Muther à nova polêmica 29
        2.2.1. As fontes romanas 30
            2.2.1.1. Das fontes antigas ao período clássico 31
            2.2.1.2. O predomínio do Direito Imperial no mundo moderno 36
        2.2.2. A antiga polêmica: da origem da sistematização da relação entre direito material e processo às diferentes teorias sobre a ação ou a "ação" 38
        2.2.3. A introdução de uma nova polêmica sobre a ação e a "ação" 51
            2.2.3.1. Exposição crítica dos desdobramentos doutrinários da polêmica: uma investigação destinada ao desvelamento dos sentidos que serão objeto da análise em direção à sustentação da ação de direito material como categoria hermenêutica 58
    2.3. Uma conclusão a respeito da (des) construção da tradição: a compreensão do conteúdo da ação de direito material 75
3. A questão da técnica: da tradição a um novo princípio epocal e desse em direção a uma nova condição de possibilidade 83
    3.1. A construção da filosofia da modernidade e seus reflexos na compreensão do direito 84
    3.2. A compreensão do direito e seu vínculo com a metafísica da modernidade 91
        3.2.1. A visão instrumental e sua inserção no paradigma da moderna dimensão da técnica 96
        3.2.2. A instrumentalidade do processo em relação ao direito material 103
        3.2.3. Uma reflexão em direção à compreensão autêntica (no sentido gadameriano da palavra) da vinculação do intérprete à Constituição: as condições da ação e a instrumentalidade das formas 115
        3.2.4. De como a técnica moderna conduz à prevalência da exceção e da necessidade da viravolta na compreensão da relação entre direito material e processo 128

4. A análise da exceção: o papel do positivismo na produção da exceção e do (não) lugar da ação de direito material no seio do paradigma 133

4.1. Sobre o "lugar" da negação da ação de direito material no paradigma de pensamento que tem a exceção como normalidade 134

4.2. De como são várias as concepções sobre a ligação entre o direito material e o processo 140

4.3. Jurisdição declaratória & jurisdição constitutiva: diferentes formas de (não) compreender o fenômeno jurisdicional 143

4.4. Uma reflexão entre a anomia e a ausência de anomia: existem os espaços vazios de direito? 154

4.5. A ação de direito material como força realizadora de direito: um retorno ao mundo prático 159

5. A compreensão hermenêutica: da ideologia à autenticidade na compreensão da relação entre direito material e processo 167

5.1. A ação de direito material: a partir da tradição em direção a uma nova possibilidade de sentido 177

5.2. Um projeto em lugar de um método: da superação da ideia de método científico e único em direção à diferença projetada pelo sentido recuperado no mundo prático 181

5.3. A tarefa hermenêutica da ação de direito material 184

    5.3.1. A ação de direito material como categoria hermenêutica 189

    5.3.2. A compreensão da ação de direito material e uma analogia, identidade-diferença, com o princípio 192

    5.3.3. O processo como método: a necessidade de fundamentação da técnica no mundo prático 195

    5.3.4. O problema da certeza e da definitividade como limite negativo à tarefa hermenêutica que se dá no processo 202

    5.3.5. Limites da disciplina processual: um percurso por concepções que transformam o direito material em produto do processo 206

        5.3.5.1. O processo cautelar e a pretensão (de direito material) à segurança 207

        5.3.5.2. A concepção do procedimento a partir do direito material posto em causa 213

        5.3.5.3. As diferentes formas de concretizar direitos: as eficácias das sentenças e seus efeitos 219

        5.3.5.4. As repercussões da compreensão da ação de direito material no princípio da demanda e na compreensão da coisa julgada e o problema da flexibilização da técnica 229

6. Aportes finais 235

Bibliografia 240

Apresentação

Autenticidade e condição humana: os limites da razão e o pertencimento político

Inicio esta apresentação dizendo que a Daniela foi uma das mais brilhantes alunas da sua turma no Mestrado em Direito da UNISINOS. Durante o período em que lecionei neste Programa de Pós-Graduação em Direito, tive a felicidade de tê-la como aluna e como estagiária docente, papéis que desempenhou sempre com dedicação, talento e qualidade. A autora também foi uma das últimas orientandas do saudoso Professor Ovídio Araújo Baptista da Silva, cuja obra é hoje tão imprescindível e necessária para toda a comunidade jurídica. Como era de se esperar, sua dissertação, ora apresentada no formato de livro, foi coroada com a nota máxima.

Mas o que há de mais relevante a ser dito sobre a autora talvez não seja nada do que foi acima registrado, e sim o fato de ser ela uma pessoa *autêntica*, para quem o objetivo de concretização do Estado Democrático de Direito e de construção de uma sociedade mais justa e solidária, não é apenas um discurso conveniente que cai bem nos meios acadêmicos e nas consciências ditas humanistas, ele também pauta sua conduta cotidiana, espelhada na consideração com que trata seus colegas, professores, amigos e familiares, ele está diariamente na sua atuação profissional como Defensora Pública e no seu engajamento em prol de uma sociedade melhor. Tal objetivo perpassa todo o livro.

O livro de Daniela Boito Maurmann Hidalgo, que tenho a satisfação de apresentar à comunidade acadêmica, é um verdadeiro vento fértil que ora passa sobre a árida planície do Direito Processual brasileiro.

O conceito central trabalhado na obra e habilmente sustentado a partir do referencial teórico da hermenêutica filosófica de cariz heideggeriano e gadameriano é o de *ação de direito material*. Invoco as palavras da autora para sucintamente apontar os seus contornos:

> A ação de direito material é tematizada, no presente estudo, não como um *doppione* da "ação", nem concorre com ela no plano do direito processual. É uma categoria do direito material enquanto ser concreto (aplicação), que, na concepção que se sustenta, é a medida e o parâmetro para construção das formas processuais, o que impediria a Ciência Processual de construir o processo de modo puramente abstrato, em que a disciplina procedimental desconsidera o ser que deve concretizar: o direito material (trecho extraído do início do item 5.1 - p. 178).

Neste trecho já é possível identificar o ponto central para o qual este livro guia a nossa atenção. Trata-se de um grave vício de origem que se aloja na base da modernidade, espalhando os seus tentáculos para o universo jurídico e desembocando de modo particularmente intenso no Direito Processual: a cisão profunda e destrutiva entre fatos e conceitos, entre substância e forma, entre ciência e vida.

De modo cada vez mais sofisticado e justificado por uma racionalidade irracional,[1] o pensamento moderno, que continuamente alimenta o senso comum, entretém-se com suas próprias criações, diverte-se em seus malabarismos geométricos, distrai-se com seu inesgotável arsenal técnico. Ao se aprofundar a cisão entre método e objeto, ao mesmo tempo em que o sujeito é isolado em uma espécie de neutralidade sem lugar,[2] abre-se o caminho para que o puro procedimentalismo – a técnica entendida na sua acepção mais instrumental e utilitarista – possa soltar suas âncoras da realidade.

O discurso autorreferente e insensível à contundência dos fatos contribui para invisibilizá-los, lançando um espesso véu sobre as incontáveis mortes que se acumulam cotidianamente sob os olhos complacentes da técnica. Talvez em nenhum outro momento da história isto tenha sido gritantemente evidente quanto na indústria da morte, fria e racional montada pelo Estado Nazista durante a Segunda Guerra Mundial, que apresentou ao mundo os Crimes contra a Humanidade.[3] Tais crimes não foram uma exclusividade alemã, eles também estiveram presentes em inúmeras ações cometidas pelos aliados, das quais as bombas de Hiroshima e Nagasaki são a expressão máxima. Eles continuaram crescendo e se avolumando[4]

---

[1] HINKELAMMERT, Franz J. *El sujeto y la ley:* el retorno del sujeto reprimido. Heredia, C.R.: EUNA, 2003, p. 29-119.

[2] TAYLOR, Charles. *As fontes do self* – a construção da identidade moderna. São Paulo: Loyola, 1997, p. 223.

[3] Para uma didática e contextualizada explicação do conceito de Crimes Contra a Humanidade, ler: GARAPON, Antoine. *Crimes que não se podem punir nem perdoar* – para uma justiça internacional. Lisboa: Piaget, 2004.

[4] Ibidem, p. 99.

ao longo da Guerra Fria, especialmente nas ditaduras que vitimaram o continente latino-americano.[5]

O mesmo padrão da exclusão como regra,[6] argutamente sinalizado pela autora ao longo de toda a sua obra se projeta para o ideário neoliberal de eliminação do Estado Providência e de fortalecimento do Estado Punitivo, espalhando aos quatro ventos a cartilha estadunidense da "tolerância zero".[7] As prisões brasileiras, com setores bem recortados da sociedade, reeditam o cenário das masmorras medievais e das suas práticas inquisitoriais. São os mesmos pobres e miseráveis que não encontram previsão nas teorias e nas práticas econômicas do mercado mundial, nas quais a razão instrumental e utilitária legitima-se a si mesma. Para esta todos os gatos são pardos e qualquer debate ético torna-se ininteligível.[8]

No campo do Direito, e a partir do segundo pós-guerra, assistiu-se à tentativa de refreamento do enfoque positivista e instrumental, ressuscitando a preocupação ética, valorativa, material do fenômeno jurídico e da sua formalização científica e institucional. Os melhores produtos desta safra foram o Direito Internacional Humanitário e o Neoconstitucionalismo, profundamente entrelaçados na uníssona afirmação dos Direitos Fundamentais.

Este novo marco, contudo, não se configura a partir do horizonte iluminista, virtual e fictício da humanidade em sua dignidade, mas sim diante da difícil e necessária lembrança do horror, da morte industriosa, da indignidade humana. Daí o necessário apego à memória, na dupla tentativa de que ela, em sua pertença afetiva,[9] nos torne mais sensíveis

---

[5] Para situar as ditaduras latino-americanas no contexto de emergência e desenvolvimento dos Crimes Contra a Humanidade ver: SILVA FILHO, José Carlos Moreira da. O anjo da história e a memória das vítimas: o caso da ditadura militar no Brasil. In: RUIZ, Castor Bartolomé (org.). *Justiça e memória*: por uma crítica ética da violência. São Leopoldo: UNISINOS, 2009, p. 121-157.

[6] Já dizia Walter Benjamin em sua *Tese oitava*: "A tradição dos oprimidos nos ensina que o 'estado de exceção' em que vivemos é na verdade a regra geral" (BENJAMIN, Walter. Sobre o conceito da história. In: BENJAMIN, Walter. *Magia e técnica, arte e política* – ensaios sobre literatura e história da cultura – Obras escolhidas I. 7. ed. Tradução de Sérgio Paulo Rouanet. São Paulo: Brasiliense, 1994. [Obras Escolhidas; v. 1], p. 226).

[7] De modo sucinto, contundente e fartamente apoiado em dados empíricos, Loïc Wacquant explica a ideologia da tolerância zero: WACQUANT, Loïc. *As prisões da miséria*. Rio de Janeiro: Jorge Zahar, 2001.

[8] Para um mais aprofundado desenvolvimento deste argumento, a propósito da análise econômica do Direito e de suas pretensões colonizadoras em relação ao Direito Privado ver: SILVA FILHO, José Carlos Moreira da. A repersonalização do Direito Civil a partir do pensamento de Charles Taylor: algumas projeções para os direitos de personalidade. In: STRECK, Lenio Luiz. MORAIS, José Luiz Bolzan de (orgs.) *Constituição, sistemas sociais e hermenêutica*: programa de pós-graduação em direito da UNISINOS: Mestrado e Doutorado: Anuário 2008. Porto Alegre: Livraria do Advogado, 2009, p. 277-294.

[9] Sobre as propriedades da memória e sua projeção para a história, ver: RICOEUR, Paul. *A memória, a história, o esquecimento*. Campinas: UNICAMP, 2007 (especialmente a primeira parte); CATROGA, Fernando. *Memória, história e historiografia*. Coimbra: Quarteto, 2001; e SILVA FILHO, José Carlos Moreira da. Dever de memória e a construção da história viva: a atuação da Comissão de Anistia

para o que se oculta na sombra do progresso e da imaginação metafísica, e para que ela nos livre da condenação de repetirmos, qual Sísifos empedernidos, a interminável barbárie que se avoluma na invisibilidade ou na simples indiferença.

A insidiosa tendência de separar o processo do direito material, criando dois mundos autônomos que se comunicam à distância, é filha direta desta mesma racionalidade técnica que permite e organiza a eliminação em massa de seres humanos, seja pela guerra, pela perseguição política, pelo sistema penal ou pelo sistema econômico. Identificar esta raiz comum e reivindicar um solo de autenticidade no qual se possa reverter as fantasiosas e frias dicotomias é o grande mérito deste livro.

Demarcando a sua análise a partir da fenomenologia hermenêutica, a autora semeia com muita qualidade o terreno propício para o florescimento da sensibilidade ao presente, da escuta atenta ao que viceja à sombra dos grandes conceitos e dos esquemas *prêt-à-porter* de vida.

Este é mais um importante trabalho que procura reforçar o enfoque interdisciplinar e crítico do Direito, combatido ferozmente pelas análises dogmáticas, positivistas e insulares aqui denunciadas. É preciso, contudo, que não incorramos na tentação de pensar que, somente pelo fato de termos eleito um referencial teórico sofisticado que dá respostas inovadoras para as esquizofrênicas angústias da modernidade e de o termos acoplado ao Direito, já estejamos totalmente imunes às armadilhas da insensibilidade científica, aptos a afirmar o princípio da dignidade da pessoa humana e prontos para transformar em realidade o Estado Democrático de Direito. Cair nesta tentação seria o mesmo que fazer entrar pela janela aquilo que expulsamos pela porta.

Recentemente, tivemos no Brasil um emblemático exemplo do que quero indicar. No julgamento da Arguição de Descumprimento de Preceito Fundamental nº 153,[10] junto ao Supremo Tribunal Federal, o Ministro Relator Eros Grau, conhecido autor no campo da hermenêutica jurídica, nos brindou com um voto recheado de referências teóricas à

---

do Brasil na concretização do Direito à Memória e à Verdade. In: SANTOS, Boaventura de Sousa; ABRÃO, Paulo; MACDOWELL, Cecília; TORELLY, Marcelo D. (orgs.). *Repressão e Memória Política no Contexto Ibero-Brasileiro* - Estudos sobre Brasil, Guatemala, Moçambique, Peru e Portugal. Coimbra: Universidade de Coimbra; Brasília: Ministério da Justiça, 2010, p. 185-227.

[10] Nesta ação, sucintamente, a OAB pretendeu que o STF firmasse uma interpretação restritiva ao art. 1º, § 1º da Lei 6.683/79, a Lei de Anistia promulgada durante o governo de João Baptista Figueiredo. A interpretação prevalecente até hoje é a de que ao utilizar a expressão "crimes políticos ou conexos com estes" a lei anistiou não apenas os perseguidos políticos, mas também os agentes públicos que tenham cometido crimes de lesa-humanidade na perpetração dessas perseguições. O intuito da OAB era o de provocar o STF a dizer que a Anistia não deve ser estendida para estes casos. A ação foi interposta em outubro de 2008 e foi julgada nos dias 28 e 29 de abril resultando no indeferimento da ação por sete votos a dois.

hermenêutica filosófica e, em especial, à tese gadameriana de que quando se interpreta um texto se está ao mesmo tempo a aplicá-lo,[11] noção que, diga-se de passagem, está muito bem explicada e desenvolvida neste livro.

A rara e apropriada fundamentação trazida pelo já aposentado magistrado não evitou, porém, que ele virasse as costas para o primado dos Direitos Humanos no Brasil e para os Tratados e Convenções Internacionais ratificados e aprovados pelo país, permitindo que o Brasil continue a ser o único país da América Latina que não responsabilizou nenhum dos seus agentes públicos pelo cometimento de crimes de lesa-humanidade durante o período ditatorial, descortinando um parentesco macabro entre este fato e os altos índices de violação de direitos humanos no Brasil, especialmente pelas forças de segurança pública.[12]

Paradoxalmente, mesmo depois de dizer que toda interpretação deve ser feita a partir do horizonte do intérprete, dando vazão à tese da *applicatio*, Eros Grau continuou a defender a mesma interpretação imposta pelo regime ditatorial à Lei de Anistia de 1979, indiferente aos efeitos já produzidos pelo seu texto e, em especial, à toda produção historiográfica construída até aqui e à jurisprudência das cortes internacionais.[13]

Talvez o maior exemplo de que o esclarecimento teórico não nos garante automaticamente uma ação mais sensível à exclusão e guiada por uma autêntica preocupação ética seja o fato de que o próprio filósofo que

---

[11] Em meu livro, especialmente no primeiro capítulo, procuro explicar a *applicatio* gadameriana, bem como os conceitos e as noções fundamentais relacionados à fenomenologia hermenêutica e à hermenêutica filosófica. Ver: SILVA FILHO, José Carlos Moreira da. *Hermenêutica filosófica e direito*: o exemplo privilegiado da boa-fé objetiva no direito contratual. 2. ed. Rio de Janeiro: Lumen Juris, 2006.

[12] Esta conexão macabra está indicada com mais detalhes e dados no artigo: SILVA FILHO, José Carlos Moreira da. Dever de memória e a construção da história viva: a atuação da Comissão de Anistia do Brasil na concretização do Direito à Memória e à Verdade. In: SANTOS, Boaventura de Sousa; ABRÃO, Paulo; MACDOWELL, Cecília; TORELLY, Marcelo D. (orgs.). *Repressão e Memória Política no Contexto Ibero-Brasileiro* - Estudos sobre Brasil, Guatemala, Moçambique, Peru e Portugal. Coimbra: Universidade de Coimbra; Brasília: Ministério da Justiça, 2010, p. 185-227. Para consulta direta à pesquisa empírica e quantitativa que explicita a relação entre a ausência de julgamentos por violações de direitos humanos em transições democráticas e o elevado desrespeito aos direitos humanos, ver especialmente: SIKKINK, Kathryn. WALLING, Carrie Booth. The impact of human rights trials in Latin America. In: *Journal of Peace Research*, Los Angeles, London, New Delhi, Singapore, vol. 44, n. 4, 2007, p. 427-445; e OLSEN, Tricia D.; PAYNE, Leigh A.; REITER, Andrew G. *Transitional justice in balance* – comparing processes, weighing efficacy. Washington: United States Institute of Peace Press, 2010.

[13] Uma análise minuciosa dos votos proferidos nesta ação pelos Ministros e Ministras do STF, evidenciando a forte inadequação dos argumentos apresentados, seja por problemas hermenêuticos, históricos ou de desprezo ao Direito Internacional Humanitário está em: SILVA FILHO, José Carlos. Moreira da. O Julgamento da ADPF 153 pelo Supremo Tribunal Federal e a Inacabada Transição Democrática Brasileira. In: PIOVESAN, Flávia; SOARES, Inês Virgínia Prado (orgs.). *Direito ao desenvolvimento*. São Paulo: Fórum, 2010.

lançou as bases da fenomenologia hermenêutica, Martin Heidegger, não tenha escapado de apoiar o nazismo.[14]

Se o nosso objetivo é de fato a implementação do Estado Democrático de Direito, o primado do respeito aos Direitos Fundamentais, a recuperação da nossa sensibilidade diante do sofrimento alheio e o combate à regra da exclusão, precisamos de algo mais do que o esclarecimento teórico. Este talvez nos seja útil para denunciar os próprios limites da razão científica, nos ajudando a renunciar ao nosso sonho prometéico de a tudo querer abarcar em nossos frios e distantes conceitos.

Necessitamos também tomar parte na batalha política cotidiana, incorporando nossas escolhas éticas, desenvolvendo nosso senso de pertencimento e nossa capacidade de acolher a diferença concreta, real, lancinante. Não é o pensamento que determina a vida, é a vida que nos dá o que pensar. Esta é a grande lição que nós juristas precisamos aprender. Reconhecer que as normas e os fatos, o processo e o direito material, estão na mesma dimensão e nos saber também reconhecermo-nos nela, no *mundo da vida*.[15] Nossa humanidade, já registrou Hannah Arendt, encontra sua mais profunda condição no seio da pluralidade, da ação intersubjetiva, da autêntica política.[16] Sermos mais humanos é algo que só podemos alcançar nesta ação, para a qual somos conclamados a viver a cada momento, concretamente, afetivamente, encarnados.

Porto Alegre, outubro de 2010.

José Carlos Moreira da Silva Filho
Professor da Faculdade de Direito da PUCRS (Programa de Pós-graduação – Mestrado e Doutorado – e Graduação em Direito)

---

[14] Conforme já citei no livro *Hermenêutica Filosófica e Direito*, o filósofo norte-americano William J. Richardson, ao escrever a respeito de uma das determinações básicas e estruturais do ser-aí heideggeriano, designada pelo termo decaída, queda ou ruinância, observa com acuidade, que Heidegger, apesar de ter escrito sobre o modo inautêntico para o qual tende o ser-aí, não conseguiu evitar ser ele mesmo vítima desta tendência, o que se tornou patente ao ter embarcado nas distorções do nazismo. A negatividade do ser, patente no processo de velamento, bem como no esquecimento de que algo está velado (decaída), se expressa não só no nível do conhecimento, mas também no da ação, esfera da política e da interação com os outros. Richardson vislumbra o polêmico envolvimento de Heidegger com o nazismo como um exemplo da decaída no plano da ação (RICHARDSON, William J. "Heidegger's fall". In: *Filosofia Unisinos*, SãoLeopoldo, UNISINOS, vol. 5, nº 8, 2004, p. 19-48).

[15] SCHAPP, Jan. *Problemas fundamentais da metodologia jurídica*. Porto Alegre: SAFE, 1985, p. 34-35.

[16] ARENDT, Hannah. *A condição humana*. 10. ed. Rio de Janeiro: Forense Universitária, 2004, p. 16.

1. Introdução

A presente obra se propõe a projetar uma visão autêntica (no sentido gadameriano da palavra)[1] do processo em sua relação com o direito material.

As diferentes correntes doutrinárias que constroem a epistemologia do Direito Processual e, portanto, teorizam essa relação fornecendo a matriz de pensamento em que ela se desenvolve o fazem no plano meramente apofântico, sem perguntar pelo sentido do ser do processo e pelo sentido do ser do direito material. Com isso, projetam uma imagem de ambos e da relação que os deveria unir, que é produzida apenas pela necessidade dogmático-científica de manter a autonomia e a dignidade de cada ramo como ciência. A forma de fazer direito observada no dia a dia da atividade jurisdicional recebe os reflexos desse discurso e não oferece respostas reais, prevalecendo a atuação normativa que, ao invés de integrar direito material e processo, os alija, com o que a possibilidade de transformação da realidade social, por meio da concretização das pretensões legítimas de seus titulares, resta comprometida.

O presente estudo tem por objetivo investigar tanto o modo como a relação entre direito material e processo foi (des)construída, com o paulatino abandono do real, como a projeção de uma virada em direção à relação autêntica entre direito material e processo: da ideologia à autenticidade na compreensão do acontecer do direito material no processo.

No primeiro capítulo, reconhecendo-se a importância do que se antecipa na pré-compreensão do intérprete, buscar-se-á a reconstrução histórica, ou, o que seria o mesmo, a desconstrução dos pré-juízos da tradição,[2] para desvelar o horizonte do qual parte o intérprete quando ele

---

[1] No decorrer do texto, as expressões *autêntica* e *inautêntica* serão utilizadas no sentido gadameriano da palavra.

[2] Quando se fala em tradição, tem-se em mente o que foi tematizado por Gadamer, do qual se extrai: "O que é consagrado pela tradição e pela herança histórica possui uma autoridade que se tornou anônima, e nosso ser histórico e finito está determinado pelo fato de que também a autoridade do que foi transmitido, e não somente o que possui fundamentos evidentes, tem poder sobre nossa ação e nosso

se depara com a pergunta pela tarefa de realização do direito material no processo. Essa reflexão busca as raízes romanas em suas diferentes fases e retoma as antigas polêmicas que envolvem o instituto da *actio* romana, que, universalizada, universaliza: 1) o procedimento ordinário, que dicotomiza conhecimento e execução; 2) a cognição plenária; 3) a eficácia condenatória como forma de tutela suficiente para satisfação dos direitos; 4) a supressão da tutela interdital, que atuaria diretamente no fato, não normativamente, apenas; 5) a conversão dos direitos no seu equivalente em dinheiro; 6) a concepção que atribui à jurisdição tarefa normativa e irresponsável, que não se compromete com a concretização das pretensões. Essas características, que passam a compor o conteúdo do modelo básico de jurisdição e do modo como o senso comum teórico pensa a relação entre direito material e processo, tem em comum o abandono do mundo prático, projetando-se sobre as discussões mais atuais – a renovada polêmica, iniciada por juristas deste Estado do Rio Grande do Sul – que propõem diferentes formas de pensar a relação que é a base da reflexão que será aqui empreendida. Desse modo, o capítulo primeiro tem o objetivo de demonstrar a forma como foram conduzidas a antiga e a nova polêmica e quais são os pressupostos das escolhas dos juristas, chegando à temática central: a negação da ação de direito material pela doutrina dominante e sua defesa pela corrente capitaneada por Ovídio Araújo Baptista da Silva.

O presente estudo busca, a seguir, aprofundar as consequências dessas escolhas que, centradas na negação/afirmação de uma única categoria – a ação de direito material – podem levar a resultados imensamente diversos no modo de ver a relação entre direito material e processo.

No capítulo segundo, busca-se a compreensão de como a negação da ação de direito material está inserida no paradigma metafísico da modernidade, a fim de reconhecer diferentes modos de (não) compreender o Direito e, com isso, subtrair-lhe a sua essência.[3] Desvelados os limites da (ausência de) ontologia da tradição, o estudo pretende refletir acerca do modo como a técnica que caracteriza a modernidade inverte a essência das coisas, dando prevalência ao processo de fabricação em detrimento do ser dos entes, o que se reflete na relação investigada – entre direito

---

comportamento. [...]. É isso, precisamente, que denominamos tradição: ter validade sem precisar de fundamentação." GADAMER, Hans-Georg. *Verdade e método*. Petrópolis: Vozes; Bragança Paulista: Universitária São Francisco, 1997. v. 1, p. 372.

[3] Esclarece-se, desde já, que, quando se fala em essência, nos limites desse estudo, o termo é utilizado no sentido heideggeriano, e, com ele, se pretende retomar o que o ser é, e não uma qualidade que está no ente e que se poderá extrair dele, tampouco uma qualidade a ser a ele acoplada, o que seria a negação da proposta hermenêutica fundamental, que é a base da busca da compreensão que se pretende empreender. Conforme o estudo "A questão da técnica". In: HEIDEGGER, Martin. *Ensaios e conferências*. Petrópolis: Vozes; Bragança Paulista: Universitária São Francisco, 2006, p. 11-38.

material e processo – resultando em uma jurisdição que aprisiona o ser do direito material no conceito e atua, desse modo, o conceito, contentando-se com uma correspondência que se limita a adequar o processo ao direito material abstratamente previsto. Essa adequação limita, ainda, a tarefa do juiz ao plano jurídico, sem que o processo dê realidade ao direito material concreto. Essa inversão da essência das coisas, que transmuta o direito material em algo que ele não é, é o pressuposto filosófico que permite que a história da relação entre direito material se desenvolva, como foi desvelado no primeiro capítulo, de modo a que, na modernidade, as características antes apontadas sejam reconhecidas como características "naturais" da atividade jurisdicional.

No terceiro capítulo, busca-se desvelar o modo pelo qual essa inversão do ser do direito material pelo processo se fez possível. Para empreender essa busca, buscou-se trazer à relação aqui investigada, entre direito material e processo, a reflexão que sustenta a exceção como normalidade, em que o estado de exceção é o espaço da anomia, do vazio de direito. À correspondência entre a forma de o positivismo atuar, ora afirmando a normalidade e a suficiência ôntica do ordenamento jurídico, ora suspendendo o ordenamento e reconhecendo espaços de anomia, refletiu-se sobre a aproximação entre essa visão e as diferentes formas de conceber a jurisdição – declaratória ou criativa – sempre desvinculada do direito como laço que une a todos.

A possibilidade de afirmação de espaços de vazio do direito, onde impera a anomia, exige um direito conceitual e equiparado à lei, em sentido amplo, mas dissociado da realidade, do contexto, do mundo prático. Por meio dessa reflexão, pôde-se compreender por que a negação da ação de direito material responde a um imperativo do positivismo, que necessita transformar o ser no conceito, *i.e.*, aprisioná-lo no ente. A ação de direito material, como forma de recuperar o mundo prático, no qual todos estamos jogados, não tem lugar nesse paradigma. Sua negação, já consumada no dia a dia do desenvolvimento da relação entre direito material e processo, ademais, foi um passo necessário para que a técnica dissesse qualquer coisa sobre o ser, para que o processo dissesse, e para que continue dizendo, qualquer coisa sobre o direito material, invertendo sua essência.

Após as análises feitas nos capítulos precedentes, em que a relação entre direito material e processo foi desvelada com os contornos em que se apresenta à pré-compreensão do intérprete – desvelando, com isso, o que, segundo se crê, é o modo como a ciência passa por cima da vida, sem questionar sentidos, reconhecendo sentidos unívocos, dados *a priori*, derivados da abstração da dicotomia entre fato e direito, entre texto e norma, que possibilita o velamento do sentido do ser do processo e do direito material, encobrindo a possibilidade de transformação social, de desvelamento do sentido ontológico – no quarto capítulo se passa a abordar a possibilidade de uma virada na direção da autenticidade.

Surge a necessidade de enfrentamento em busca do que se poderia chamar de despertar do *Ereignis*[4] (o acontecimento, o Evento), o novo, a superação efetiva, na relação entre direito material e processo, das suas impossibilidades de realização do verdadeiro sentido do ser do Direito. Esse novo, é tomado, aqui, como a necessidade de recuperação de uma categoria, condenada, pelo senso comum teórico, à pena da proscrição do mundo do direito e do mundo da vida: a ação de direito material. Essa proscrição – verdadeira manifestação velada do estado de exceção e do império da técnica – se deve à possibilidade de, afirmando-a, recuperar sentidos perdidos na relação entre direito material e processo, porque, se a ação de direito material estiver na pré-compreensão do intérprete, a tarefa interpretativa será sempre *applicatio,* o que se projeta em análises de alguns dos institutos processuais mais atingidos pela concepção abstrata da elação entre direito material e processo.

Recupera-se, assim, resgatando o mundo prático, a condição de possibilidade de realização do escopo que anima a construção dessa relação: a concretização das pretensões de direito material, tarefa que foi entregue ao processo e que, no paradigma neoconstitucionalista, é, acima de tudo, concretizar direitos e, com isso, construir a transformação da sociedade, reconhecendo a responsabilidade de todos na construção do bom e do melhor, conceitos comunitários, o que exige, por fim, a construção da intersubjetividade.

Parte-se da ideologia, desconstruindo-a, para construir a autenticidade na compreensão da relação entre direito material e processo, afirmando, paradoxalmente, a ação de direito material, como categoria hermenêutica capaz de desvelar esse sentido.

---

[4] AGAMBEM, Giorgio. *Infância e história*. Belo Horizonte: UFMG, 2005, p. 175. (glossário do tradutor).

2. A tradição: a (des)construção da relação entre direito material e processo

O presente livro parte da compreensão de que a tradição filosófica traz consigo pré-juízos, autênticos e inautênticos, o que faz necessário reconhecer, com Gadamer, a necessidade de que

> [...] toda interpretação correta tem que proteger-se da arbitrariedade de intuições repentinas e da estreiteza dos hábitos de pensar imperceptíveis, e voltar seu olhar para "as coisas elas mesmas" [...]. Pois o que importa é manter a vista atenta à coisa através de todos os desvios a que se vê constantemente submetido o intérprete em virtude das idéias que lhe ocorrem.[5]

Para evitar esses desvios, sempre presentes, é preciso desvelar a tradição para traçar a compreensão sobre como a história produziu os tempos atuais, em que a relação entre direito material e processo é meramente formal, pois o processo contenta-se em adaptar-se ao direito material abstrato, previsto no texto legislativo, sem perquirir sobre sua real função em tempos de compromissos de transformação social.

É preciso lembrar que o paradigma estabelecido por uma Constituição social, dirigente e compromissária, como a Constituição de 1988, é um paradigma que não se coaduna com prestações meramente negativas, de não intervenção. Nesse paradigma, como afirma Eros Roberto Grau, "é *proibido falar em normas programáticas*".[6] A tarefa jurisdicional, que se dá por meio do processo, nessa nova ordem, não pode ser apenas normativa, deve "ir aos fatos". Necessário, então, projetar, de forma autêntica, a revolução do pensamento, possível e em curso, a partir do reconhecimento de que as filosofias do passado são insuficientes nos tempos atuais e de que o reconhecimento dessas insuficiências é condição de possibilidade para um novo agir na construção de uma nova história, de luta contí-

---

[5] GADAMER, Hans-Georg. *Verdade e método*. Petrópolis: Vozes; Bragança Paulista: Universitária São Francisco, 1997. v. 1, p. 356.

[6] Citado por Lenio Luiz Streck, in STRECK, Lenio Luiz. *Jurisdição Consitutional e Hermenêutica*: uma nova crítica do direito. Rio de Janeiro: Forense, 2004, p. 105.

nua, na busca do que Charles Taylor chamou de ética da autenticidade,[7] num projeto em que a compreensão-interpretação-aplicação do direito não pode ser tomada por meio de um método que, findo, se dá por tarefa terminada.

A ideia é de superação do ideal científico, em que *"naturaleza e historia se convierten en objeto de la representación explicativa"* em prol de uma concepção em que se retome *"la fuerza originaria del proyecto"*.[8] Em lugar das sistematizações abstratas – que construíram a pandectística do século XIX e, com ela, a nova ciência que nascia, o Direito Processual Civil, sistematizado a partir do conceito de processo enquanto relação jurídica,[9] destinada a substituir o direito material e sua eficácia –, a compreensão de que o processo é uma técnica a ser estruturada de modo a atender a função de transformação social por meio do direito, imperativo constitucional. Essa técnica deve, para isso, atender ao modo-de-ser do direito material (pretensão e ação) concreto. Isso só é possível por meio do retorno aos fatos, por meio da realização do direito material (pretensão e ação), concretamente, e não com base no direito material legislado, abstrato, atuação essa que resulta meramente normativa, que não se compromete com o resultado prático de sua atuação, assumindo, por isso, uma postura de irresponsabilidade diante da ausência de resultados práticos de sua (não) atuação.

Nessa dimensão, está centrada a importância da retomada da ação de direito material, como *aletheia*,[10] no sentido de que ela seja recuperada como categoria hermenêutica que apresenta as bases da relação entre direito material e processo, mas que não nega a técnica, apenas a impede de alterar a essência do direito e sua própria essência[11] (a essência do processo), permitindo a autenticidade da compreensão ao desvelar os sentidos realizadores do direito material por meio do processo.

---

[7] TAYLOR, Charles. *La ética de la autenticidad*. Barcelona: Paidós, 1994.

[8] HEIDEGGER, Martin. La época de la imagen del mundo. In: ——. *Caminos de Bosque*. Madrid: Alianza, 1996. Disponível em: <http://www.heideggeriana.com.ar>. Acesso em: jun. 2007.

[9] Luiz Guilherme Marinoni diz, com todo o acerto, ao tratar da crise do conceito de processo como relação jurídica processual, que, como é sabido, é devido a Oskar Von Büllow, diz: A pretensa neutralidade do conceito de relação jurídica processual certamente escamoteou a realidade concreta, premitindo a construção de uma ciência processual que se queria bastante ou supunha viver imersa em si mesma, sem olhar para a relaidade de direito material e para a vida dos homens. MARINONI, Luiz Guilherme. *Teoria Geral do Processo*. São Paulo: Revista dos Tribunais, 2008. v. I, p. 397.

[10] *Aletheia*, enquanto possibilidade de, aquilo que ao mesmo se vela e se desvela e que, ao desvelar-se, projeta o sentido do ser.

[11] Fala-se em essência com referência ao sentido do ser do ente, o que ele é, e não a partir de uma visão idealizada de uma essência presa nas coisas, a ser dela extraída. Contrapõem-se aqui, então, a concepção de essência a partir da filosofia grega e sua compreensão a partir do que afirma Heidegger. HEIDEGGER, Martin. *Ensaios e conferências*. Petrópolis: Vozes; Bragança Paulista: Universitária São Francisco, 2006.

2.1. ESCLARECIMENTO INTRODUTÓRIO: A AÇÃO E A "AÇÃO"

A afirmação, objeto do presente estudo, não só da existência da ação de direito material, como de seu fundamental lugar na relação entre o direito material e o processo, pressupõe a diferença entre essa – a ação – e a "ação". À base dessa diferença, está a ideia de que ao direito subjetivo material, categoria estática, poder da vontade, corresponde, em um dado momento, a sua exigibilidade, pretensão, que é o poder de exigir de outrem a satisfação do direito, momento dinâmico, porque o titular do direito pode movimentar-se, legitimamente, de modo a exigir o que lhe é devido e, por fim, a possibilidade de efetiva exigência, quando surge a possibilidade de um agir do titular do direito. Segundo Pontes de Miranda, "rigorosamente, há três posições em vertical: o direito subjetivo, a pretensão e a ação, separáveis".[12] E, mais adiante, afirma: "Não há exigibilidade sem pretensão. O Direito Subjetivo pode ser inexigível".[13] A terceira posição, segundo Pontes, é a ação de direito material, que surge quando o direito é violado ou ameaçado de violação e permite que o titular aja, agir esse, no entanto, que, salvo casos excepcionais, foi vedado pela proibição da autotutela. Citando, novamente, Pontes, "onde há pretensão há, se ocorre óbice, a ação respectiva".[14] Leia-se: ação de direito material.

No processo, as categorias se repetem e, no entendimento aqui esposado – cujas bases teóricas são Pontes de Miranda e Ovídio A. Baptista da Silva –, não anulam umas às outras, e também não se confundem.

No processo, há o direito subjetivo à tutela jurisdicional (tutela do direito à inafastabilidade da jurisdição de que são titulares autor e réu), há pretensão processual e ação processual. Pontes de Miranda diferencia "ação (em direito material) e 'ação' (em direito processual)",[15] dizendo que "a ação exerce-se principalmente por meio de 'ação' (remédio jurídico processual), isto é, exercendo-se a pretensão à tutela jurídica, que o Estado criou".[16] E Ovídio acrescenta, lembrando, na assertiva de Pontes, a expressão "principalmente", dizendo que, "certamente, esse agir para a realização do próprio direito raramente é facultado ao respectivo titular

---

[12] PONTES DE MIRANDA, Francisco Cavalcanti. *Tratado das ações*. Campinas: Bookseller, 1999. v. 1, p. 68.
[13] Ibid., p. 70.
[14] Ibid., p. 123.
[15] Ibid.., p. 124.
[16] Idem.

sem que se lhe imponha a necessidade de veiculá-lo por meio da 'ação', processual, sob invocação de tutela jurídica estatal".[17]

Nesse contexto, necessário analisar uma questão fundamental que exsurge da afirmação da ação de direito material e da "ação" processual como categorias independentes, pertencentes às duas esferas: direito material e direito processual, respectivamente. Trata-se da discussão doutrinária e extremamente relevante[18] para a análise que se fará no presente estudo, sobre as cargas eficaciais, que são consideradas pela doutrina processual como oriundas de classificação normativa das "ações" e das sentenças. Essa classificação, como é notório, é dividida, na forma tripartite, pela doutrina tradicional, em "ações" declaratórias, constitutivas e condenatórias. A discordância fundamental com relação à doutrina majoritária, fundamentada essencialmente nos trabalhos de Pontes de Miranda e Ovídio A. Baptista da Silva, se deve ao fato de que uma categoria abstrata não pode ser classificada quanto ao seu conteúdo. Se a "ação" é abstrata, como alertou tantas vezes Ovídio A. Baptista da Silva, não pode ter um conteúdo diferente em diferentes hipóteses. Além disso, quando se classifica a "ação", dita abstrata, qual o conteúdo a ser a ela agregado para que se permita tal classificação? Se não é o mundo prático, o direito material em movimento, pois esse está na ação de direito material, negada por essa importante parcela da doutrina, então o conteúdo será aformado *a priori*, com base no direito *in abstrato*? Isso impõe o reconhecimento de que a classificação normativa, apesar de ter a inconfundível vantagem de atender a critério homogêneo, como afirma a doutrina, não atende à necessidade de fazer com que a técnica seja estruturada e efetivada de acordo com o direito que deve realizar, e não, apenas solucionar.

As reflexões que deram causa a esse estudo encontraram na ação de direito material, a riqueza do mundo prático, porque correspondem ao aspecto dinâmico do direito material em movimento, já não mais abstrato – o direito legislado – mas o direito em aplicação, motivo pelo qual, trazem a riqueza dos fatos ao direito e, por isso, são dotadas de sentidos diferentes em conformidade com o modo-de-ser do direito material, isto

---

[17] SILVA, Ovídio A. Baptista da. Direito subjetivo, pretensão, direito material e ação. In: MACHADO, Fábio Cardoso; AMARAL, Guilherme Rizzo. (orgs.). *Polêmica sobre a ação*. Porto Alegre: Livraria do Advogado, 2006, p. 20.

[18] Embora alguns autores, de reconhecida importância no cenário nacional e internacional, prefiram reconhecer na discussão uma já superada atitude de retrocesso, sendo desnecessário retomá-la, por ser, a teoria tripartida da ação, universalmente acolhida e criteriosa, pois atende a critério homogêneo, o que se sustenta, no presente livro, é que o desvelamento da tradição e de seus pré-juízos é a travessia fundamental em direção ao desvelamento de que o que importa é, no campo do processo em sua relação com o direito material, retomar o mundo prático, sendo, os rigores da ciência, um empecilho para tanto.

é, o seu conteúdo que se revela na pretensão e ação de direito material e que exige sua concretização por medidas de diferentes caracteres.

Pontes de Miranda não classificou a "ação" em seu *Tratado das Ações*, classificou fatos jurídicos e, a partir deles, os direitos dele oriundos, as pretensões e ações que dele emanam, havendo exigibilidade ou violação do direito. Assim, classificando as ações de direito material, teremos cargas eficaciais diferentes, no direito material, o que deve se projetar no processo, única forma de a jurisdição exercer sua função de, voltando aos fatos, transformar a realidade social. Se a classificação é meramente abstrata, da "ação", a estrutura do processo será sempre conceitual, o que não se compraz com o objetivo de realizar pretensões.

As ações de direito material projetam-se no processo, com a eficácia, potencialidade que faz parte de seu modo-de-ser. Adota-se a doutrina de Ovídio Araújo Baptista da Silva, que nisso se diferencia de Pontes de Miranda, porque reconhece, no direito material, ações declaratórias, constitutivas, executivas e mandamentais, sustentanto a executividade material das ações que envolvem direitos obrigacionais reconduzidas pelo processo à efetivação por meio da técnica da condenação.[19] Pontes de Miranda, por seu turno, classificara-as em declaratórias, constitutivas, condenatórias, executivas e mandamentais.

2.2. EM BUSCA DAS ORIGENS DE UMA POLÊMICA: DA CONTROVÉRSIA ENTRE WINDSCHEID E MUTHER À NOVA POLÊMICA

A história da atual polêmica em torno da ação de direito material tem suas origens no episódio que contrapôs Bernard Windscheid e Theodor Muther, iniciada nos anos 50 do século XIX. No contexto do século XIX, em que surge a primitiva polêmica, as discussões em torno do Direito Processual, que, então, conquistava sua autonomia, se desenvolvem com seu paulatino desprendimento do Direito Material.

A controvérsia entre Windscheid e Muther põe o foco das discussões no instituto romano da *actio*. Antes dela, especialmente antes de Windscheid, como afirma Pugliese em sua *Introdução à Polêmica* (que não se confunde com a polêmica atual):

---

[19] As variadas vertentes classificatórias, quer sigam afirmando que a classificação pertine ao direito processual, quer reconheçam que se tratam de diferentes características das ações de direito material não serão tratadas, no presente capítulo, porque extrapolaria ao que se propõe a reconstrução da tradição. Análise crítica será feita, ao final, no momento em que forem estabelecidas algumas premissas, sempre provisórias, acerca da tarefa da hermenêutica.

La doctrina se daba por satisfecha prácticamente con la definición de Celso (D. 44, 7, 51) *nihil aliud est actio quam ius quod sibi debeatur iudicio persequendi*; y se limitaba por lo general a intentar simples paráfrasis respecto de ella. La posibilidad de una divergência entre lo que los romanos consederaban actio y lo que los modernos entendían por acción (Klagerecht) no se planteaba seriamente.[20]

Tal controvérsia teve por efeito consolidar a concepção de jurisdição a partir do instituto da *actio*. Como afirmou Pugliese, o conceito de *actio* sofreu inúmeras mutações no decorrer de sua história, nos diversos sistemas processuais, todavia,

[...] nadie había pensado em poner en duda ni la substancial afinidad entre la figura de la actio – delineada com referencia a una u outra época histórica – y la figura moderna de la acción, ni la legitimidad de subsumir ambas em una definición comprensiva.[21]

Essa falta de dúvida sobre a equivalência entre a *actio* e a "ação" molda todas as discussões posteriores, não restando dela, livre, sequer o iniciador da polêmica: Windscheid. Retroalimentada, a polêmica resulta, a cada dia, mais acirrada, e sua importância é crucial, pois evidencia a defesa do paradigma positivista dominante, de um lado, e uma tentativa de construção de um novo sentido para a relação entre direito material e processo, de outro, construção essa a que o presente livro pretende alinhar-se.

Daí, portanto, a necessidade que se pôs em investigar, ainda que em breves linhas, dada a dimensão da controvérsia, as origens da compreensão da categoria que é objeto do presente estudo – a ação de direito material – confrontando-a com as investigações cientificamente rigorosas caracterizadoras da modernidade, para buscar o desvio de sentido que subtrai a função de realização da justiça. Em que momento e de que forma o processo se tornou o instrumento abstrato que hoje é parece ser premissa de investigação irrefutável para a retomada do sentido da relação entre direito material e processo em seu estreito vínculo direcionado à realização da justiça no caso concreto.

2.2.1. As fontes romanas

Ovídio Araújo Baptista da Silva vem, há bastante tempo, alertando para o fato de que o paradigma da compreensão moderna de direito é o Direito Romano do período Imperial,[22] que se diferencia dos períodos

---

[20] PUGLIESE, Giovani. Introducción da polemica sobre la "actio". In: WINDSCHEID, Bernhard; MUTHER, Theodor. *Polemica sobre la "actio"*. Buenos Aires: Europa-América, 1974, p. 12.

[21] Idem.

[22] Várias são as obras do autor que veiculam esse alerta, das quais se destaca, especialmente, a obra *Jurisdição e execução na tradição jurídica romano-canônica*.

precedentes, seja em face da mudança da compreensão e da forma como o Direito era criado e aplicado, seja em face da introdução das máximas cristãs pelos Imperadores convertidos à nova religião. Essa concepção é corroborada pelo romanista Biondo Biondi, quando diz que *"è sulla base del diritto giustinianeo, che si formò quella tradizione giuridica da cui sbocciarono le moderne codificazioni"*.[23] E, no que tange especificamente ao processo, adverte que *"il sistema processuale contemporaneo, nelle sue linee fondamentali, trae origine da quel processo extra ordinem, che è tutta creazione della legislazione imperiale"*.[24]

Observa-se que o Direito Romano do chamado período final passou a conceber o Direito de forma absolutamente divorciada do período precedente. Não se pode deixar, então, de buscar algumas distinções acerca dos diferentes períodos da evolução do Direito Romano, no que pertine aos institutos de defesa dos direitos, com o sentido que lhe emprestou cada período histórico: o clássico e o final do Direito Romano.

2.2.1.1. Das fontes antigas ao período clássico

No período mais remoto do Direito Romano, o período das *legis actio sacramento*, caracterizado pelo extremo formalismo, esse apresentava um número limitado de fórmulas, conhecidas e guardadas pelos sacerdotes, o que se afirma com apoio em Francesco de Martino, com base no seguinte trecho de sua obra:

> Ignoriamo naturalmente il rito col quale si sarà svolta la funzione giudiziaria dei pontefici, ma certo esso era pieno di solenità, un che di suggetivo e di profondo, tale da piegare i contendenti all'osservanza della lite giudiziaria, come al comando di un dio. Le parti non avranno compreso o conosciuto le form del rito, nè le parole solenni pronunciate dal sacerdote: se le avessero conosciute non ci spiegheremmo il segreto gelosamente mantenuto dal collegio pontificiale.[25]

Nesse período, a atividade jurisdicional era requerida por aquele que havia sofrido uma ação (de direito material), *i.e.*, a execução por parte de quem se afirmava titular de um direito. A tutela era requerida a fim de provocar a manifestação do poder jurisdicional no sentido de afirmar legítima ou não a fórmula, correspondente ao agir daquele que se afirmava titular do direito contra o obrigado. A jurisdição intervinha, pois, para afirmar a legitimidade ou ilegitimidade de uma ação que já fora realizada pela parte, como afirma Arangio-Ruiz, citado por Ovídio Araújo Baptista da Silva: *"l'intervento del magistrato si reduce, almeno nell'età piú antica, al*

---

[23] BIONDI, Biondo. *Istituzioni di diritto romano*. Milano: Giuffrè, 1972, p. 3.

[24] Ibid., p. 28.

[25] DE MARTINO, Francesco de. *La giurisdizione nel diritto romano*. Padova: Cedam, 1937, p. 51.

controllo dell'ativitá delle parti".[26] Assim, como afirma o autor, na verdade, a primitiva "ação" processual era uma reação à ação, agir do titular do direito, a qual mais tarde viria, paulatinamente, a ser substituída pela alegação da ação na "ação".

Com a superação do caráter eminentemente divino da aplicação do Direito e a passagem a um novo período em que à magistratura foi entregue o *ius dicere*, que perde seu caráter sacramental, passa-se ao período das *legis actiones*. Essa transição, segundo De Martino, não deixa de ter um caráter revolucionário, pois, segundo ele,

> [...] il fatto stesso che i pontefici avevano il monopolio della giurisprudenza induce a ritenere che essi mantessero gelosamente segreti i rituali delle azioni. Di conseguenza è bem ammissibile la notizia che fu necessario un gesto quase rivoluzionario, per divulgare il ius e le actiones.[27]

Além disso, a fórmula se inverte. Com efeito, não é mais o obrigado que sofreu a ação quem busca proteção da jurisdição, mas o titular do direito que a requer para que seu direito seja realizado, depois por meio da concessão de um interdito pelo pretor. Todavia, ainda aqui, as ações eram limitadas e a liberdade de criação do pretor também o era. Até então, o Direito Romano compreendia o Direito de forma desvinculada da realidade. Fórmulas genéricas eram aplicadas de modo que a proteção aos direitos se dava limitadamente, sem garantia de efetividade, à semelhança de como o direito processual é construído modernamente. As ações da lei não eram construídas para o caso, mas elaboradas previamente, primeiro pelos sacerdotes, em rituais que incluíam o desconhecimento dos leigos acerca dessas *actiones* e, depois, pelos magistrados, mas sem possibilidade de construção de soluções justas e adequadas às situações de vida. Pode-se admitir que a superação do período formal das *legis actiones*, em que as *actiones* eram limitadas, o que, conforme Villey limitava também o número e espécie de direitos que recebiam proteção judicial,[28] foi ocasionada pelas necessidades das novas relações de uma sociedade já mais complexa, e essa mudança trouxe consigo o período mais fértil do Direito Romano.

Com efeito, a mudança do período das *legis actiones* para o período formulário, na época clássica, se deve às necessidades sociais crescentes e

---

[26] SILVA, Ovídio Araújo Baptista da. *Ação de imissão de posse*. São Paulo: Revista dos Tribunais, 1997, p. 18.

[27] DE MARTINO, Francesco de. *La giurisdizione nel diritto romano*. Padova: Cedam, 1937, p. 31.

[28] Segundo Michel Villey, textualmente: "Para intentar um processo qualquer, é preciso poder introduzir a sua pretensão numa destas fórmulas admitidas pelo costume e aceitas pelo pretor. Este não aceita senão um certo número de fórmulas; isto significa, em linguagem moderna, que o antigo processo não reconhecia senão um número limitado de direitos". VILLEY, Michel. *Direito romano*. Porto: Rés, 1991, p. 41.

se caracteriza pela abertura à atividade criadora pelo pretor, que, a partir disso, transformou o rol limitado de *actiones* iniciais em um ilimitado número de *actiones*. E, o mais importante, essa atividade criadora, agora possível, não estava limitada nem por fórmulas divinas, nem tampouco pela lei ou pela ideia abstrata de Direito, que caracterizam a modernidade.

Nesse período, chamado clássico ou formulário, ao pretor incumbia criar a norma para o caso concreto, a partir do *mores maiorum* – a tradição dos antigos ou costume –, levando em conta as circunstâncias do caso e a necessidade de adequar a tradição à evolução das relações humanas em sociedade. Incumbia ao pretor criar o *ius*, que era o conjunto de soluções para as relações entre privados. A *lex*, em Roma, durante o mesmo período, tinha um sentido e uma utilização diferente daquela que, a partir do período imperial e especialmente na modernidade, caracterizam a construção da norma jurídica e, por derradeiro, o positivismo, em suas variadas feições. Consoante afirma Ovídio Araújo Baptista da Silva:

> Ao Pretor, porém não cabia a criação de normas gerais, como o faz o legislador moderno, ou como começaram a fazer os Príncipes e depois os imperadores romanos. A *iurisdictio* pretoriana criava um "vínculo jurídico concreto" entre as partes litigantes (*ius*), nunca um norma abstrata, semelhante a nossas leis.[29]

Como afirma Biondo Biondi, *"per tutta l'epoca repubblicana lex non è quello che noi moderni chiamiamo legge"*.[30] A abstração, que caracteriza a legislação moderna, não fazia parte do modo próprio com que os romanos do período clássico construíam o direito que regulava as relações privadas. O *ius* era criado, pelo pretor, diante das necessidades do caso que se lhe apresentava à apreciação, a partir do *mores maiorum* sempre adaptado às novas exigências sociais derivadas da evolução das relações sociais e a partir do conceito do que era a *ars boni et aequie*, portanto, em efetiva realização do que na Grécia, por Aristóteles, foi teorizado como *phronesis*, a prudência.

Esse período do Direito Romano em que se desenvolvia o Direito inspirado na noção da *phronesis* grega, em contraposição à *epistemè* e à *technè*, no sentido de prudência direcionada ao conhecimento de como agir, na ação e para a ação, de acordo com os valores do *bonum* e da *aequitas*

---

[29] SILVA, Ovídio Araújo Baptista da. A *Jurisdictio* Romana e a jurisdição moderna. In: *Jurisdição, direito material e processo*. Rio de Janeiro: Forense, 2008, p. 270.

[30] *Lex* tinha o sentido de norma destinada à regulação das *civitas* e das relações entre essas e os cidadãos romanos que, propostas por iniciativa do magistrado, o qual era investido do *ius agendi cum populo*, porque o poder de agir era titulado pelo povo, deviam ser aprovadas por esse em *comitia* e ratificadas pela autoridade do Senado. Assim, a *Lex* veiculava matéria de regulação das cidades, mas não normas abstratas de conduta para o povo em suas relações privadas. As relações privadas eram reguladas pela atividade jurisprudencial com base no *mores maiorum*, sendo tarefa destinada a criar a norma para o caso concreto. BIONDI, Biondo. *Istituzioni di diritto romano*. Milano: Giuffrè, 1972, p. 13.

– em que *Aequitas* "é a igualdade, o equilíbrio, a proporção"[31] e o "Bonum é aquilo que é conveniente ('bom para algo') não só para os envolvidos em uma lide, mas para toda a coletividade. É a atenção ao bem comum que deve acompanhar a decisão do caso singular" –, parece ser uma inspiração notável.

A criação e a atuação do Direito respondiam às necessidades específicas do caso. Com base no *morus maiorum*, construía-se uma fórmula que era dada, sob condição, pelo pretor, na fase *in iure* do procedimento, encaminhando-as pela fórmula que continha o direito que deveria ser aplicado, caso confirmada, pelo *iudex*, na fase *apud iudicem*, a veracidade das alegações feitas perante o pretor. A fórmula, pois, que continha a norma do caso concreto, era criada concretamente, e não previamente dada, como ocorre com a norma dada pelo positivismo, que é uma abstração criada para regular universalmente casos que não se repetem no mundo da vida, mas que são tidos por universais e iguais pelo conceitualismo-sistemático, que teve impulso gigantesco com as construções dos Pandectistas alemães nos séculos XVIII e XIX. Eles edificaram sua sistematização sobre a base de um Direito Romano diferente daquele descrito até aqui, porque o Direito Romano legado à modernidade, como se disse inicialmente, é o Direito Romano Imperial, em que a vontade do imperador substitui a atividade criadora do direito, caracterizadora do *ius*, como fonte primária do Direito, como adverte Ovídio Araújo Baptista da Silva: "Enquanto no direito clássico a lei era apenas uma fonte secundária do direito, ao tempo de Justiniano, não apenas tornara-se a lei a sua fonte exclusiva, como o Imperador era seu único intérprete".[32]

Além dessa forma de criação do direito e do procedimento específico da *actio*, criada para atuação de direitos relativos, o Direito Romano do período clássico atuava imperativamente no mundo da vida, reconhecendo formas específicas de atuação, para diferentes direitos, como no caso de direitos absolutos, sua proteção pelos interditos, fundados em juízos de verossimilhança, ao contrário do procedimento da *actio*, que se fundava em juízos plenários. Ambas as dimensões foram perdidas, ainda que o procedimento da *actio* tenha sido mantido e universalizado, porque o foi não na dimensão autêntica de construção do direito, mas apenas na sua formulação básica em que à *obligatio* deveria corresponder uma *comndenatio*, a qual poderia se seguir a execução, em que o direito passou a ser ditado *a priori* pelo "Estado" e por ele interpretado, iniciando-se, com isso,

---

[31] BARZOTTO, Luiz Fernando. Prudência e jurisprudência: uma reflexão epistemológica sobre a jurisprudentia romana a partir de Aristóteles. In: *Anuário do programa de Pós-Graduação em Direito: Mestrado e Doutorado*. São Leopoldo, UNISINOS, 1998-1999, p. 183.

[32] SILVA, Ovídio Araújo Baptista da. A *Jurisdictio* Romana e a jurisdição moderna. In: *Jurisdição, direito material e processo*. Rio de Janeiro: Forense, 2008, p. 264.

seu distanciamento do mundo da vida. Com a supressão dos interditos, motivada pela paulatina transformação da *aequitas* em *humanitas*, já que se tratava de procedimentos de forte rigor, a *actio* foi universalizada e, com ela, os juízos plenários.

O Estado Moderno, que concebe sua jurisdição a partir das fontes *giustinianeas*, assume a paternidade do Direito que outrora não tinha feição estatal e, embora destinado a regular relações privadas, detinha caráter público, como afirma Ovídio Araújo Baptista da Silva: "A *iurisdictio* do direito clássico era tão pública, como autêntica expressão do *imperium*, quanto poderá sê-lo a expressão moderna. Ela não era estatal, como hoje, como uma expressão da soberania do Estado romano, mas era pública, tanto quanto a nossa".[33] A esfera estatal substitui a esfera pública. O direito já não é mais concebido como um laço que une a todos, mas uma emanação do estado soberano. Deixa de ser democrático, para se tornar o resultado do que as maiorias eventuais que assumem o poder de governar dizem que ele é.[34]

A construção do direito, para o caso concreto, não é, todavia, a única fonte de realização do direito material, que deve servir de fonte de inspiração em uma reabertura cognitiva do direito à sua expressão autêntica de transformação da realidade. Conforme vem advertindo, em inúmeras obras, Ovídio Araújo Baptista da Silva, "havia em direito romano dois institutos de proteção e defesa dos direitos, capazes de ser invocados perante os magistrados: a actio e os interdicta, além de outros meios extraordinários como os últimos [...]",[35] que eram formas especiais de proteção em que, mediante juízo sumário a respeito das alegações do requerente, o pretor (não o magistrado) determinava ao acionado uma conduta. Esse poderia obedecer ou não ao comando, conforme sua concordância com os fatos que foram trazidos e fundamentaram o comando do pretor. Caso desobedecesse, ao requerente da medida desobedecida incumbia a proposição de uma *actio ex interdicto*. Esse procedimento diferenciado tinha "aplicação no domínio do direito público, ou das relações jurídicas de natureza pública, sendo raro o emprego da tutela interdital em questões de direito privado, limitando-se a aplicação deles, nestes casos, particularmente à proteção possessória".[36]

---

[33] SILVA, Ovídio Araújo Baptista da. A *Jurisdictio* Romana e a jurisdição moderna. In: *Jurisdição, direito material e processo*. Rio de Janeiro: Forense, 2008, p. 265.

[34] Expressão de Thomas Hobbes, para designar o Estado. CHEVALLIER. Jean-Jacques; GUCHET. Yves. *As grandes obras políticas*: de Maquiavel à actualidade. Portugal: Europa-América, 2004.

[35] SILVA, Ovídio Araújo Baptista da. *Jurisdição e execução na tradição jurídica romano-canônica*. Rio de Janeiro: Forense, 2007, p. 17.

[36] O autor adverte, no que tange à proteção possessória, sobre a natureza evidentemente voltada ao interesse público, enquanto tutela destinada a assegurar a paz social, o que demonstra que os inter-

Quer dizer: à diversidade de conteúdo dos direitos correspondia a diversidade de sua proteção. Ao conjunto das *actiones* e dos *interdictas* corresponde o que, na obra de Pontes de Miranda e Ovídio A. Baptista da Silva, se denomina ação de direito material.

Delineia-se, assim, que o que ora se denomina ação de direito material não se confunde ao que foi imortalizado como *actio*, em virtude dos desdobramentos teóricos que influenciaram a construção do Direito Processual Civil como disciplina autônoma e cientifica, o qual se abeberou, como antes assinalado, não do procedimento do Direito Romano do período clássico, mas do Direito Romano do período seguinte, que passa a ser tratado.

2.2.1.2. O predomínio do Direito Imperial no mundo moderno

O que caracteriza o Direito Romano Imperial, em apertada síntese, é: 1) a supressão dos procedimentos interditais, com opção pelo procedimento fundado na *actio*; 2) a construção do direito aprioristicamente, pela codificação que marcou essa época e as que se seguiram (o *Corpus Iuris Civilis*); 3. a origem exclusivamente imperial (o que modernamente se poderia chamar de estatal) do direito, equiparado ao texto e à proibição de que os textos fossem interpretados. Essas características marcaram os períodos posteriores. Dizer-se das origens romanas do Direito Continental do qual descende o Direito Brasileiro é, pois, nada dizer, já que as fontes romanas sofreram total mutação da República ao Império. Ou se poderia também dizer, do período pagão ao período cristão, uma vez que são de naturezas tão diversas quanto o concreto e o abstrato.

Quando Giuseppe Chiovenda retrata a mutação ocorrida no espírito do juiz e sua vinculação à causa, embora não faça, nesse ponto, expressa referência às diferenças presentes nessas duas importantes fases do Direito Romano, ele traz a lume essa mutação entre o concreto e o abstrato no decorrer da história. Diz ele que ao juiz romano repugnava o julgamento com base em critérios meramente formais e abstratos, e que *"no se puede imaginar un contraste más fuerte que el que nos presenta esta función del juez romano paragonada con la del juez en el proceso germánico de la Alta Edad Média"*,[37] porque, então, o formalismo do processo determinava que a decisão do juiz deveria dar-se com base nos juízos de Deus, cuja disciplina reduzia o julgador a expectador a observar e constatar mecanica-

---

ditos romanos se direcionavam à defesa dos direitos que, à época, gozavam de maior importância e evidência. SILVA, Ovídio Araújo Baptista da. *Jurisdição e execução na tradição jurídica romano-canônica*. Rio de Janeiro: Forense, 2007, p. 28.

[37] CHIOVENDA, Giuseppe. La idea romana en el proceso civil moderno. In: —— *Ensayos de derecho procesal civil*. Buenos Aires: Europa-América, 1949. v. 1, p. 361.

mente o resultado. E, apesar de Chiovenda, nas mesmas linhas, afirmar que os acontecimentos que levaram à publicização da jurisdição também produziram a retomada daquela visão original da "livre convicção do juiz", o que se observa é que a recuperação do Direito Romano – tanto em face dos acontecimentos históricos que levaram à Revolução Francesa e às modificações introduzidas por ela, especialmente a publicização da jurisdição como função de Estado, como em face da recepção e da sistematização dada ao Direito Romano pela Escola Histórica – não levou à retomada do juiz romano a quem repugnava a apreciação mecânica dos fatos, mas a um Direito Romano já tomado pelo formalismo da *cognitio extra ordinem*, que mais se aproxima do formalismo distanciado dos fatos do que de uma postura realizadora da prudência no caso concreto. É imperioso observar que a Escola Histórica pressupunha a unicidade e a continuidade da história, motivo pelo qual, diante das fontes romanas que lhe estavam à disposição, produziram o desenvolvimento do direito a partir de tais fontes, que são as justinianeas. É conhecida a ordem de Justiniano para que as fontes do direito anterior à sua codificação fossem destruídas.

O que se observa, então, é que a noção grega da *phronesis*, praticada no período clássico do Direito Romano, como saber direcionado a agir corretamente a partir do que é colhido na experiência – e distinguia-se de outros saberes menos voltados à experiência concreta, como a *tecnhè* e a *epistemè* – não é o paradigma do mundo moderno. Como observa Ovídio A. Baptista da Silva, houve transformação do conceito de *aequitas* no sentido clássico (intrínseca ao sistema) durante o período que influencia a modernidade. No Direito Romano do período final, sob a influência do cristianismo, a *aequitas* passa a significar *humanitas, pietas*. Essa humanidade, piedade, passa a ser um referencial para a correção do direito positivo, como critério universal, supradireito, como um transcendental.[38] Sendo assim, não admira que a proteção imperativa dos *interdictos*, que interferem na realidade social, alterando o mundo fático, mediante cognição sumária, tenha sido, justamente ela, a forma jurisdicional desprestigiada na modernidade, com a universalização de um modelo jurisdicional de cognição plenária e de não interferência. Em lugar de *aequitas, pietas*.

Com os inúmeros fatores que se desenvolveram e se aliaram para levar ao positivismo e ao cientificismo sistemático do século XIX, caracterizados pelo individualismo e pela confiança no método, o sentido que era atribuído ao Direito e às *actiones*, mutante no decorrer das eras, bem

---

[38] SILVA, Ovídio Araújo Baptista da. *Jurisdição e execução na tradição jurídica romano-canônica*. Rio de Janeiro: Forense, 2007, p. 81-83.

como a supressão da tutela interdital corrompem o significado da ação de direito material e levam a uma incompreensão do que o instituto representa e das condições de possibilidade de uma nova leitura do direito em contraposição ao cientificismo tecnicista da modernidade.

Partindo-se do pressuposto de que a *actio* é a fórmula entregue pelo pretor no procedimento *in iure*, que se originava no caso concreto, que representa a força viva do direito, e de que, ao seu lado, havia outra forma de tutela, adequada à essência do direito que reclamava proteção, percebe-se que não foi essa a concepção legada às épocas que sucederam ao período clássico – até porque as fontes escritas sobre o referido período ou foram perdidas – a partir das ordens dadas por Justiniano para proteger sua compilação – ou foram descobertas já na modernidade.

A recepção do Direito Romano, conforme estruturado pela sistematização que lhe deu a Escola Histórica, culminou com a afirmação de uma ciência processual autônoma em relação ao direito material e com a consequente concepção de uma atividade judicial formalista, que toma por base um fenômeno abstrato, em que o direito é uma solução pronta, dada *a priori*, independentemente do que ocorre no mundo da vida, em operações mecânicas e ao modo lógico-matemático, com as quais o Direito seria mais seguro e sua aplicação, controlável pelo Estado.

2.2.2. A antiga polêmica: da origem da sistematização da relação entre direito material e processo às diferentes teorias sobre a ação ou a "ação"

A Escola Histórica, fundada por Savigny, responsável pela sistematização da recepção do Direito Romano na modernidade, concebeu, por meio da teoria civilista da ação, os passos em direção à controvérsia que parcela importante da doutrina entende seja meramente teórica, mas que, no presente livro, é considerada de fundamental relevância não só para entender a forma como o processo é pensado hoje, mas para superação desse modo-de-pensar o processo.

Frederich Karl von Savigny afirma que:

> El derecho de accion entra mas bien en la categoria de los desenvolvimientos y metamorfosis que experimentan los derechos por si mismos subsistentes; y de esta manera ofrece igual carácter que el origen y dissolucion de aquellos derechos que no afectan esta condicion sino que son fases de la existencia de verdaderos derechos.[39]

---

[39] SAVIGNY, Friedrich Karl von. *Sistema del derecho romano actual*. Madrid: Centro Editorial de Góngora, 1930. v. 4, p. 8-9.

Para depois dizer que *"la relacion que de la violacion resulta, es decir, el derecho conferido á la parte lesionada se llama derecho de accion ó accion"*.[40] Introduziu uma série de consequências na relação entre direito material e processo. Aquela que primeiro importa referir é que, embora Savigny reconhecesse a ação como categoria de direito material, uma metamorfose dos direitos por si mesmos subsistentes, e embora tenha ele advertido, ao início da obra, que a jurisdição, como parte integrante do direito público, não era objeto de sua indagação,[41] ao falar em direito de *acciones*, a leitura apressada de sua obra, comprometida com concepções prévias, ao longo dos tempos, acabou por equiparar sua doutrina, posteriormente chamada teoria imanentista, à teoria sobre a "ação", fenômeno processual que, por disposição expressa, ele mesmo teria deixado fora de seu debate.

Desde então, a teoria civilista da ação, teoria da ação de direito material, passou a ser perfilada às teorias que debatem a "ação" processual, afirmando-se que aquela fora substituída por essa.

A convicção de que ação e "ação" seriam um único ser é observada em Pugliese, que introduz, como antes assinalado, a polêmica entre Windscheid e Muther, quando afirma que:

> A problemática moderna relativa tanto a la actio como a la acción (Klagerecht) tiene su acta de nacimiento en la publicación de Windscheid [...] tratando de demonstrar que el concepto romano de actio era extraño al derecho moderno y no coincidia en absoluto con el de acción (Klagerecht) [...].[42]

Essa afirmação supõe que Savigny estivesse a tratar de ação processual em sua teoria imanentista, quando, todavia, falava de um fenômeno de direito material, deixando de fora, expressamente o que pertencia ao campo processual. Supunha, ainda, a referida assertiva, que o direito novo, que nascia da violação fosse a "ação" processual e que Puchta considerava a "ação" como um elemento anexo ou acessório do direito substancial. Falavam tais autores, no entanto, de um fenômeno material. Embora reduzissem ação de direito material à *actio* – fator que se reveste de importante relevância –, não falavam de "ação" processual.

Windscheid afirma que actio é uma emanação do direito e que *"actio és pues el término para designar lo que se puede exigir de outro; para caracteri-*

---

[40] SAVIGNY, Friedrich Karl von. *Sistema del derecho romano actual*. Madrid: Centro Editorial de Góngora, 1930. v. 4, p. 10.

[41] Ibid., p. 7.

[42] PUGLIESE, Giovani. Introduccion da polemica sobre la "actio". In: WINDSCHEID, Bernhard; MUTHER, Theodor. *Polemica sobre la "actio"*. Buenos Aires: Europa-América, 1974, p. 13-14.

zar esto en forma breve, podemos decir atinadamente que actio es el vocablo para designar pretensión".[43] Logo depois, referiu que:

> La expresión: "alguién tiene una actio" significa, traducida al lenguaje de nuestra concepción jurídica, que alguién tiene una pretensión, no es menos cierto que actio sirve primordialmente para designar, no la pretensión, sino el hecho de hacer valer esa pretensión ante los tribunales.

Assim, ele mesmo colabora para o desenvolvimento de confusões que permeiam o direito processual civil e para a negação da ação de direito material como elemento meramente conceitual e desnecessário. Como afirma Ovídio Araújo Baptista da Silva, essas imprecisões de Windscheid, derivadas das próprias fontes, levam a muitas incompreensões:

> A primeira decorre de haver ele identificado a pretensão com a *actio* do direito privado romano, sugerindo que todas as pretensões teriam cunho obrigacional, já que a *actio*, para o sistema processual do *ordo iudiciorum privatorum*, derivava sempre de uma *obligatio*; a segunda deve-se ao fato de sugerir Windscheid que se "exerce *actio*" quando se pede tutela processual.[44]

Muther, ao polemizar com Windscheid, pretendendo estabelecer o conceito de *actio* como direito de acionar, também não foge da confusão, ao dizer:

> Hemos encontrado a la actio una cepción nueva que es por mucho la más frecuente y que significa tanto como: la pretensión a que se confiera una formula. [...] Por consiguiente, quien tenía derecho a que se le confiriera la fórmula debía tener también un derecho subjetivo, que era presupuesto y fundamento del primero.[45]

Logo depois, deixa claro que "*actio es pues la pretensión del titular frente al pretor a fin de que éste le confiera una fórmula para el caso de que su derecho sea lesionado*".[46] Ou seja, ele concebe "ação" para quem é titular de um direito, a qual seria o correspondente moderno da *actio*, porque, segundo ele, ainda, na mesma passagem, a pretensão a que seja conferida uma fórmula é própria do período formulário que se manteve, no direito posterior, como ideia, ainda que modificada em seus pressupostos.

---

[43] WINDSCHEID, Bernhard. La actio del derecho civil romano, desde el punto de vista del derecho actual. In: WINDSCHEID, Bernhard; MUTHER, Theodor. *Polemica sobre la "actio"*. Buenos Aires: Europa-América, 1974, p. 12.

[44] SILVA, Ovídio Araújo Baptista da. Unidade do ordenamento e jurisdição declaratória. In: ——. *Jurisdição, direito material e processo*. Rio de Janeiro: Forense, 2008, p. 15.

[45] MUTHER, Theodor. Sobre la doctrina de la "actio" romana, del derecho de accionar actual, de la "litiscontestatio" y de la sucesión singular en las obligaciones. In: WINDSCHEID, Bernhard; MUTHER, Theodor. *Polemica sobre la "actio"*. Buenos Aires: Europa-América, 1974, p. 241.

[46] Ibid., p. 246.

Até aqui, então, a ação de direito material era reduzida à *actio* do Direito Romano do período da *cognitio extraordinem* e era tratada como realidade que compreendia a "ação" ou que era compreendida por essa. Não havia demarcação entre direito material e processo, mas o espírito da época supunha a necessidade de o Direito Processual adquirir o *status* de ciência, com principiologia própria.

A essa controvérsia, apenas iniciada com Windscheid e Muther nos anos 1856-1857, sucederam-se estudos que, seguindo a linha inspirada em Theodor Muther, pretendiam afirmar o direito de acionar e construí-lo como realidade autônoma em relação ao direito material.

Desde que Oskar von Bülow definiu o processo como relação jurídica com três vértices, nos quais estão as partes e o juiz, sendo essa uma *"relación de derecho público, que es fundada por la demanda judicial, y que tiene naturaleza formal, de onde el derecho de las partes en la relación procesal tiende a la sentencia, pero no a una determinada sentencia"*,[47] os rumos da relação entre direito material e processo finalmente se separaram. Isso porque, da formulação da existência de uma relação jurídica processual independente e inconfundível com a relação jurídica material, porque não seria direcionado a uma sentença determinada, mas simplesmente a uma sentença, passaram a ocorrer desenvolvimentos e reações.

O primeiro desenvolvimento veio com Degenkolb e Plósz, que conceberam o direito de ação como um direito independente da existência de um direito material que lhe servisse de causa. Esse direito seria reconhecido ao autor e ao réu, porque ambos teriam direito a desenvolver a relação jurídica processual para alcançar uma sentença, mas, com Bülow, não uma sentença determinada. Esse direito de "ação" era dito abstrato e não dependia da existência de direito material, tampouco se confundia com ele.[48]

À chamada teoria abstrata da ação, surgiu a reação presente na obra de Adolph Wach, do qual Giuseppe Chiovenda se considera discípulo, porque construiu sua concepção da relação entre direito material e processo sobre a base lançada por Wach.

Wach sistematizou o conceito de direito à tutela jurídica frente ao Estado e ao adversário, como um direito a uma sentença favorável e à execução. Esse direito à tutela jurídica pertenceria ao campo do direito público, cabendo ao direito processual a regulação desse direito que, inobstante seja um direito a uma sentença favorável, independe do direito material (então compreendido como direito privado), porque o simples

---

[47] CHIOVENDA, Giuseppe. *Ensayos de derecho procesal civil*. Buenos Aires: Ediciones Jurídicas Europa-América, 1949. v. 1, p. 6.

[48] SILVA, Ovídio A. Baptista da. *Curso de processo civil*. Rio de Janeiro: Forense, 2005. v. 1, p. 84.

interesse em mera declaração de certeza pode fundamentar o direito de ação. Esse direito de ação, autônomo, consistente no direito à tutela jurídica constituía o objeto do processo, que não estava vinculado a um direito material anterior, porque poderia, então, fundar-se na mera necessidade da certeza da inexistência de uma relação jurídica, o que denunciava que o direito à tutela jurídica se prendia a mero interesse jurídico a uma sentença determinada, à base da qual não estaria, necessariamente, um direito.

Chiovenda filiou-se à teoria de Wach, concebendo-a, no entanto, de modo bastante diferente, mas igualmente oposto à teoria abstrata. Para o jurista italiano, tratava-se de equívoco afirmar um direito à ação, aberto a todos, inclusive àqueles que não tivessem razão. Segundo ele:

> No exite un derecho de accionar, independiente de un efetivo derecho privado, o de un interés que pueda conducir a una sentencia favorable: la mera posibilidad, capacidad, libertad de accionar que correponde a todos los ciudadanos, no es por sí un derecho, al menos en el sentido riguroso de la palabra, sino mas bien una condición del derecho de accionar, un medio, el uso del cual se conviterte en derecho sólo en determinadas circunstancias.[49]

Ele adverte, logo ao início de seu importante ensaio sobre o tema, que, nos limites de seu trabalho, a ação é compreendida como *"derecho de obrar correspondiente al particular para la defensa de aquel derecho no satisfecho"*.[50] Direito de ação, então, correspondia àquele que tinha direito. Na concepção chiovendiana acerca do direito de ação, pode-se ler uma das importantes diferenças da teoria concretista da ação presente em Chiovenda, em relação à teoria de Wach, pois ele considera que ação não é direcionada contra o Estado e contra o adversário, como sustentara Wach, mas simplesmente *"el derecho de provocar la actividad del órgano jurisdicional contra el adversario [...] Nosotros concebimos la acción precisamente como un derecho contra el adversario, consistente en el poder de producir frente a éste el efecto jurídico de la actuación de la ley"*.[51]

Esse direito de provocar o órgão jurisdicional contra o adversário foi concebido por Chiovenda como direito potestativo, um direito a uma sujeição, sendo, para ele, a ação, o direito potestativo por excelência, porque *"La acción es un poder frente al adversario, más que contra el adversario. Queremos con esta distinción expresar la idea de que la acción no supone obligación alguna"*,[52] e, sim, uma sujeição a que se submete o adversário. Pode-se ver, ademais, em tal concepção, uma espécie de hibridismo que reúne, em

---

[49] CHIOVENDA, Giuseppe. La acción en el sistema de los derechos. In: ──. *Ensayos de derecho procesal civil*. Buenos Aires: Ediciones Jurídicas Europa-América, 1949. v. 1, p. 13.
[50] Ibid., p. 6.
[51] Ibid., p. 18-19.
[52] Ibid., p. 18.

uma única categoría, a "ação", não apenas as características da "ação", mas também características da ação de direito material. Chiovenda concebeu a "ação" a partir da ideia de ação de direito material, por isso sua concepção é concretista, a ação de que ele fala, como se tratasse da "ação" é a ação de direito material.

Não obstante, à teoria de Wach, ainda que com diferenças, às vezes substanciais, como as que se vê em Chiovenda, é atribuído grande mérito por parcela expressiva da doutrina, por ter, nas palavras de Hellwig, *"aclarado enérgicamente la necesidad de separar netamente los presupuestos substanciales y procesales de una acción fundada"*.[53] Essas palavras parecem expressar o centro dos desencontros que levaram a teoria da ação a encobrir diferenças entre a ação e a "ação", apagando a importância da relação entre direito material e processo, que se dá pelo conteúdo concreto da primeira e abstrato da segunda, e leva à possibilidade efetiva de afirmação de duas esferas diferentes do ordenamento jurídico e à afirmação do valor dessa dualidade, que se dá em sua identidade e diferença (ontologicamente), para o acontecer do direito material no processo, o que será analisado ao longo desta obra.

Quando a "ação" – processual – é concebida como direcionada ao Estado e ao adversário, nesse caso, como direito potestativo a uma sentença favorável, os caracteres que são pertencentes à ação de direito material – categoria pertinente não ao processo, mas ao direito material – se apagam e apaga-se a diferença entre direito material e processo, passando-se à possibilidade de que um se torne servo do outro. Toda a teorização do processo aprisiona o direito material e se confunde com ele. Desde então, por isso, concebendo escopos específicos para o direito processual, o jurista e, por influência dele, o legislador e o juiz passam a pensar no processo como o centro de onde se irradiam os direitos. A forma como se passa a pensar o processo em sua relação com o direito material se dá por meio de uma relação desvinculada de laços realmente concretos, porque a ação de direito material deixa de irradiar efeitos, pois foi transformada e levada ao campo do processo (foi substituída pela "ação"), onde o direito à tutela jurídica perde seu real contato com essa fonte de irradiação. O processo, então, passa a ser concebido como método adequado ao direito material *in abstrato*, em que os fatos são identificados com os elementos que compõem o suporte fático previsto na norma, e em que, ultrapassadas determinadas solenidades, o direito seria declarado, sem que o direito material concreto pudesse se impor, pois sua potência e força foram subtraídas pela afirmação da autonomia do processo, na qual subsiste a

---

[53] Chiovenda cita a obra Anspruch und Klagerecht in CHIOVENDA, Giuseppe. La acción en el sistema de los derechos. In: ——. *Ensayos de derecho procesal civil*. Buenos Aires: Ediciones Jurídicas Europa-América, 1949. v. 1, p. 12.

"ação" em lugar da ação. Certamente, não se pode esquecer de que, ao passar a compor a realidade processual, o direito assim concebido, desvincula-se de sua origem e dos fatos de que é eficácia e, como categoria desprendida do mundo, projeção abstrata do que antes fora realidade, perde sua força, deixando, também, de ser a categoria cambiante que é, no mundo, quando passa pelas vicissitudes de sua real inefetividade. O processo, então, não cuida dessas vicissitudes, e passa a trabalhar com um conceito dado, que é investigado apenas em sua existência ou inexistência, e não em suas particularidades ou necessidades.

Essa confusão entre o que é do direito material e o que é do processo permanece sendo tematizada no seio desse paradigma, e o desenvolvimento seguinte – na esteira da confusão entre ação de direito material e "ação" processual em que essa absorve algumas características da primeira, de modo generalizante – se dá por meio da teoria eclética. A teoria eclética – que não engendra apenas a construção de Liebman[54] – concebe condições para essa "ação", cujas características são aquelas tomadas de empréstimo do que deveria ser a ação de direito material, que, nesse entendimento, desapareceu por que foi substituída. Por força dessa teoria, cuja variante liebmaniana o Direito Brasileiro mantém, subsiste a antiga polêmica, sempre renovada pela necessidade de delimitar as fronteiras da autonomia processual, centrada na necessidade de reconhecer caráter publicístico ao direito processual.

Em suma, a teoria eclética refuta a ação concreta e adere à teoria abstrata, impondo à "ação" assim considerada condições para obter o provimento jurisdicional.

Piero Calamandrei, cuja importância e proeminência no campo do direito processual não parece estar exposta a dúvidas ou cogitações, por exemplo, fala da "ação" como categoria processual, invocando o descabimento de tratá-la como um momento do direito substancial, que é por ele tratado como direito subjetivo. Diz ele que:

> El interés individual es, sin duda, el dominante en aquel concepto de acción, tan querido por los civilistas del siglo pasado que Chiovenda llama mixto o impropio: el concepto según

---

[54] À teoria eclética adere Gian-Antonio Micheli: "*No me parece exacto, en cambio, ni desde el punto de vista histórico ni desde el dogmático, contraponer la acción concreta, a la acción abstracta, considerando esta última como expresión de una concepción del Estado rígidamente autoritario y colectivístico, mientras que la primera sería expresión de la concepción liberal e individualística del Estado mismo. [...]. La acción abstracta puede ser considerada, desde este punto de vista, como una institución menos exacta que la otra opuesta, pero representa la aspiración a dar formulación jurídica al derecho cívico correspondiente a todos de acudir a los jueces para la tutela de los propios derechos e intereses.*" MICHELI. Gian Antonio. Jurisdicción y acción: premisas críticas al estudio de la acción en el proceso civil. In: ——. *Estudios de derecho procesal civil*. Buenos Aires: Ediciones Jurídicas Europa-América, 1970. v. 1, p. 180-181. Embora divirja de Enrico Túlio Liebman no que tange à enumeração das condições da ação que, para Micheli, são a legitimidade para agir, o interesse para agir (no qual insere a possibilidade jurídica do pedido) e a competência (jurisdição). Ibid.

> el cual la acción no sería más que un aspecto o un momento del mismo derecho subjetivo substancial, un poder inmanente de reacción contra la sin razón, o, como se acostumbraba a decir con circunloquios tan pitorescos como poco comprometedores, el derecho subjetivo "en pie de guerra".

E conclui:

> Pero estas frases tan vagas y tan poco concluyentes en sí mismas, que representan la acción como una sombra fugaz proyectada por el derecho subjetivo sobre la lucha del proceso, son en realidad la expresión muy significativa de aquella concepción liberal del Estado que situaba en el centro del sistema jurídico la idea, sentida fuertemente, del derecho subjetivo.[55]

Ocorre que nem a doutrina que sustenta que existem duas ações – a "ação" e a ação – pretende reduzir o direito material à sua manifestação privada e individual, nem se pode considerar que, com isso, a doutrina tradicional poderia conceituar a "ação". É certo que essa confusão é derivada da origem como as categorias foram sustentadas na polêmica original entre Windscheid e Muther e os desdobramentos das teorias sobre a ação. A polêmica, ademais, restou alimentada pela necessidade de isolar o campo processual de interferências que criassem óbices à afirmação de sua autonomia. Ao contrário do que propaga a doutrina tradicional, no entanto, reconhecer a ação de direito material não afeta o caráter publicístico do processo, porque todo o direito está impregnado pela força transformadora da Constituição e porque os direitos materiais devem ser compreendidos a partir da matriz constitucional, motivo pelo qual seu caráter meramente privado não tem mais lugar nesta quadra da história. Não se nega a autonomia processual com isso; apenas se pretende reconhecer um liame concreto entre direito material e processo, desamarrando os óbices à compreensão de ambos que resultou da indevida simbiose entre "ação" e ação pela qual é responsável a teoria concreta, perpetuada pela teoria eclética.

Não se trata, como acusou Calamandrei, de transformar a "ação" em uma sombra fugaz projetada pelo direito subjetivo. Antes, o contrário, pois se trata da proposta de reconhecer a existência e o valor original da ação de direito material como o "sol" do sistema, não no sentido de centro, mas de fonte de irradiação de efeitos. Com isso, e reconhecendo que o direito material não se confunde, nem se restringe ao direito subjetivo,[56] o que se faz é reconhecer o caráter publicístico da relação entre direito material e processo, não apenas o caráter publicístico do processo. Trata-se da releitura desse caráter publicístico como constituidor de direitos e

---

[55] CALAMANDREI, Piero. *Estudios sobre el proceso civil*. Buenos Aires: Bibliográfica Argentina, 1945, p. 142.
[56] O direito material, a partir da fonte embebedora da Constituição, é igualmente "público".

transformador da realidade a partir da matriz constitucional. Na verdade, a partir de uma visão constitucionalizadora do Estado Democrático e Constitucional de Direito, todo o direito passa a ter feição publicística.

Afirmar o conceito de "ação" no processo, consolidando-o como categoria abstrata, é providência necessária não só à autonomia do processo, mas à defesa do direito material em suas expressões dinâmicas. Para isso, impõe-se reconhecer que a teoria concreta da ação sistematiza e confunde a "ação", com o que, na verdade, é a ação de direito material.

Afirmar, ainda, o caráter abstrato da "ação" e, ao mesmo tempo, defender que ela possa ser condicionada por condições concretas, como fez Liebman, não é perfilar a teoria abstrata, mas manter o posicionamento, cuja origem está em Wach e Chiovenda. É perfilar a teoria concreta, impondo à "ação" as condições da ação de direito material, que são condições que pertinem ao mérito, ao objeto do processo, e não à possibilidade de seu desenvolvimento em direção ao mérito. É, pois, unificar "ação" e ação, negando a força impositiva que irradia do direito material. Afinal, se a "ação" é abstrata, aberta a todos, como um imperativo do acesso ao Poder Judiciário, como se pode impor-lhe condições que estão atreladas à relação material subjacente: legitimidade, interesse, possibilidade? Não é preciso investigar o mérito para chegar a alguma conclusão a respeito delas? Sem dúvida, não há como analisar as condições da ação, tais como estabelecidas no art. 267 do Código de Processo Civil, sem investigar a relação jurídica material subjacente. Sendo assim, não há como fazê-lo sem investigar o mérito. E, portanto, não há como fazê-lo sem condicionar a "ação", ainda que se afirme que tal análise é preliminar ao mérito, impõe-se à "ação", condições, que a concretizam. Assim, a "ação" deixou de ser abstrata. Abstrato, segundo Houaiss, é "o que não é concreto; que resulta da abstração, que opera unicamente com ideias, com associações de ideias, não diretamente com a realidade sensível".[57] Se o abstrato não opera com a realidade sensível, então as condições da ação concretizam a ação, pois não é possível investigá-las sem análise da relação concreta, extraída da realidade sensível.[58]

Dessa forma, da relação entre direito material e processo, compreendida a partir de todo esse desenvolvimento histórico, que foi influenciado pelo pensamento que forjou a emergência da modernidade e a consolidou, resulta uma estrutura teórica incapaz de permitir a concórdia, porque os debatedores partem de horizontes diversos na tentativa de compreender

---

[57] HOUAISS, Antonio. *Dicionário houaiss da língua portuguesa*. Rio de Janeiro: Objetiva, 2001. Verbete *abstrato*, p. 32.

[58] As repercussões dessa problemática serão analisadas no Capítulo IV, por extrapolarem o objeto de estudo da reconstrução da tradição.

o fenômeno da relação entre direito material e processo, mas acreditam estar falando da mesma coisa.

Por isso, é possível concordar parcialmente com Calamandrei quando afirma que:

> Las várias teorias que todavía luchan en torno al concepto de acción encuentran todas ellas su justificación histórica en el momento presente, en cuanto cada una de ellas debe entenderse como relativa a las diversas fases de maduración de las relaciones entre ciudadano y Estado.[59]

Concordar parcialmente, porque é certo que as diferentes concepções da ação, como fenômeno puramente material, ou apenas processual, ou híbrido, ou como duas esferas de agir autônomas, certamente prevaleceram em dada época, em virtude dos pressupostos que eram subjacentes às relações entre Estado e indivíduos e podem levar à manutenção de determinada postura em relação à sustentação de uma concepção ou de outra em face dos pressupostos ideológicos que se mantêm entre os juristas do processo. O horizonte histórico, com efeito, é imprescindível para a compreensão, inclusive, do que se abordará adiante, acerca dos pressupostos filosóficos, que sustentam as variadas posições. Não se pode concordar, no entanto, que essa explicação possa relativizar o conceito de "ação", a qual, para o mesmo autor, a quem Micheli dá adesão,[60] "*es una realidad, que puede determinar las más variadas interpretaciones dogmáticas, pero con la cual no puede dejar de contar quien quiera comprender como está formado, en la civilización contenporanea, el proceso*".[61]

Certamente, compreender a polêmica em torno da ação é ponto central para investigar as diferentes concepções sobre o processo, no decorrer das fases por que passou, desde sua feição privada, indissociada do direito material, passando por sua afirmação como ciência autônoma, em direção às visões substancialistas ou processuais-procedimentais (ambas ainda ligadas ao esquema S-O) até a compreensão hermenêutica que ora se propõe. Todavia, afirmar que a relação entre direito material e processo possa, na atual quadra da história, assumir variadas interpretações dogmáticas, restando escolha do intérprete perfilar qualquer das teorias sem que isso reflita na realidade da jurisdição, importa desvinculá-la de sua função e despir-lhe dos meios para realização do direito material no

---

[59] CALAMANDREI, Piero. *Estudios sobre el proceso civil*. Buenos Aires: Bibliográfica Argentina, 1945, p. 139.

[60] "*El concepto de acción es verdaderamente una cosa relativa, como había puesto ya de relieve Calamandrei [...]*". MICHELI. Gian Antonio. Jurisdicción y acción: premisas críticas al estudio de la acción en el proceso civil. In: ——. *Estudios de derecho procesal civil*. Buenos Aires: Ediciones Jurídicas Europa-América, 1970, p. 179.

[61] CALAMANDREI, Piero. *Estudios sobre el proceso civil*. Buenos Aires: Bibliográfica Argentina, 1945, p. 139.

processo. Isso porque a escolha não é do intérprete, em um sistema jurídico democrático de Direito. É por isso que Lenio Luiz Streck insiste "na importância da relação entre o modo-de-fazer Direito e a concepção de Estado vigente/dominante".[62] A visão do direito material como elemento normativo, distanciado da realidade, porque cristalizado e, portanto, anulado, em seu aspecto estático, direito, sem ação/força, não se compraz com a visão transformadora que se apresenta nessa quadra da história.

É razoável, então, afirmar, que essa visão normativa é proposta por todas as correntes que indicam a desnecessidade de ligar-se o direito processual ao direito material de um modo concreto, permitindo as processo estruturar-se de modo a que a escolha abstrata do legislador do processo prevaleça sobre a realidade concreta a que o processo deveria amoldar-se, o que, segundo se entende aqui só é possível por meio da afirmação de seu aspecto dinâmico, a ação de direito material, que é o agir concreto, manifestação do direito em sua força e capacidade de realizar-se que, vedada, será alegada no processo. A realização do que, em virtude dela, se impõe, será, por vezes, efetuada com o auxílio do Poder Judiciário, a quem incumbe a satisfação dos direitos, ou seja, a concretização das pretensões, no plano social. Pode-se, então, dizer que as correntes que recusam relevância à realidade do direito material, assim concebida, alinham-se ao pensamento característico do modo-de-fazer direito em um Estado liberal-individualista, de asseguração de direitos negativos, em que o Direito do Estado é justo por natureza e qualquer transformação da realidade social, via Judiciário, seria ilegítima. Nelas, ao direito material não é necessário reconhecer força transformadora, porque a própria concepção de Estado não se amolda à concepção transformadora da realidade.

Buscar as raízes dessa discussão e ingressar no campo dessas polêmicas a respeito da "ação" ou da ação, ou de ambas, na relação entre direito material e processo, é escolher engajar-se em uma infindável discórdia em que se falam várias línguas diferentes, em que os horizontes de sentido não se fundem, em que os paradigmas são diversos. Disso advém a impossibilidade de diálogo e as crenças sempre renovadas de que a controvérsia findará com as "ferramentas" do próprio paradigma, como demonstra a posição de Eduardo Couture. O jurista uruguaio expõe sua tese – que considera como que o "fim de uma jornada" – de que ação é uma espécie, forma específica do direito constitucional de petição, um poder jurídico processual, para o qual ele considera inadequada a adjetivação de abstrato. Em seu argumento, toma o cuidado de refutar o que ele chama de necessidade de criar um *tertium genus*:

---

[62] STRECK, Lenio Luiz. *Jurisdição constitucional e hermenêutica*. Rio de Janeiro: Forense, 2004, p. 44.

Que exista um direito, a que chamaremos, por agora, material ou substantivo, o qual assegura ao indivíduo determinados bens da vida, é fora de dúvida. Que exista um poder jurídico de apresentar-se ante os órgãos jurisdicionais para pedir proteção para êsses bens da vida, tampouco é discutível. Pois bem: Será necessário criar no sistema dos direitos um "tertium genus", que não seja nem o direito substantivo, nem o direito processual de demandar ante a autoridade? Não nos parece. Se êsse novo direito, ao qual se poderia chamar hiperbòlicamente "ação", compete aos que têm razão, e só a êsses, então confunde-se com o direito material; se, ao contrário, possuem-no tanto os que têm razão como os que não têm, então confunde-se como direito processual.[63]

O *tertium genus,* ao qual o jurista se refere como ação, refutando-a, seria a ação de direito material. Todavia, pensar a ação de direito material como um *tertium genus,* cuja criação é apontada como desnecessária pelo jurista, é um equívoco, pois a ação de direito material é estado do direito material em atividade, um momento do direito material em ação (a redundância é proposital), que existe ao lado da "ação" processual, sem com ela se confundir e sem apagar seu valor como "ação" abstrata. Essa ação, a ser alegada na "ação", corresponde à órbita do direito material, assim como a "ação" corresponde à órbita do direito processual. Não há um *tertium genus* quando se fala em ação de direito material.

À possível acusação, por fim, de que conceber a ação de direito material como realidade concreta ao lado da "ação" abstrata significa comprometer-se com teorias imanentistas da ação (teorias civilistas), porque estas tratariam a "ação" como categoria imanente ao direito material, quando o que se seria imanente é a ação, não a "ação" (essa necessariamente independente, autônoma, inclusive por determinação constitucional, porque a todos é garantido o acesso ao judiciário que só aberto a todas as pretensões e possíveis ameaças de violação ou violação a direitos poderá ser universal, pois não há como definir, aprioristicamente, quem tem ou não direito), argui-se que não se trata de imanência, mas de conceber o ente (direito) em seu ser (sentido), porque todo ente só é no seu ser e todo ser é o ser de um ente. Esse modo-de-ser do direito material, a ação, é, na verdade, o sentido do direito material no caso específico, na sua aplicação concreta. Na há interpretação sem aplicação, por isso não é possível construir o sentido do ser do direito material sem retornar ao mundo concreto. Ao lado da "ação", também por mandamento constitucional, deverá haver um direito potencialmente forte para fazer-se atuar, do que resulta a imposição constitucional de reconhecimento da ação de direito material, a qual será alegada e, por reconhecimento provisório, temporário ou definitivo do direito, deverá ser realizada como decorrência do auxílio do Poder Judiciário na concretização dos direitos (pretensões), sob pena de o processo ser instrumento de pura abstração, porque, como diz Ovídio

---

[63] COUTURE. Eduardo J. *Fundamentos de direito processual civil.* São Paulo: Saraiva, 1946, p. 55.

Araújo Baptista da Silva,[64] o direito material, só, não vai ao foro, porque é estático e não possui potencialidade suficiente para fazer-se atuar se não for dotado de pretensão e ação de direito material. Com efeito, o processo precisa ser abstrato, para poder veicular universalmente as alegações das partes para que, ao final, possa, construindo o sentido do ser do direito material, realizar concretamente pretensões e ações. Para isso não pode, a partir da característica do seu instrumento, a "ação" (abstrata), converter--se em instrumento abstrato.

Em resumo: em toda essa reconstrução, das inúmeras, variáveis, coincidentes ou não, posições sobre a ação e a "ação", dentre as tantas outras aqui não examinadas – porque, como afirma a doutrina, parecem existir tantas posições quantos juristas que delas se ocuparam, entre os quais também não há concórdia possível sem a abertura do sentido que se dá na compreensão como aplicação – o principal é, primeiro, desvelar a controvérsia, traçar seus pressupostos e consequências, em busca de um sentido capaz de restaurar a compreensão a partir da linguagem (o mundo concreto), e não do instrumento (o método abstrato), em direção à visão autêntica da ação de direito material e à relação entre direito material e processo adequada ao modelo democrático e social de Direito, nessa quadra da história,

> [...] pois a passagem do Estado Liberal para o Estado Social revelará, constantemente, os limites da ideologia da "fidelidade à lei". A complicada convivência do Estado de Direito com o chamado Estado do Bem-Estar Social fica evidenciada pelo necessário recurso a novas categorias cognitivas por parte do intérprete. Caminha-se, assim, da hermenêutica de bloqueio para a hermenêutica de legitimação de aspirações sociais.[65]

Investigar, pois, 1) as concepções acerca da *actio*, 2) a transposição dessa categoria à jurisdição moderna, como se representasse a totalidade da jurisdição desenvolvida na história do Direito Romano, 3) a visão que equipara a *actio* à ação de direito material, ou seja, a equiparação de um momento do processo romano à atividade concreta, que é manifestação do direito em sua possibilidade de fazer-se efetivo, 4) a afirmação da "ação" como o modo moderno de conceber a *actio*, que antes já fora equiparada à ação de direito material, são tarefas indispensáveis para compreender como, da função criadora e realizadora dos direitos, que caracterizou o tempo mais próspero da civilização que legou o desenvolvimento do Direito às eras que a sucederam, se caminhou em direção à concepção sistemática do direito e à jurisdição de atuação apenas norma-

---

[64] Dentre outras, as obras: SILVA, Ovídio Araújo Baptista da Silva. *Processo e ideologia:* o paradigma racionalista. Rio de Janeiro: Forense, 2004; e SILVA Ovídio A. Baptista da Silva. *Jurisdição, direito material e processo.* Rio de Janeiro: Forense, 2008.

[65] STRECK, Lenio Luiz. *Jurisdição constitucional e hermenêutica.* Rio de Janeiro: Forense, 2004, p. 44.

tiva, *i.e.*, como da formulação do direito para o caso concreto – em que a norma, sempre em sua dimensão concreta, era extraída do conjunto do Direito – se involuiu para uma concepção subsuntiva de mera atividade mecanizada a partir de uma vontade ideal e reconhecida como perfeita *a priori*, a vontade do legislador ou da lei; bem como para compreender de que maneira da atividade jurisdicional direcionada ao agir concreto se involuiu para a concepção normativa da jurisdição. Essas são reflexões que se tornam imprescindíveis para quem pensa o problema da relação entre processo e direito material.[66]

As formulações que retomaram o sentido apenas declarativo da fase *apud iudicem*, submetida ao *iudex romano* para limitar a jurisdição à atividade meramente declarativa, encobriram a atividade dita criadora e constitutiva do Direito que pertencia ao pretor na fase *in iure*, a quem incumbia a construção da fórmula e o reconhecimento da *actio* adequada a realizar o direito do caso concreto, sob a condição de que houvesse a comprovação, perante o *iudex*, dos fatos que foram objeto da análise do pretor para criar a fórmula. Como tal mudança ocorreu? A resposta a esse questionamento é inicial na resposta a um segundo questionamento: Como da possibilidade de transformação da realidade em concreta realização dos direitos – por meios como a tutela interdital – pelo pretor, se caminhou em direção a uma atuação puramente normativa do Direito? São perguntas, dentre tantas outras, que se impõem no desvelamento do que poderá vir a ser uma relação autêntica – produtora de sentido – entre direito material e processo.

Essa investigação exige um debruçar-se sobre um novo capítulo, uma nova polêmica.

2.2.3. A introdução de uma nova polêmica sobre a ação e a "ação"

A polêmica recente é herdeira da antiga, mas com ela inconfundível. Parte-se, primeiramente, do pressuposto de que a "ação" foi equiparada

---

[66] Desde já, é necessário precisar que a retomada de uma categoria, cuja sustentação e afirmação remonta, na doutrina brasileira, a Pontes de Miranda, não equivale, de modo algum, a sustentar, juntamente com ela, a clássica teoria da subsunção, exposta por Pontes de Miranda, de modo rigoroso, científico e sistemático. Reconhecendo o valor da sustentação de Pontes acerca do que chamou de três categorias em vertical (direito, pretensão e ação), a retomada de seu pensamento não se estende à teoria da subsunção, cuja compreensão exige, para realização de um direito vinculado ao mundo da vida, uma releitura aberta à compreensão a partir da tradição e da construção do direito vivo, superando a concepção abstrata do Direito, em direção ao círculo hermenêutico. Não se trata de "jogar fora o bebê com a água do banho", mas de reter o que de bom pode ser retido em prol da construção de um Direito transformador da realidade, a partir de uma perspectiva autêntica ligada ao Estado Democrático (e Constitucional) de Direito. A posição contrária redundaria em postura maniqueísta, incompatível com uma investigação que pretende desvelar sentidos inautênticos na compreensão do Direito.

à *actio*, que, anteriormente, já havia sido confundida com a ação de direito material. O desaparecimento dessa última, a ação de direito material, movimenta as discussões atuais, porque, segundo a majoritária doutrina, teria sido substituída pela "ação". Seus reflexos não restam circunscritos ao campo da ação de direito material, nem tampouco têm efeitos limitados ou inexistentes no campo da compreensão do processo. Assume, é o que se sustenta aqui, de modo paradoxal, lugar central na relação entre Direito Material e Processo.

Muitos são os matizes dessa polêmica: 1) Envolve a questão relativa à classificação das ações, decorrência imediata das posições sobre a existência da ação de direito material, de um lado, e sua inexistência ou seu desaparecimento em face da vedação da autotutela e da consequente substituição da ação pela "ação", no outro vértice da polêmica. Supor que a classificação seja pertinente ao plano processual é o motivo propulsor do aprimoramento da jurisdição a formas de tutela meramente normativas dos direitos (declaratória, constitutiva e condenatória), base da compreensão positivista da atividade jurisdicional que não vai aos fatos. Isso porque se atribuem eficácias conceituais e desprende-se a jurisdição do seu escopo, que é a concretização das pretensões de direito material; 2) Envolve a questão da própria concepção da atividade jurisdicional, seu conteúdo e sua função, que remete à profunda diferença entre concretizar pretensões (conceber jurisdição a partir da matriz constitucional em um Estado de transformação social) ou regulá-los normativamente (concebendo jurisdição a partir de um ultrapassado modelo liberal-individualista, cujo modo-de-fazer direito está atrelado às metafísicas e, portanto, à contraposição S-O); 3) Envolve, por fim, o tema relativo à relação entre o direito material e o processo e a superação das insuficiências da jurisdição. Todas as matizes apontadas estão, necessariamente, ligadas umas às outras e perpassam a noção mais importante, o desvelamento do sentido do ser do direito material e do processo, noção capaz de restaurar um vínculo concreto e positivo entre as esferas, em direção a uma compreensão autêntica do processo.

O surgimento, por meio do posicionamento de Carlos Alberto Alvaro de Oliveira, contrário a Ovídio Araújo Baptista da Silva, da polêmica acerca da utilidade da afirmação da existência da ação de direito material, já que esse agir para a realização do próprio direito raramente é facultado ao respectivo titular,[67] é condição para esse desvelamento. Não seria possível pensá-lo sem partir da reflexão sobre os motivos e as consequências de tão acirrada controvérsia. A polêmica é sadia e traz, segundo Heidegger,

---

[67] SILVA, Ovídio Baptista da. Direito subjetivo, pretensão de direito material e ação. In: MACHADO, Fábio Cardoso; AMARAL, Guilherme Rizzo (orgs.). *Polêmica sobre a ação*: a tutela jurisdicional na perspectiva das relações entre direito e processo. Porto Alegre: Livraria do Advogado, 2006, p. 20.

citado por Ernildo Stein, "a possibilidade de que o pensamento corresponda ao apelo do que deve ser pensado",[68] condição para a subversão de uma ordem imposta pelo positivismo universalizador, atemporalizador e cristalizador de sentidos. Pensar a ação de direito material.

A posição de Ovídio Araújo Baptista da Silva, autor que reintroduziu a análise do tema da ação de direito material, está formulada sobre as bases da proposição de Pontes de Miranda sobre a classificação das ações e não da "ação". Tal posição sustenta a superposição de três categorias em vertical: o direito, a pretensão e a ação. Segundo Ovídio, o "direito subjetivo, assim definido, é um *status*, uma categoria jurídica estática, ao contrário da ação que pode ser esse próprio direito subjetivo em seu momento dinâmico".[69] Diferencia, pois, ação, assim grafada no sentido material, e "ação", no sentido processual, no modo como a ela se referia Pontes de Miranda. Essa concepção reconhece a existência da ação de direito material, que não se confunde com a "ação", que corresponde ao direito subjetivo público de invocar a tutela jurisdicional e se opõe à doutrina que afirma que a "ação", nos sistemas modernos, teria substituído a ação. Afirma o processualista:

> A primeira confusão, portanto, a evitar-se será aquela que costuma confundir a "ação" com o direito subjetivo "público" de invocar a tutela jurisdicional, ou de suscitar a atividade dos órgãos estatais encarregados de prestar jurisdição. A "ação" não é um direito subjetivo, pela singela razão de ser ela a expressão dinâmica de um direito subjetivo público que lhe é anterior e que a funda.[70]

Dessa confusão que se busca desvelar, nasce a verdadeira recusa do liame entre direito material e processo e o transporte das cargas eficaciais das ações e sentenças para o plano do processo, o que, segundo o autor, expõe o vínculo dos doutrinadores que afirmam que a classificação das sentenças está no plano processual com a teoria concretista da ação, porque o que é abstrato, como seria a "ação", não tem qualificação concreta: declaratória, constitutiva ou condenatória.[71]

---

[68] Ernildo Stein traduz e cita passagem de Martin Heidegger no texto "Für den Herrn Verleger Dr. Phil. H. c. Hermann Niemeyer". STEIN, Ernildo. *Compreensão e finitude*. Ijuí: Unijuí, 2001, p. 201.

[69] SILVA, Ovídio A Baptista da. Direito subjetivo, pretensão, direito material e ação. In: MACHADO, Fábio Cardoso; AMARAL. Guilherme Rizzo (orgs.). *Polêmica sobre a ação*: a tutela jurisdicional na perspectiva das relações entre direito e processo. Porto Alegre: Livraria do Advogado, 2006, p. 16.

[70] Ibid., p. 17.

[71] Para expor apenas a teoria ternária da classificação das ações que é dominante, embora se reconheça que Carlos Alberto Alvaro de Oliveira, principal polemista na matéria – junto com Ovídio Araújo Baptista da Silva, ora comentado – filia-se à teoria quinária, em seu ensaio "O Problema da Eficácia da Sentença", embora afirme que a classificação pertine ao Direito Processual. OLIVEIRA, Carlos Alberto Alvaro de. O problema da eficácia da sentença. In: MACHADO, Fábio Cardoso; AMARAL. Guilherme Rizzo (orgs.). *Polêmica sobre a ação*: a tutela jurisdicional na perspectiva das relações entre direito e processo. Porto Alegre: Livraria do Advogado, 2006, p. 54. É preciso lembrar, a essa altura,

Carlos Alberto Alvaro de Oliveira inaugura a nova polêmica, respondendo a Ovídio Araújo Baptista da Silva, no artigo intitulado "O problema da Eficácia da Sentença"[72] e o faz enfrentando, inicialmente, a questão relativa à classificação das ações (processuais). Não apenas a questão relativa às classificações ternária ou quinária e, poder-se-ia acrescentar, quaternária, mas especialmente, o que se reflete nas ditas classificações, a sua circunscrição ao campo material ou processual, base da controvérsia.[73]

Para Alvaro de Oliveira,

> [...] mostra-se inadequado continuar a pensar as relações entre o direito material e o processo em termos de ação de direito material, conceito que só tinha razão quando ainda não estava suficientemente maduro o arcabouço dos direitos fundamentais e a constitucionalização que se seguiu. [...] Trata-se, em suma, de atentar devidamente à noção autônoma e de caráter público da ordem processual, decorrente da necessária monopolização da distribuição da Justiça pelo Poder estatal.[74]

A questão central, para o autor, é autonomia do processo frente ao direito material, motivo pelo qual a classificação das ações é atribuída ao processo, e não, ao direito material. Diz o processualista, em outro estudo em que se desenvolve a polêmica: "Tudo na verdade não passa de confusão entre os dois planos, com amesquinhamento do plano do direito processual".[75]

A concepção defendida está clara ao frisar que:

> Bem esclarece Lourival Vilanova inexistir relação material entre a relação material e a processual. Poderia haver se a relação substantiva continuasse no interior da relação pro-

---

que Ovídio Araújo Baptista da Silva expõe teoria quaternária no ensaio intitulado "A ação condenatória como categoria processual". SILVA, Ovídio Araújo Baptista da. *Da sentença liminar à nulidade da sentença*. Rio de Janeiro: Forense, 2002.

[72] OLIVEIRA, Carlos Alberto Alvaro de. O problema da eficácia da sentença. In: MACHADO, Fábio Cardoso; AMARAL, Guilherme Rizzo (orgs.). *Polêmica sobre a ação*: a tutela jurisdicional na perspectiva das relações entre direito e processo. Porto Alegre: Livraria do Advogado, 2006.

[73] A classificação quaternária das ações de direito material se deve ao estudo de Ovídio Araújo Batista da Silva, intitulado A ação condenatória como categoria processual. SILVA, Ovídio Araújo Baptista da. *Da sentença liminar à nulidade da sentença*. Rio de Janeiro: Forense, 2002. Além dessa, pode-se apontar, no estudo de Fábio Cardoso Machado, uma classificação trinária, que não se confunde com a classificação clássica em declaratórias, constitutivas e condenatórias (mais afinada com a concepção que as classifica no direito processual): trata-se da tese exposta pelo autor de que três são as ações de direito material – declaratórias, constitutivas e executivas – porque a real eficácia das ações condenatórias é, de fato, executiva, e a mandamental, por sua expressa utilidade no campo da realização dos direitos, mantém-se no campo da técnica processual, não sendo projeção de uma ação de direito material. MACHADO, Fábio Cardoso. "Ação" e ações: sobre a renovada polêmica em torno da ação de direito material. Ibid., p. 157.

[74] OLIVEIRA, Carlos Alberto Alvaro de. Efetividade e tutela jurisdicional. Ibid., p. 84.

[75] OLIVEIRA, Carlos Alberto Alvaro de. Direito material, processo e tutela jurisdicional. Ibid., p. 298.

cessual. Mas, esta é cortada: o direito subjetivo de agir, o poder/dever de julgar e o direito subjetivo de contestar compõem relação abstrata. Quer dizer: uma relação tirada (ab é prefixo indicador da separação) ou desvinculada de sua causa (em sentido técnico-jurídico). A ação em sentido de direito material não continua na ação em sentido processual. A pretensão e o dever de prestação continuam, mas, na nova relação, outra pretensão dirige-se ao órgão, que não se sub-roga no dever de prestar material, mas no poder/dever de prestar a função jurisdicional.[76]

A seguir, o jurista afirma que só o juiz pode declarar, pode constituir, pode condenar, pode mandar.

É razoável dizer que essa noção de que o juiz não se sub-roga no dever de prestar material, mas no poder/dever de prestar a tutela jurisdicional não se coadunaria com outra afirmação que faz no mesmo texto, no sentido de que:

> Não parece possível afastar a ligação com o direito material, em virtude da ínsita instrumentalidade que a função jurisdicional exerce em relação a este, a que servem a ação e o processo, por meio do exercício dos poderes, faculdades e ônus titulados pelas partes. Todo o processo está impregnado de direito material. [...]. Tudo isso demonstra não ser possível emprestar à eficácia da sentença um caráter puramente processual.[77]

Não se coadunaria, disse, não fosse a compreensão de que a doutrina processual está construída sobre a base epistemológica oferecida pela antiga polêmica, parecendo, nesse aspecto, ter prevalecido o que sustentara Muther:

> El derecho romano concede una pretensión a la asistencia estatal a quien a sido lesionado en su derecho, solamente enquanto puede exigir el nombramiento y la instrucción de un *iudex*. El Estado a su vez solo se atribuye un derecho contra el lesionador en cuanto este debe tolerar que se nombre un *iudex* ambos derechos se extinguen. Mas esto solo es posible porque con ello se crea una nueva relación jurídica entre las partes, porque el Estado, cumpliendo por un lado su obligación y ejerciendo por el otro una nueva relación obligacional entre el actor y el demandado, que se presenta como un cuasicontrato.[78]

Nesse sentido, acredita-se que a concepção da relação entre direito material e processo prevalente, pressupõe a ideia, imortalizada pelas palavras de Muther, de que com a estabilização da instância (segundo o que seria, nessa vertente, a *litiscontestatio* do Direito Romano) há novação da relação de direito material, e, então, a relação de direito material, ao in-

---

[76] OLIVEIRA, Carlos Alberto Alvaro de. Direito material, processo e tutela jurisdicional. In: MACHADO, Fábio Cardoso; AMARAL. Guilherme Rizzo (orgs.). *Polêmica sobre a ação*: a tutela jurisdicional na perspectiva das relações entre direito e processo. Porto Alegre: Livraria do Advogado, 2006, p. 298.

[77] OLIVEIRA, Carlos Alberto Alvaro de. O problema da eficácia da sentença. Ibid., p. 45-46.

[78] MUTHER, Theodor. Sobre la doctrina de la "actio" romana, del derecho de accionar actual, de la "litiscontestatio" y de la sucesión singular en las obligaciones. In: WINDSCHEID, Bernhard; MUTHER, Theodor. *Polemica sobre la "actio"*. Buenos Aires: Europa-América, 1974, p. 278.

gressar no processo e estabilizar-se a instância, não é mais a mesma situação concreta que levou as partes a cotenderem perante o Poder Judiciário. É substituída pela relação jurídica processual.

Essa concepção, como modo predominante de pensar a relação entre direito material e processo, produz inúmeras das consequências que formam o modo moderno de teorizar o processo. Nesse modelo, o direito material que impregna o processo é o direito material abstrato. Não apenas compõe uma relação abstrata, como na assertiva de Lourival Vilanova, citada por Alvaro de Oliveira, mas no sentido de que o direito material a ser considerado é abstrato, o direito como lei (texto), Direito Positivo, abstraídos os fatos, que são cortados, continuando, a relação processual, límpida, normativa, em que ao juiz é dado aplicar a norma, declarando sua aplicabilidade. Essa reflexão possibilita pensar porque para a doutrina tradicional a ação de direito material não tem valor algum, sequer existe! Trata-se de adequar a norma, não aos fatos da vida, ao fenômeno que deve receber regulação pelo direito, mas à previsão abstrata dos direitos, por isso, em um discurso de fundamentação prévio. Alvaro de Oliveira afirma que: "Como bem pondera Liebman, não há dúvida de que o processo é instrumento de realização do direito material, mas tal finalidade é alcançada por meio do agir do Estado, que assegura a efetiva vigência da ordem jurídica". O processo realiza, assim, a vigência da ordem jurídica. Quando se fala em vigência da ordem jurídica o intérprete é remetido à ideia de adequação ao direito abstrato, não ao direito concreto das partes envolvidas, à situação irrepetível do mundo prático. É a adequação ao direito dado *a priori*, abstratamente, pelo legislador, que deve ter sua aplicabilidade garantida. Não é o direito concreto que deve se realizar. Garantir o respeito à ordem jurídica, abstratamente, é atividade que não se compromete com a justiça no caso concreto, comprometendo-se, ao revés, com uma noção de justiça, abstrata, é claro, pressuposta na lei e na vontade do legislador, em que o mundo do suprassensível, ideal, perfeito, é o plano onde existem as normas jurídicas, e o mundo sensível, imperfeito, é onde acontecem os fatos. Norma e fato não se tocam, o processo realiza a justiça em uma relação abstrata de adequação, que pressupõe a possibilidade de separação entre fato e norma, eliminando a contingência. A efetividade derivada dessa concepção é abstrata, pressuposta como decorrência do método, *i.e.*, basta seguir os passos do processo – método, instrumento – e a justiça (abstrata!) será alcançada.

Essa concepção pressupõe que a autonomia do processo frente ao direito material estaria vinculada ao rigor científico da articulação do processo, e sua autoridade estaria ligada à defesa do ordenamento jurídico.

Segundo se compreende, todavia, verdadeiro prejuízo à autonomia entre direito material e processo – que não podem se confundir, como não se confunde a coisa e sua técnica – estará em afirmar que a ação de direito material foi substituída ou transformada em "ação" (em sentido processual), porque tal compreensão certamente acarretará a negação de um dos âmbitos. Ou afirmo que o direito material não interferirá no processo – porque como afirma Alvaro de Oliveira, "não é possível afirmar a existência do direito antes do contraditório, muito menos se poderá admitir a 'ação material' já no início da demanda"[79] – caso em que o direito material seria produzido pelo processo, concepção essa afinada com a defesa de Muther, antes transcrita, de que com o processo se cria uma nova relação jurídica – de natureza obrigacional – entre as partes, um *cuasicontrato*, já que nesse caso o direito material concreto alegado pelas partes é substituído pela relação obrigacional criada pelo processo. O processo, assim, domina e aniquila o direito material concreto. Como afirma Alvaro de Oliveira, não se pode admitir um direito ou uma ação material logo ao início do processo, porque, segundo o processualista, "sua existência só poderá ser averiguada ao final do processo, com o trânsito em julgado da sentença, quando então se confundirá com a eficácia da própria sentença".[80] A outra vertente transporta o direito material para o processo, concluindo pela existência de ações processuais e sentenças concretas, ao confundir ação de direito material e "ação" e, em filiação à teoria concretista da ação, negando o plano independente do direito processual. O manejo da negativa da ação de direito material produz, conforme o modo como manipulada, um dos dois efeitos apontados: ou nega o Processo, ou nega o Direito Material.

Ovídio Araújo Baptista da Silva tem procurado demonstrar o comprometimento que a recusa da ação de direito material tem com o normativismo – presente em toda a processualística, que defende que a ação de direito material é um anacronismo. Esse comprometimento, ainda conforme Ovídio A. Baptista da Silva, tem vínculos estreitos com os equívocos cometidos, principalmente, por August Thon, para quem "o direito subjetivo somente nasceria depois de a norma ser violada",[81] e por Bernhardt Windscheid, que "decorre de haver ele identificado a pretensão com a actio do direito privado romano",[82] e, ao mesmo tempo, dito, que "se 'exerce actio' quando se pede tutela processual".[83] Essas concepções

---

[79] OLIVEIRA, Carlos Alberto Alvaro de. O problema da eficácia da sentença. In: MACHADO, Fábio Cardoso; AMARAL. Guilherme Rizzo (orgs.). *Polêmica sobre a ação*: a tutela jurisdicional na perspectiva das relações entre direito e processo. Porto Alegre: Livraria do Advogado, 2006, p. 41.

[80] Idem.

[81] SILVA. Ovídio Araújo Baptista da. Unidade do ordenamento e jurisdição declaratória. In: ——. *Jurisdição, direito material e processo*. Rio de Janeiro: Forense, 2008, p. 4.

[82] Ibid., p. 15.

[83] Idem.

permitem a confusão das três categorias eficaciais em vertical em uma única categoria, pela doutrina moderna, que não vê motivo em se manter o reconhecimento da existência de uma categoria que representa uma atividade vedada pelo ordenamento jurídico: a ação de direito material. O fato de ter sido vedada, no entanto, supõe sua existência anterior e a criação de um instrumento – a "ação" – para instrumentalizar a possibilidade de universal acesso ao Judiciário e potencializar, quando for o caso, a realização do direito material exigível, violado ou ameaçado de violação, em lugar de negar a existência da ação de direito material, ao contrário de lhe recusar valor, pressupõe sua existência no caso concreto.

Nesse passo, verifica-se que a diferenciação entre o Direito Material e o Direito Processual é preservada quando se afirma a existência e o valor da ação de direito material. Recusá-la, com a preocupação de manter a autonomia do processo em relação ao direito material, em evidente contrariedade aos seus propósitos, acaba por recusar a esfera própria do direito material, quando afirma que a ação de direito material não existe, tendo sido substituída pela ação processual, em face da vedação da autotutela. Ao invés, pois, de afirmar a autonomia do processo, tal construção acaba reconhecendo apenas esse, posição monista, cuja consequência é apontada por Ovídio Araújo Baptista da Silva: "A nosso ver, torna-se evidente que a eliminação das pretensões e ações do campo do direito material, contribui, decisivamente, para a debilitação do direito material, em favor do predomínio do direito processual".[84]

Se ao processo cabe averiguar a existência é porque, caso procedente a ação, o direito subjetivo, a pretensão e a ação já existiam, porque foi "averiguada" sua existência. Se não existiam, e o processo se desenvolveu é porque direito subjetivo à tutela jurídica e à "ação" correspondente não se confundem com o direito material e à sua ação correspondente e, só então, terei dois planos independentes – o direito material e o processo –, cujo vínculo positivo pode ser afirmado.

2.2.3.1. *Exposição crítica dos desdobramentos doutrinários da polêmica: uma investigação destinada ao desvelamento dos sentidos que serão objeto da análise em direção à sustentação da ação de direito material como categoria hermenêutica*

A doutrina em torno da ação e da "ação", assim no Brasil como no exterior, apresenta tantos matizes quantas são as proposições apresentadas em direção ao acolhimento de uma ou outra posição, mas tam-

---

[84] SILVA. Ovídio Araújo Baptista da. Unidade do ordenamento e jurisdição declaratória. In: ——. *Jurisdição, direito material e processo*. Rio de Janeiro: Forense, 2008, p. 125-126.

bém engendra posições passíveis de catalogação, como independentes de uma filiação, como se entende seja o caso do jurista Luiz Guilherme Marinoni.[85]

Essa pesquisa, em torno das opiniões que se formaram a partir da polêmica inicial e continuam se desenvolvendo, com novos matizes, é condição de possibilidade para desvelar muitos equívocos sobre a questão.

Para introduzir o debate, em primeiro lugar, então, é preciso analisar as premissas básicas do trabalho e, desde logo, necessário gizar a correta interpretação da doutrina de Pontes de Miranda, paradigma teórico de onde parte a análise de Ovídio Araújo Baptista da Silva e motivo pelo qual é estabelecido o diálogo que se viabiliza com a resposta de Carlos Alberto Alvaro de Oliveira.

Nesse sentido, cumpre analisar a assertiva de Guilherme Rizzo Amaral, no sentido de que "a observação de Carlos Alberto Alvaro de Oliveira abre a ferida de que padece a classificação das ações segundo quanto de eficácia, [...]".[86]

Pontes de Miranda não desenvolve uma abstrata classificação das ações segundo o *quantum* de eficácia. Pontes de Miranda parte dos fatos, para compreendê-los e a classificação respectiva, dos respectivos fatos, a partir de seus lineamentos, acompanha-os desde seu nascimento por todo o seu desenvolvimento eficacial – direitos, pretensões e ações, todos em sentido material. A elucidação é necessária porque partir do pressuposto de que Pontes classifica ações induz à compreensão abstrata de sua proposição, motivo para compreendê-las, como não poderia deixar de ser, também abstratamente, desvinculando-as de sua relação com os fatos, entrincheirando o processo no campo da abstração, já que classificações sem embasamento concreto – como seria uma classificação de ações, nascidas não se sabe de onde – não têm valor algum. É o primeiro problema, esse, sim, verdadeira "ferida" aberta, não na doutrina de Pontes, mas na

---

[85] Não é possível a análise criteriosa de todos esses posicionamentos – embora o esforço fosse revelador e profícuo – e, talvez, pela necessidade de aprofundamento e pela extensão do material à disposição, não coubesse nos estreitos limites de um único pesquisador. Um sonho, talvez, de quem se acha premido pela necessidade de fazer um adequado recorte nas investigações. Esse corte, tentando-se fugir do perigo de fazê-lo arbitrariamente, é efetuado, aqui, para tentar analisar alguns trabalhos específicos de alguns jovens juristas que se envolveram mais diretamente na controvérsia, ou cujas proposições influenciam mais agudamente a doutrina brasileira Desde já, todavia, o próprio critério escolhido confessa um certo arbítrio na seleção dos doutrinadores analisados, em face da extensão em importância e quantidade do que é produzido pelos escritores nacionais.

[86] AMARAL, Guilherme Rizzo. A polêmica em torno da "ação de direito material". In: MACHADO, Fábio Cardoso; AMARAL. Guilherme Rizzo (orgs.). *Polêmica sobre a ação*: a tutela jurisdicional na perspectiva das relações entre direito e processo. Porto Alegre: Livraria do Advogado, 2006, p. 123.

compreensão do processo em sua relação com o direito material, que não nasce com a nova polêmica, ao contrário, necessita dela.

Amaral afirma que não se encontram, no plano do direito material, pretensões de declaração, constituição e condenação e, na sua opinião, "imaginando a ausência de vedação à autotutela, conseguimos apenas vislumbrar a execução (de mãos próprias) e o mandamento (não no sentido de estatalidade, mas de ordens revestidas de ameaça física ou psicológica) como possíveis ações privadas".[87]

Ao contrário do que afirma o autor, no entanto, é razoável afirmar que se uma conduta é proibida é porque, necessariamente, existe. Se uma pessoa não tem autoridade para declarar a existência ou inexistência de uma relação jurídica, ou desconstituí-la sem intervenção estatal, não quer dizer que não tenha a pretensão e a ação de direito material respectiva, cujo exercício apenas lhe foi vedado, em determinadas hipóteses. Basta lembrar que as partes podem declarar, entre si, uma relação jurídica preexistente, por instrumento particular ou escritura pública, se tal situação estiver na esfera de disponibilidade de seus direitos, e que, se houver acordo no que tange ao divórcio, o juiz homologará o acordo, desde que não haja disposição que ofenda o ordenamento jurídico, no que é preciso lembrar o que diz o dicionário, atendendo à concitação de Saussure: Se queres saber o significado de um significante, pergunte por aí![88] Isto é, se queres saber algo sobre as coisas, pergunte por aí! Sendo assim, diz o dicionário Houaiss que homologar significa decretar, ratificar, confirmar juridicamente, reconhecer algo oficialmente, reconhecer algo como legítimo, dentre outros significados que permitem concluir que se trata de impor autoridade e certeza a algo, porque esse algo existe e a alguém, ou a algum órgão, no caso, o Estado, é dado conferir tal autoridade, porque a ação originária dos envolvidos foi vedada, no todo ou em parte.[89] Podem, os envolvidos, até mesmo, modificar, por meio de acordo, o que foi decidido, de modo imutável, na via jurisdicional! A esse conjunto de fatores outros elementos se somam: se não há, no direito material, pretensão ou ação constitutivas e desconstitutivas, declaratórias, positivas ou negativas, como se explica 1) a possibilidade de desconstituir extrajudicialmente relações jurídicas relativas ao estado da pessoa, advinda da entrada em vigor da Lei nº 11.441/07; 2) a possibilidade de constituir relações jurídi-

---

[87] AMARAL, Guilherme Rizzo. A polêmica em torno da "ação de direito material". In: MACHADO, Fábio Cardoso; AMARAL. Guilherme Rizzo (orgs.). *Polêmica sobre a ação*: a tutela jurisdicional na perspectiva das relações entre direito e processo. Porto Alegre: Livraria do Advogado, 2006, p. 123.

[88] Streck cita Ferdinand Saussure. STRECK, Lenio Luiz. *Verdade e consenso*. Rio de Janeiro: Lumen Juris, 2006, p. 101.

[89] HOUAISS, Antônio. *Dicionário houaiss da língua portuguesa*. Rio de Janeiro: Objetiva, 2001, p. 1548 (verbete "homologar").

cas extrajudicialmente, como no caso de sociedades e, até mesmo, uniões estáveis. Dir-se-á que são atividades não jurisdicionais de regulação dos negócios privados, em que não há conflito. Sim, são – porque aplicar o direito não é atividade exclusiva da jurisdição – e não são – porque em tempos de neoconstitucionalismo o interesse público de compatibilidade à Constituição Federal abarca tudo, inclusive, a regulação dos assuntos privados. Ademais, denotam que as pretensões e ações de direito material, cuja eficácia seja potencialmente declaratória ou constitutiva – quer dizer, o modo de realizar-se o direito material é produzindo tais efeitos – existem antes e independentemente do processo, sendo exercidas por meio dele, necessariamente, quando e se vedadas ou inviabilizadas por ato das partes.

É preciso reconhecer que justamente porque a "ação" é abstrata, poder-se-ão explicar sentenças de improcedência, mas se se confundem ação e "ação", fazendo esta substituir aquela, uma das duas realidades deverá ser reconhecida: 1) ou não houve perda de conteúdo, porque o conteúdo da ação está na "ação", que já não será abstrata, e não poderá haver acesso à justiça para quem não tem direito, nem sentenças de improcedência, porque todas as ações seriam necessariamente procedentes, já que sempre haveria um conteúdo na "ação" abstrata; 2) ou se admite que tal concepção faz qualquer coisa com o direito material, porque não restou conteúdo algum a preencher o instrumento, e o conteúdo já não mais existe, porque não mais existe a ação de direito material, que é a manifestação dinâmica do direito, agora despontencializado.

Não sendo comprovada a relação que dá embasamento à solução requerida pelo autor, comprova-se que a "ação", por ser abstrata, processou-se, de modo a concluir pela improcedência da ação (aqui no sentido material). Trata-se de compreender o direito como acontecimento, dinâmico, na vida das pessoas. Só isso pode fundamentar porque não é possível ver que o que é entregue à atividade do juiz não pode ser senão algo que está no mundo (os conceitos subtraem-se ao mundo, pertencem ao campo das ideias). Assim, concretizam-se pretensões.

Como diz Ovídio Araújo Baptista da Silva,[90] duas são as tarefas do juiz, não necessariamente nessa ordem: uma, de verificação da veracidade das alegações das partes, produzindo o acertamento; outra, de realização material do que o Estado as impediu de realizar sozinhas. Ambas, atividades jurisdicionais. A segunda, realização do que foi vedado ao interessado realizar por suas próprias mãos, mas, porque ação vedada, é

---

[90] SILVA, Ovídio A Baptista da. Direito subjetivo, pretensão, direito material e ação". In: MACHADO, Fábio Cardoso; AMARAL, Guilherme Rizzo (orgs.). *Polêmica sobre a ação*: a tutela jurisdicional na perspectiva das relações entre direito e processo. Porto Alegre: Livraria do Advogado, 2006, p. 21-22.

ação existente, na consecução da qual intervém o órgão jurisdicional, em atividade substitutiva, que caracteriza a jurisdição.[91]

Outra interessante conclusão, que parece invertida, pode ser apontada no interessante ensaio de Guilherme Rizzo Amaral. Trata-se da afirmação de que o art. 461 do Código de Processo Civil permite ao juiz a escolha entre mandamento ou execução, independentemente do que pedido pelo autor em sua petição inicial. Para o autor, tal equivale à prova de que não se pode definir *"a priori* se a demanda é executiva ou mandamental".[92] Primeiramente, necessário observar que o autor, ao pedir, em sua petição inicial, está diante de um fato. Optando por pedir uma determinada medida (o que, de resto, não precisa fazer, bastando que genericamente requeira a aplicação do art. 461 ou 461-A do Código de Processo Civil), ou limitando-se a requerer a procedência em um dado sentido (porque não precisa indicar ao juiz os meios a serem utilizados para a realização de seu direito no caso concreto), o que o autor faz é apontar a solução mais adequada naquele momento processual, porque a realização do direito não se dá de modo estático. As situações jurídicas se modificam no curso do tempo, e o processo precisa acompanhar essa mudança. Diante disso, o Código de Processo Civil andou bem ao não estabelecer, estaticamente, nem a obrigação de requerer determinada medida e nem a vinculação do autor ou do juiz a esse requerimento. Com isso, o Código de Processo Civil reconheceu que o Direito não labuta no mundo ideal, de formas perfeitas e imutáveis, mas no mundo da vida, em constante movimento em face das contingências que só a realidade concreta explica. Com isso, todavia, se explica o porquê da "abertura" do juiz à construção da compreensão de como deve aplicar o direito, mas não explicita, ainda, de todo, como as ações de direito material poderiam mudar, ao longo do processo e por que a ação de direito material não é uma resposta *a priori*.

É preciso reconhecer, então, que a forma com que a ação de direito material é concebida, pelos autores que não reconhecem a ação de direito material, negando-a, pressupõe o processo distanciado do direito material, que não transpire realidade e vida. Um processo ao modelo liberal de não intervenção e de atuação normativa, voltado à consagração da se-

---

[91] A concepção da atividade jurisdicional como atividade substitutiva é de grande expressão na processualística, sendo devida a Chiovenda sua formulação: "Utilizando o que de verdade se contém em todos esses modos de ver, a mim se me afigurou que o critério realmente diferencial, correspondente, em outros termos, à essência das coisas, reside em que a atividade jurisdicional é sempre uma atividade *de* substituição: *é – queremos dizer – a* substituição *de uma atividade pública a uma atividade alheia*". Cumpre gizar que, aqui, se admite a substitutividade como característica da jurisdição, não como critério que a diferencie de outras formas de atos estatais. CHIOVENDA, Giuseppe. *Instituições de direito processual civil*. São Paulo: Saraiva, 1965. v. 2, p. 10-11.

[92] AMARAL, Guilherme Rizzo. A polêmica em torno da "ação de direito material". In: MACHADO, Fábio Cardoso; AMARAL. Guilherme Rizzo (orgs.). *Polêmica sobre a ação*: a tutela jurisdicional na perspectiva das relações entre direito e processo. Porto Alegre: Livraria do Advogado, 2006, p. 125.

gurança jurídica e descompromissado com a transformação social que se faz por meio da concretização das pretensões. Como diz Luiz Guilherme Marinoni:

> A primeira conclusão que se impõe, quando se constata que a doutrina processual moderna vive o momento da redescoberta dos laços do direito processual com o direito material, é no sentido de que a classificação trinaria das sentenças, pelo simples fato de ignorar as necessidades do direito material, não está de acordo com as novas tendências do direito processual civil. E esta conclusão torna-se mais acertada quando se percebe que as novas situações de direito material não podem ser adequadamente tuteladas através das sentenças da classificação trinaria.[93]

A ação de direito material, como modo-de-ser do direito material, porque é um momento de sua realidade dinâmica e, por isso, o seu sentido, mutável, por que se dá no mundo, não é, ao contrário da classificação trinaria, uma abstração imutável que, classificando o direito, não permite que ele, respondendo à contingência dos fatos que são a sua gênese e o seu núcleo, necessite de intervenções de ordens diversas, dependendo, justamente, da alteração da realidade da vida (isso seria a expressão de uma classificação conceitual!).

Tornando-se inócuo o mandamento, o juiz pode determinar medida executiva, porque a realidade lhe mostra como deve agir para cumprir seu ofício jurisdicional, que não é garantir a vigência da norma, mas realizar o direito no caso concreto, único meio capaz de garantir a efetividade do ordenamento jurídico, para além de sua vigência. O fato de o juiz poder optar por medida diferente daquela requerida pelo autor (sem ofender ao princípio da demanda)[94] é derivado, com certeza, de que a ação de direito material não é um conceito abstrato, dado *a priori* – porque a resposta apriorística é sempre uma abstração. Ao contrário, evita que o processo conceba tais respostas, como tem sido o caso de aprisionar as ações processuais na classificação abstrata: declaratória, constitutiva e condenatória, talvez evitando o mundo da vida onde se pode visualizar as executivas e mandamentais, na hipótese lançada por Guilherme Rizzo Amaral. O que é concreto não é imutável e, mudando os fatos – ao menos até que a resposta final seja dada pelo Estado, através da atuação que ao particular incumbiria, naquela situação, naquele momento, considerando todas as vicissitudes por que passam seus direitos, pretensões e ações até serem realizados – necessariamente a prestação jurisdicional não pode permanecer sendo a mesma. A acusação de apriorismo, então, pode ser invertida: apriorística é a visão do direito material e sua rela-

---

[93] MARINONI, Luiz Guilherme. *Tutela específica*: arts. 461, CPC e 84, CDC. São Paulo: Revista dos Tribunais, 2001, p. 33.

[94] O que será analisado no Capítulo 4.

ção com o processo com base em uma concepção abstrata, que abriga o direito material em uma "ação" cujo conteúdo é definível pelo aplicador sem vinculação com o mundo dos fatos e com a força que é atributo do direito material. Seria preciso que houvesse, com clareza, o entendimento de que a afirmação da existência da ação de direito material não obedece aos critérios de clareza de distinção que compunham a grade de características do método único proposto por Descartes.[95] Também não atende aos ideais presentes no purismo-científico das concepções sistemáticas características da ciência moderna. Não se trata de uma ação de direito material com característica una, pura ou abstrata. Os fatos da vida jamais apresentaram uma única característica, as ações de direito material têm cargas eficaciais diversas, o que já havia ressaltado Pontes de Miranda[96] e foi adequadamente ressaltado por Daniel Francisco Mitidiero, primeiro formulador de resposta ao artigo ora analisado, quando diz: "Ora, é um dado corrente na processualística brasileira que nenhuma ação é pura, que nenhuma sentença é pura, mostrando-se antes, quaisquer delas, como um plexo de eficácias".[97] Ora, se nenhuma ação (de direito material!) é pura, mas um plexo de eficácias que poderão, porque potencialidade, realizarem-se, então é razoável dizer que a tutela do direito (pretensão e ação) alegados pela parte, pelo Poder Judiciário, poderá ocorrer, sem mácula à demanda ou ao contraditório, por quaisquer daquelas formas, cuja eficácia é invocada, quando se invoca a ação de direito material no processo, com o intuito de vê-la realizada pela intervenção do Estado-Juiz. Quando invoco uma obrigação de fazer, que deveria ter sido realizada pela outra parte, estou invocando a necessidade de que a realize ou, se for fungível, suporte que seja realizada contra sua vontade, ou, ainda, inviabilizada, seja convertida em perdas e danos. Isso não é alteração no pedido e, no caso brasileiro, está previsto no art. 461 do Código de Processo Civil que, implicitamente, traz – ainda que pudesse não ser essa a vontade dos seus autores, de quem o texto se desvincula ao ingressar no ordenamento jurídico – o reconhecimento de que o direito processual não deve apenas reaproximar-se do direito material, mas embeber-se dele e nele buscar os subsídios que a "ação" (processual), por ser abstrata, não pode, nem deve dar, sem abeberar-se do direito material. Se na demanda se alega a ação

---

[95] DESCARTES, Renè. *Discurso do método*. Rio de Janeiro: Livraria José Olympio, 1960.

[96] Ainda que se possa considerar um exagero a formulação de teoria com cargas eficaciais aritmeticamente distribuídas e, ainda, que nem todas as cargas precisam estar necessariamente presentes em todas as ações, a noção de ação de direito material necessariamente não apresentará uma única característica.

[97] MITIDIERO. Daniel Francisco. Polêmica sobre a teoria dualista da ação (ação de direito material – "ação" processual): uma resposta a Guilherme Rizzo Amaral. In: MACHADO, Fábio Cardoso; AMARAL, Guilherme Rizzo. (orgs.). *Polêmica sobre a ação*. Porto Alegre: Livraria do Advogado, 2006, p. 135.

de direito material, o que se pede é sua realização. Assim, não há ofensa ao princípio da demanda, ou necessidade de apelar-se a flexibilizações do próprio princípio da demanda[98] para que haja concretização das pretensões pelo processo, pois o mundo prático, ao ingressar no processo, traz com ele a necessidade de satisfação real, não normativa, por meio da atividade jurisdicional. Contra a ação de direito material, alegada, é que, ademais, a contraparte se defende, e permence se defendendo, no curso do processo, não se visualizando, aí, ofensa ao contraditório.

Com razão está Fábio Cardoso Machado que, em seu ensaio, em meio à polêmica, afirma, com veemência, aquela que é a grande dificuldade com relação ao tema e, com efeito, acrescentar-se-ia, de todas as dificuldades que poderiam existir, a mais simplória. Trata-se de ler Pontes de Miranda, atentamente, para verificar que ele se refere à ação (de direito material), no campo do direito material, e à "ação" (processual) no campo do processo. Não se trata de levar uma ou outra para lá ou para cá. Trata-se de entender, então, como diz Fábio Cardoso Machado, no estudo citado, que "só não percebe isto quem insiste em partir da premissa de que o objeto do debate é o conceito de uma e única ação, que sendo única teria inexoravelmente de pertencer ao direito material ou ao direito processual".[99]

Duas ações, inconfundíveis, são afirmadas pela corrente capitaneada por Ovídio Araújo Baptista da Silva. Não uma transformada ou substituída por outra. Ao contrário, à ação de direito material é acrescentada – havendo litígio, caso em que o direito material não se realiza espontaneamente – a "ação" como veículo. Nessa matéria, importante gizar que se trata de um equívoco evidente interpretar a obra de Ovídio Araújo Baptista da Silva da seguinte forma: "Em outras palavras, a pretensão que o Estado exerce, para Ovídio Baptista da Silva, é a pretensão de direito material, e não a pretensão à tutela jurisdicional estatal (aliás, essa é exercida pelo autor, e em face do próprio Estado!)".[100] Ovídio nunca afirmou que o Estado exerce a pretensão de direito material pela parte, disse, ao revés, que, por meio da "ação" que a parte direciona em face do Estado, em virtude de seu direito abstrato de acesso à jurisdição, essa ação é alegada, culminando – caso provados os fatos que embasam tal alegação, com o reconhecimento, definitivo ou não, de que o autor é titular de um direito exigível que foi violado ou ameaçado de violação – com o desen-

---

[98] BEDAQUE, José Roberto dos Santos. *Efetividade do processo e técnica processual*. São Paulo: Malheiros, 2006.

[99] MACHADO, Fábio Cardoso. "Ação" e ações; sobre a renovada polêmica em torno da ação de direito material. In: MACHADO, Fábio Cardoso; AMARAL, Guilherme Rizzo. (orgs.). *Polêmica sobre a ação*. Porto Alegre: Livraria do Advogado, 2006, p. 156.

[100] AMARAL, Guilherme Rizzo. A polêmica em torno da "ação de direito material". Ibid., p. 122.

volvimento jurisdicional dos atos necessários à realização da ação de direito material que o titular não pôde realizar privadamente.[101]

Em meio a esse embate, está a posição de Luiz Guilherme Marinoni, que aponta, com razão, que "justamente por ser instrumento, é que o processo deve estar atento às necessidades dos direitos".[102] Com efeito, como dito, a conclusão é perfeita. Essa noção não pode estar à disposição do próprio Direito Processual e do princípio das tipicidades das formas que "aceita a idéia de ação atípica, mas vincula a sua realização e desenvolvimento às formas processuais expressamente definidas na lei".[103]

A concepção que vincula a realização do Direito Material aos desígnios traçados pelo Direito Processual é consequência não da construção da "ação" como categoria abstrata, mas, essencialmente, da confusão entre ação e "ação". Essa indissociação entre as duas esferas está presente no estudo a respeito do tema de autoria de Luiz Guilherme Marinoni.[104] A obra do autor, cujo grande valor, para a processualística brasileira e também estrangeira, é induvidoso, mantém a negação à ação de direito material, quando, na verdade, acaba por negar a "ação" como categoria abstrata. Marinoni diferencia tutela jurisdicional do direito de tutela jurisdicional, aquela dada ao autor vitorioso, essa dada ao réu vencido, ou a ambas as partes, em caso de improcedência da demanda.[105] Essa diferenciação tem por escopo afirmar o direito à ação adequada, que seria o corolário do direito à tutela jurisdicional do direito (para quem tem razão), já que a tutela jurisdicional genérica seria dada a ambas as partes, mesmo em caso de improcedência. Diz ele que:

> Ter direito a uma forma de tutela do direito é, simplesmente, ter direito material, pois ninguém tem direito sem ter a sua disposição formas de tutela capazes de protegê-lo diante de ameaça ou de violação. Mas a pretensão à tutela do direito é uma potencialidade, no sentido de que não precisa ser exercida ou reconhecida para ser dita existente. [...]. Porém, para que o sujeito possa obter uma dessas formas de tutela do direito material, deve exercer o direito de ação. O direito de ação não se confunde com o direito e com a pretensão à

---

[101] Com eventual antecipação desses resultados como resposta às necessidades da pretensão e da ação de direito material. SILVA, Ovídio A Baptista da. Direito subjetivo, pretensão, direito material e ação. In: MACHADO, Fábio Cardoso; AMARAL, Guilherme Rizzo. (orgs.). *Polêmica sobre a ação*. Porto Alegre: Livraria do Advogado, 2006, p. 22.

[102] MARINONI, Luiz Guilherme. *Técnica processual e tutela dos direitos*. São Paulo: Revista dos Tribunais, 2004, p. 209.

[103] MARINONI, Luiz Guilherme. Da ação abstrata e uniforme à ação adequada à tutela dos direitos. In: MACHADO, Fábio Cardoso; AMARAL, Guilherme Rizzo. (orgs.). *Polêmica sobre a ação*. Porto Alegre: Livraria do Advogado, 2006, p. 209.

[104] Idem.

[105] Diz o autor: "Ou seja, o juiz, ao proferir a sentença, qualquer que seja o seu resultado, necessariamente confere tutela jurisdicional ao autor e ao réu. A sentença de improcedência dá *tutela jurisdicional* ao autor e ao réu. A sentença de procedência presta a *tutela jurisdicional do direito* solicitada pelo autor e *tutela jurisdicional* ao réu." Ibid., p. 229. (Os grifos pertencem ao original).

tutela do direito, pois essa última é uma potencialidade que, para ser exigida, depende da ação, e diante dela pode ser reconhecida ou não.

O trecho permite observar que o autor faz um corte na teoria de Pontes e Ovídio, mas também não perfila sua tese inteiramente ao lado da doutrina de Alvaro de Oliveira. Superpõe ao direito material o direito e a pretensão à tutela do direito, pois, como afirma em várias oportunidades e também no trecho transcrito, não ter direito à tutela do direito equivale a não ter direito. Sendo assim, há um corte na pretensão e na ação de direito material, potência e força do direito material, as quais são substituídas pelo direito e pela pretensão à tutela do direito, que seriam dependentes do direito à ação adequada, garantida pelo art. 5º, XXXV, da CF. Após essa análise da teoria de Marinoni sobre o direito do autor, poder-se-ia dizer que ela não difere, em essência, da teoria que afirma a existência de duas ações, uma material, a outra processual, já que se poderia ver, nesse chamado direito à tutela jurisdicional do direito, a ação de direito material, que tem como consequência de sua vedação o resultado do aparecimento da possibilidade de o seu titular exigir do Estado a tutela adequada. Poder-se-ia, foi dito, não fosse o fato de que o corte produzido por Luiz Guilherme Marinoni atinge justamente o elemento que, segundo o entendimento defendido no presente livro, garante a força e a potência do direito material para se impor, via jurisdicional, em caso de vedação da autotutela, ou extrajudicial, em caso que ela não esteja vedada. O corte atinge a força vinculante do direito material no processo e o mundo prático: ação de direito material.

A norma constitucional reconhece o acesso adequado à proteção jurisdicional, mas, mesmo que a garantia eminentemente processual não estivesse expressamente prevista, ou, estando prevista, não fosse adequadamente regulada nas leis processuais, ela decorreria do próprio ordenamento jurídico, visto a partir da força transformadora da Constituição em um Estado de promoção social, que reconhece direitos e veda sua proteção pelo próprio titular, em caso de litígio (autotutela). O contrário seria permitir dizer que, inexistindo método adequado a garantir o direito fundamental que decorre do art. 5º, XXXV, da Constituição, os direitos materiais – de matriz constitucional ou infraconstitucional – não teriam força impositiva. E isso é modo-de-fazer direito que aprisiona o direito material em fórmulas processuais universal e abstratamente construídas pelo processo, pois o processo, distanciado do direito material, não o questiona para obter, dele, a resposta adequada sobre sua real concretização no mundo prático.

A potencialidade do direito de se impor por sua própria força, mesmo necessitando do processo como veículo, é decorrente da própria outorga dos direitos pelo texto constitucional diretamente ou por delegação legislativa a normas infraconstitucionais vinculadas a ele formal e materialmente. Isso porque ter direito sem possibilidade de defendê-lo equivale, de fato, a não tê-lo se houver resistência no seu reconhecimento e concretização. A norma não se confunde com o texto e não seria possível interpretar que o ordenamento jurídico garante um direito sem, ao mesmo tempo, reconhecer sua potencialidade impositiva. O mesmo se pode dizer da Constituição, pois como se poderia afirmar que ela "constitui", atribuindo posições positivas e negativas, conferindo direitos, se não decorresse da própria norma constitucional, que confere esses direitos – seja por seu próprio texto, seja conferindo legitimidade à norma infraconstitucional para atribuição de direitos, por meio de delegação legislativa, vinculada a ela formal e materialmente – a atribuição dessa força impositiva. Não há necessidade de haver texto legal prevendo a existência da ação de direito material, portanto, porque ela compõe a norma, que não se confunde com o texto abstrato da lei material. Norma é concreção, e nela está presente o conjunto de elementos que compõem a pré-compreensão do intérprete em relação ao texto e à inserção fática e histórica (situação hermenêutica) a partir dos quais se constrói o sentido do texto. A ação de direito material é parte desse sentido, porque se antecipa na pré-compreensão do intérprete. Não é necessário dizer que quando imaginamos a concretização dos nossos direitos, mesmo depois de violados, o que se antecipa à nossa compreensão é a forma própria por meio da qual teria se realizado espontaneamente, caso não houvesse havido oposição. Essa busca da compreensão autêntica da tarefa do processo só é possível por meio do retorno ao mundo prático e destina-se a realizar um conjunto de valores em direção à concretização dos direitos e à transformação da sociedade. A previsão do art. 5º, XXXV, da Constituição, então, tem o fundamental papel de garantir que a força impositiva que ela mesma outorga ao direito material – a ação de direito material – se imponha por intermédio do Poder Judiciário, que deve construir o sentido do direito no caso concreto, por meio da função jurisdicional – já agora por via da "ação" – concretizando-os, a partir desse modo-de-ser, que é seu sentido no momento da *aplicatio* (compreensão-interpretação e aplicação em um só movimento).

Quando a teoria de Luiz Guilherme Marinoni, extremamente rica na discussão a respeito da tutela específica, retira do mundo a ação de direito material, ainda que veja na norma constitucional o direito à ação adequada, ela produz um corte na compreensão da capacidade que o direito material teria de impor a construção – legislativa, doutrinária e jurisprudencial – de meios adequados de defesa, que não tenham sido previstos na legislação processual civil, porque retira do direito material a potencialidade e a força na imposição de sua concretização.

A visão do processo, distanciada do direito material, em que esse não tem força impositiva, porque o processo mantém sua cientificidade e abstração, distanciado de seu principal objetivo – concretizar pretensões – mantém as condições de possibilidade para que a norma constitucional seja interpretada abstratamente, desvinculada das necessidades do direito material, em que a simples possibilidade de acesso a uma resposta pelo Poder Judiciário garantiria a realização do escopo constitucional, sem interferir na vida dos envolvidos. Trata-se do que Lenio Luiz Streck chamou de "um certo fascínio pelo Direito infraconstitucional, a ponto de se 'adaptar' a Constituição às leis ordinárias...".[106] Ora, em um Estado que pretende superar o modelo liberal, como afirmou Pontes de Miranda, "se o sujeito tem ação e não há remédio jurídico processual nas leis processuais, o defeito é da lei, evidentemente manca",[107] porque, segundo ele, a ação – em sentido material – é o "sol do sistema",[108] que só desaparece nos casos em que o próprio direito material perde sua potência e força, nunca porque o direito processual deixou de prever a tutela adequada. A afirmação da existência da ação de direito material evita que o direito material seja mutilado. O direito material não apenas "promete"[109] prestação de formas de tutela adequadas para o que o processo deve equipar-se. Como diz o autor, ele exige, por meio da ação de direito material. Acreditar-se que o direito material apenas promete formas de tutela adequada é compreensão evidentemente inautêntica do direito em que, como diz Ovídio Araújo Baptista da Silva, "o autor não age, implora tutelas".[110]

A doutrina processual acaba, então, negando a ação de direito material, para substituí-la por uma "ação", única, mas adequada, abstratamente, porque o direito à tutela jurisdicional adequada não equivale às necessidades do direito material, nem às suas pretensão e ação. Importante, então, tentar compreender se, para a doutrina processual herdeira das categorias sistematizadas ao longo da história da ciência do Direito Processual, a ação adequada é a "ação" ou a ação, pois, como é sabi-

---

[106] STRECK, Lenio Luiz. *Jurisdição constitucional e hermenêutica*: uma nova crítica do Direito. Rio de Janeiro: Forense, 2004, p. 17.

[107] PONTES DE MIRANDA, Francisco Cavalcanti. *Tratado das ações*. Campinas: Bookseller, 1999. v. 1, p. 272-273.

[108] Ibid., p. 126.

[109] "O processo deve se estruturar se maneira tecnicamente capaz de permitir a prestação de formas de tutela prometidas pelo direito material." O presente livro concorda com a afirmação do jurista, mas julga necessário acrescentar que o direito material não pode ficar adstrito a que o processo efetue essa construção, porque o direito material não promete; impõe. MARINONI, Luiz Guilherme. Da ação abstrata e uniforme à ação adequada à tutela dos direitos. In: MACHADO, Fábio Cardoso; AMARAL, Guilherme Rizzo. (orgs.). *Polêmica sobre a ação*. Porto Alegre: Livraria do Advogado, 2006, p. 215 (Os grifos pertencem ao original).

[110] SILVA. Ovídio Araújo Baptista da. Unidade do ordenamento e jurisdição declaratória. In: ——. *Jurisdição, direito material e processo*. Rio de Janeiro: Forense, 2008, p. 78.

do, a doutrina processual não admite a hipótese de existência da ação de direito material, mas afirma que a "ação" é abstrata, adjetivando-a, no entanto, ao dizê-la declaratória, constitutiva, condenatória, o que acaba por dar-lhe concreção. Isso foi tantas vezes salientado por Ovídio Araújo Baptista da Silva, incompreendido pela força do paradigma que norteia a discussão: tentar proteger o direito processual da intromissão do direito material, sob pena de mácula à autonomia do primeiro. Acredita-se que a ação adequada de Marinoni, embora sua doutrina se distancie em muito da doutrina tradicional, com evidentes contribuições nesse campo, acaba por levar ao mesmo resultado da teoria que nega a ação de direito material e concretiza a "ação" abstrata, ao atribuir-lhe conteúdo próprio, porque independente do direito material, ao classificá-la.[111]

É interessante a colação de mais uma passagem do trabalho de Marinoni sobre a matéria. Com efeito, diz ele no ensaio referido: "Trata-se, em outras palavras, de não abrir mão da ação abstrata e atípica, mas a ela acrescentar o *plus*, também garantido pela Constituição, de adequação à tutela do direito material e do caso concreto".[112] Na compreensão dos pressupostos de uma relação autêntica entre direito material e processo, livre de pré-juízos inautênticos herdados da tradição e, nela, especialmente, das tradições liberais, que influenciaram a construção do direito moderno, impingindo os objetivos do estado liberal, ao direito processual, como analisou Luiz Guilherme Marinoni,[113] é necessário reconhecer que não há um *plus*, mas a necessidade de reconhecer o direito material concreto. Se a interpretação do que seja a tutela adequada não prescinde dos fatos, como certamente não prescinde, então, pensar que a "ação" necessita da ação para concretizar direitos (pretensões) solta o processo das amarras do direito liberal, projetando-o em direção às condições de possibilidade

---

[111] Assinalando-se que a ação condenatória, inicialmente classificada como ação de direito material por Pontes de Miranda, é reconhecida, aqui, como construção atinente ao processo, justamente porque a forma de exercício da ação de direito material, para os casos em que é cabível a condenatória, foi totalmente vedada pelo Ordenamento, não sendo, inclusive, ao juiz, possível reproduzi-la, por malferimento às garantias constitucionais, motivo pelo qual a construção de tal técnica resultou necessária, ainda que, hoje, possa ser substituída por meios mais eficazes, em alguns casos, sem esquecer que, em muitos, as garantias à liberdade e à incolumidade do indivíduo e sua dignidade resultam na impossibilidade de satisfação material do direito, não porque ele não tenha força impositiva, ou porque a técnica tenha padecido de inefetividade, mas porque ele se choca concretamente com imperativos maiores da vida em comunidade e da proteção constitucional aos direitos fundamentais. É o caso dos direitos creditórios em que o devedor não tem patrimônio excutível.

[112] MARINONI, Luiz Guilherme. Da ação abstrata e uniforme à ação adequada à tutela dos direitos,. In: MACHADO, Fábio Cardoso; AMARAL, Guilherme Rizzo. (orgs.). *Polêmica sobre a ação*. Porto Alegre: Livraria do Advogado, 2006, p. 227.

[113] Segundo o autor, em análise, inclusive, do que está contido no art. 1142 do Código de Napoleão: "Se o direito liberal, para garantir a liberdade e a igualdade dos homens, construiu um sistema voltado para preservar a esfera jurídica privada da intervenção estatal, é óbvio que isso havia de se projetar sobre o plano do direito processual." MARINONI, Luiz Guilherme. *Tutela específica*: arts. 461, do CPC e 84, CDC. São Paulo: Revista dos Tribunais, 2001, p. 35.

de se reconhecer que a norma constitucional citada pelo processualista impõe o resgate do mundo prático como única forma de restaurar o seu próprio poder transformador. Sendo assim, confundir "ação" e a ação inviabiliza tal realização. Seriam, as "ações", adequadas ao que, então, se o modo-de-ser do direito material (seu sentido, no mundo, a ação de direito material) não é reconhecido como existente? Essa adequação, embora não seja essa a intenção da sustentação travada pela doutrina tradicional, acaba sendo, inexoravelmente, abstrata. A adequação deve buscar algo que está no mundo; do contrário, permanecer-se-á no campo das ideias.

O reconhecimento de que, nesse paradigma, a adequação é abstrata, o que é decorrente do modo de pensar o processo, próprio da doutrina tradicional, herdeira da leitura que a modernidade legou às gerações seguintes, está na admissão de espaços de anomia. Essa ideia tem por finalidade legitimar o reconhecimento de cláusulas abertas e espaços em branco a serem preenchidos pelo juiz. Se a técnica processual adequada não existir, o juiz estará obrigado, diante da mora legislativa, a interpretar a legislação à luz da garantia constitucional para dar efetividade ao direito à tutela processual efetiva. Segundo Luiz Guilherme Marinoni, as "cláusulas gerais processuais" outorgaram ao juiz "espaço de discrição",[114] devendo o juiz encontrar, mesmo diante de "falta de expressa definição de técnica processual" e de "cláusulas gerais processuais", forma de prestar tutela jurisdicional harmônica com o direito material, não olvidando, todavia, a "existência de regra processual instituidora de técnica processual",[115] que não será legítima se contrariar o fim objetivado pela prestação jurisdicional.

Ocorre que a compreensão, construída ao longo do presente livro, considera que tais espaços de anomia, na verdade, não existem. Isso porque, reconhecendo-se a ação de direito material, tal possibilidade seria afastada, já que ela informa a técnica acerca das características e necessidades do direito concreto que é alegado e, sendo o caso, realizado por meio do processo. A técnica, nessa visão, não se constrói sozinha, nem o legislador do processo pode fazer opções desvinculadas, que alterem o que é o direito material. Essa não é, no entanto, a compreensão dominante, produto do pressuposto ideológico que será analisado oportunamente.[116] O que importa, por ora, notar, é que a negação da existência da ação de direito material tem consequências drásticas no campo da relação entre o direito material e o processo: subtraem o conteúdo dessa relação,

---

[114] MARINONI, Luiz Guilherme. *Técnica processual e tutela dos direitos*. São Paulo: Revista dos Tribunais, 2004, p. 30.

[115] Ibid., p. 33-34.

[116] No Capítulo 3.

pressupondo esse conteúdo como resultado do procedimento, ou buscando-o na suficiência ôntica do texto ou do que o intérprete pensa sobre o texto.

Nesse diapasão, é interessante analisar o posicionamento de Hermes Zaneti Júnior. O autor defende a instrumentalidade do processo como corrente dotada "de autoridade suficiente e congruência adequada para justificar a ultrapassagem do problema surgido". O problema a que se refere é a relação entre direito material e processo que, no sentir do autor, é apenas aparente, porque, para ele "a característica juspublicística do processo projeta sua própria eficácia nas situações jurídicas substanciais por "força própria" decorrente da soberania do Estado-juiz e da legitimação pelo procedimento ligada à "pretensão de correção".[117]

Essa leitura põe a tônica da relação entre direito material e processo no selo posto pela autoridade estatal, em que o processo, por sua força própria, tem todo o arcabouço necessário para, segundo ele, construir um "direito material novo".[118] Essa posição impõe a seguinte pergunta: o fato de que o significado não pode ser "pré-dado"[119] – o que é, sem dúvida, correto – realmente autoriza a reconstrução do Direito e até sua criação *ex novo* pelo processo?[120] Não seria essa afirmação a exposição da ideia, eminentemente moderna, de que o instrumento – no caso o processo – é uma coisa que se interpõe entre o sujeito e o objeto (S-O), mudando a essência do objeto? Hermes Zaneti sustenta a "teoria da abstração-criativa da ação ou 'prospectiva do processo'",[121] a qual, segundo sua própria denominação atribui à ação processual a criação do Direito. Quer dizer: o instrumento que utilizo para dar ao direito material a efetividade que não alcançou espontaneamente, em face do litígio, é quem cria o objeto para o qual ele foi criado? O uso do martelo não supõe a existência do prego e da madeira? Certamente, essas noções não são adequadas à invocação do círculo hermenêutico, que o referido autor faz no seguinte trecho:

> Nós defendemos, nesse sentido, a aceitação das eficácias das ações como eficácias processuais sentenciais, tutelas jurisdicionais processuais capazes de proporcionar a adequada e efetiva realização do direito material porque contém em potência os efeitos materiais que deverão alterar as relações e situações jurídicas subjacentes. Esta a característica instrumental do processo, retornar ao direito material, trabalhado em contraditório amplo

---

[117] ZANETI JÚNIOR, Hermes. A teoria circular dos planos (direito material e direito processual). In: MACHADO, Fábio Cardoso; AMARAL, Guilherme Rizzo. (orgs.). *Polêmica sobre a ação*. Porto Alegre: Livraria do Advogado, 2006, p. 179.

[118] Ibid., p. 167.

[119] Afirmação que o autor faz com escolho na obra de Humberto Bergman Ávila. Ibid., p. 167, nota 11.

[120] Como afirma Alvaro de Oliveira, citado para corroborar o entendimento de Hermes Zaneti Júnior. Ibid., p. 180.

[121] Ibid., p. 177.

(juiz e partes), ao Lebenswelt (mundo da vida). Uma relação circular, um círculo hermenêutico.[122]

Veja-se que, quando se admite a criação do direito pelo processo, evidencia-se a contraposição entre sujeito e objeto no universo hermenêutico. A compreensão do que seja o círculo hermenêutico contraria a ideia de criação de um direito material novo pelo processo por meio da força do próprio processo.

Acerca da análise de Zaneti, invoca-se a afirmação de Lenio Streck:

> É impossível, ao mesmo tempo, pretender trabalhar com verdades procedimentais (não-conteúdísticas) e verdades em que o modo prático de ser no mundo é o lócus do acontecer do sentido. São posições que não se dão ao acaso; são posições que obedecem à inserção em um determinado paradigma. E aqui não se pode fazer sincretismos metodológicos.[123]

Veja-se que, a rigor, existem várias concepções do círculo hermenêutico. Desde Schleiermacher – cuja concepção circular da interpretação ainda está sujeita ao esquema sujeito-objeto – até a hemenêutica filosófica – que pressupõe que se fale de fenomenologia num sentido privilegiado e de um intérprete lançado no mundo (mundo como existencial, como concreção, no qual o intérprete está projetado), noção que não se coaduna com a abstração da força de um instrumento que pode criar o direito material em face do selo que lhe impõe a autoridade – está-se diante de correntes substancialistas. Quando se fala em legitimação pelo procedimento, o paradigma é outro.[124] Reconhecer apenas as eficácias sentenciais no campo processual implica, necessariamente, a abstração do mundo da vida invocado pelo autor, porque supõe a criação da eficácia por um instrumento abstrato, como é o processo (sua categoria essencial é unanimemente reconhecida como abstrata: a "ação"), em detrimento de toda

---

[122] ZANETI JÚNIOR, Hermes. A teoria circular dos planos (direito material e direito processual). In: MACHADO, Fábio Cardoso; AMARAL, Guilherme Rizzo. (orgs.). *Polêmica sobre a ação*. Porto Alegre: Livraria do Advogado, 2006, p. 179.

[123] STRECK, Lenio Luiz. *Verdade e consenso*. Rio de Janeiro: Lumen Juris, 2006, p. 59.

[124] Nota-se que o autor invoca o círculo hermenêutico com um instrumento a ser utilizado na compreensão, o que se distancia, em muito, da proposta gadameriana de simultaneidade e co-originariedade entre interpretação-compreensão-aplicação, e sequer se aproxima da construção heideggero-gadameriana do círculo hermenêutico. Tampouco tal ideia é compatível com a ideia de legitimação pelo procedimento, a qual tem assento em obra de mesmo nome do sociólogo Niklas Luhman. Assim, considerando que, nesse, é o procedimento que confere legitimação e lá, na hermenêutica, as verdades são conteudísticas, a vinculação das teorias – legitimação pelo procedimento e círculo hermenêutico – necessitaria de uma explicação de como se dá a aplicação de ambas, ao mesmo tempo, ao Direito, na visão do autor. E, por fim, apenas para não deixar incompleto o argumento, no que se refere às teorias procedimentalistas da argumentação, em suas variadas apresentações (como em Habermas e em Alexy), a invocação do círculo hermenêutico também se encontra deslocada, já que, novamente, não se está mais no campo das teorias substancialistas. As referências ao círculo hermenêutico e à legitimação pelo procedimento estão nas páginas 178 e 179. ZANETI JÚNIOR, Hermes. A teoria circular dos planos (direito material e direito processual). In: MACHADO, Fábio Cardoso; AMARAL, Guilherme Rizzo. (orgs.). *Polêmica sobre a ação*. Porto Alegre: Livraria do Advogado, 2006, p. 177.

a carga de vida que é trazida pelo fato que, diante do selo da autoridade, parece perder toda a sua força na mencionada teoria.[125]

A adequação, princípio norteador da instrumentalidade, não deixa de ser, então, tratada, como uma substancialização abstrata do processo, numa mixagem paradigmática entre teorias processuais-procedimentais e substancialistas (ainda ligadas ao paradigma metafísico objetificante/assujeitador). A substância não é senão um acoplamento, ao processo, de um conteúdo que não é dado pela relação viva, porque as características do direito não estarão, segundo essa teoria, no direito material e na potência, pretensão, e força, ação, dele mesmo. O direito material já não tem força e conteúdo, e isso parece ser projeção perfeita de uma teoria instrumental, ainda abstrata, que pressupõe que o instrumento cria o objeto sobre o qual deveria atuar. É claro que incumbe ao juiz muito mais do que servir de boca da lei, mas também não pode ser autorizado a criar o direito material como se, de fato, sua existência dependesse do processo, o que redundaria na autorização do decisionismo e do uso autossuficiente da racionalidade abstrata pelo intérprete, o qual não estaria projetado na compreensão do direito, a partir do texto, da experiência, da doutrina, da jurisprudência, da dinâmica dos fatos, da história, do tempo, da cultura, enfim, de tudo que compõe o que se pode chamar de tradição e que deve ser interrogado de modo a desvelar sentidos já projetados no mundo e, por isso, não propriamente criados pelo juiz, nem repetidos por ele diretamente da vontade da lei e/ou do legislador, mas compreendidos hermeneuticamente, em relação com o mundo, que caracterizaria a circularidade em que se dá a compreensão (esse, sim, o círculo hermenêutico), no qual se dá a diferença ontológica, que não separa os planos do direito material e do processo, como realidades distintas em relação fictícia, porque abstrata. Ao contrário, aproxima-os e os distancia, em sua identidade-diferença, possibilitando uma relação de mútuas compreensões de modo a servir ao escopo do Direito, dar a resposta adequada, no que se a pressupõe justa, ao caso concreto.

Esse distanciamento entre direito material e processo, proposto pelas teorias instrumentalistas leva à confusão – impulsionada pela compreensão que nega a ação de direito material e reconhece as eficácias, as qualidades, no processo (que, para tais teorias, seria abstrato!) – entre ação, "ação" e procedimento.

Transcreve-se trecho do ensaio de Hermes Zaneti Júnior sobre o tema ora polemizado:

> A redação do art. 83 do Código de Defesa do Consumidor (Lei 8.078/90) e do art. 82 do Estatuto do Idoso (Lei 10.741/2003), entre outros novos diplomas legais, evidencia e con-

---

[125] O que será abordado em capítulo próprio (Capítulo 3).

firma essa leitura porque, ao contrário do que estabelecia o art. 75 do antigo Código Civil de 1916 (não transcrito para o novo diploma do direito civil) determinam *cabíveis todas as espécies de ações (sic. tutelas jurisdicionais processuais) capazes de propiciar a adequada e efetiva tutela dos direitos afirmados perante o judiciário.* Como corolário, de uma mesma situação de direito material afirmada, surgem diversas tutelas judiciais possíveis, ou seja, a ação não é mais "uma" ou "una", antes traduz sua potencialidade em diversas eficácias voltadas à efetividade da tutela.[126]

É razoável, no entanto, reconhecer que potencialidade que se traduz em eficácias é matéria que remete à ação de direito material que, sim, é alegada e, se existente, também realizada por meio da atividade jurisdicional de satisfação dos direitos, que decorre do exercício da "ação". Todavia, o autor não aceita tal teoria preferindo ver as eficácias diretamente no processo, o que acaba por fazer com que, no trecho transcrito, negue a abstração da ação processual, quando diz que a ação não é mais uma ou una. Para ser fiel ao seu pensamento – que nega a ação de direito material – e à sistemática processual corrente, não só o autor não poderia ter recusado a abstração da "ação", que faz dela uma e una, como também deveria diferenciar entre "ação" e procedimento, porque se aquela é una, esses são múltiplos – não apenas porque o direito material, segundo a doutrina recusada pelo autor, por meio de sua força, seu sentido no mundo, a ação de direito material, impõe sua potencialidade no processo – mas, especialmente, porque não se pode confundir o veículo – a "ação" – com o itinerário a ser percorrido – o procedimento.

2.3. UMA CONCLUSÃO A RESPEITO DA (DES)CONSTRUÇÃO DA TRADIÇÃO: A COMPREENSÃO DO CONTEÚDO DA AÇÃO DE DIREITO MATERIAL

A doutrina de Pontes de Miranda trabalha três categorias em vertical, às quais se prefere denominar de momentos do direito material: direito, pretensão e ação, todas em sentido material. Na presente abordagem, não se fala dessas três categorias, como supostas abstratamente, em – lembrando a dualidade platônica metaforicamente demonstrada na "Alegoria da Caverna"[127] – uma doutrina científica que está relacionada a um mundo ideal em que as formas perfeitas são o modelo da construção

---

[126] ZANETI JÚNIOR, Hermes. A teoria circular dos planos (direito material e direito processual). In: MACHADO, Fábio Cardoso; AMARAL, Guilherme Rizzo. (orgs.). *Polêmica sobre a ação*. Porto Alegre: Livraria do Advogado, 2006, p. 181.

[127] PLATÃO. *A alegoria da caverna*. Brasília: LGE, 2006.

de uma teoria também perfeita, como convém a uma verdadeira ciência, desligada do mundo imperfeito das formas sensíveis.

Essa categoria eficacial que Pontes de Miranda denominou de "sol" do sistema – a ação de direito material – assim como, conforme analisado, não se confunde ou foi substituída pela "ação", também não se confunde com a *actio* de qualquer das fases do Direito Romano. A *actio*, universalizada pela sistematização do direito, destinava-se à defesa dos direitos de natureza obrigacional e, ao seu lado, existiu, no período clássico do Direito Romano, correspondente ao período formulário, a *vindicatio*, que se destinava à defesa de direitos de natureza pública e dos direitos absolutos, cujo conteúdo detinha maior evidência e importância, exigindo, por isso, meios mais rápidos, efetivos e imperativos de defesa.[128]

Todavia, essa construção de institutos de defesa adequados ao conteúdo e às concretas características do direito, que tornaram o período clássico o período mais profícuo do Direito Romano, em que o direito era construído concretamente, conforme já assinalado, foi substituída pela abstração que caracterizou os períodos que se seguiram na história do Direito. A essa abstração seguiu-se o paulatino desaparecimento de formas diferenciadas de tutela em direção à uniformização em torno do instituto da *actio*, com o desaparecimento da *vindicatio*, processo iniciado no período final da história romana já cristianizada. Como ressalta Ovídio A. Baptista da Silva, citando Emilio Betti:

> I compilatori tendono non solo a supprimere tutte le vestigia del processo formolare classico (D. 3, 5, 46 (47), 1), ma anche ad attenuare e quase a cancellare quel netissino contrapposto che nel sistema del diritto classico esisteva tra la figura dell'actio in rem e la figura dell'actio in personam.[129]

A equiparação entre *actio*, destinada à tutela das pretensões nascidas dos direitos das obrigações, e a *vindicatio*, destinada a tutelar as pretensões relativas aos direitos absolutos, então, apenas inicia no período imperial do Direito Romano, pois, novamente citando Ovídio A. Baptista da Silva, "a contaminação da *vindicatio* por elementos obrigacionais, no direito romano tardio, limitava-se ainda exclusivamente às obrigações acessórias que gravavam o possuidor contra quem se julgara

---

[128] Não se tratará da discussão sobre se a atividade do pretor, no que tange às ordens e à atuação prática dos direitos, no âmbito da *vindicatio*, a qual pertenciam os interditos, se insere (GIOFREDDI, Carlo. *Contributi allo studio del processo civile romano*: note critiche e spunti ricostruttivi. Milano: Dott. A. Giuffrè, 1947), ou não (DE MARTINO, Francesco. *La guirisdizione nel diritto romano*. Padova: CEDAM, 1937), no âmbito da atividade jurisdicional. É necessário, no entanto, ressaltar que a presente análise tem por pressuposto a jurisdição como atividade de *imperium* e sua característica básica a imparcialidade do juízo, entendida como compromisso com a realização (concretização) dos direitos (pretensões).

[129] SILVA, Ovídio A. Baptista da. *Jurisdição e execução na tradição jurídica romano-canônica*. Rio de Janeiro: Forense, 2007, p. 56.

procedente a reivindicatória".[130] A consolidação de tal equiparação dá-se quando se considera correta a regra geral de que *"a acción se ejercita contra adversários determinados o indeterminados, segun que es in personam o in rem"*.[131]

A ação de direito material, conforme concebida, aqui, é a realidade do direito em movimento, ação, para fazer-se efetivo, força, que não surge apenas violado o direito, mas que surge quando um direito é, por qualquer modo, ameaçado de violação e se destina a conferir-lhe segurança ou satisfação, por meio do processo, já que sua realização, pelo próprio interessado não é permitida pela sociedade democraticamente organizada. Essa ação de direito material projeta o conteúdo do direito material, porque é o modo-de-ser (efetivar-se) desse direito e de sua exigibilidade, sendo ela inconfundível, portanto, com a *actio*, ou com quaisquer reduções simplificadoras de seu conteúdo mutável e concreto que não se confunde também com o veículo por meio do qual é exercida: a "ação".

Quando se fala das três posições em vertical, nos limites do presente estudo, pois, se têm em mente três categorias que estão no mundo, três fenômenos que são, no mundo. São colhidas como linguagem, não como "ferramentas" cuja função é retirar de algo o sentido que é pré-dado, não são, pois, categorias teóricas ou abstratas.

Toda digressão histórica levada a efeito nos itens precedentes tem por fulcro demonstrar o estado da questão, a partir de suas origens a fim de, no decorrer da investigação, delinear o desvelamento do paradigma no modo como ele se desenvolve no momento em que o presente livro é desenvolvido, em direção a um rumo já sinalizado: a ação de direito material como categoria hermenêutica.

Interessante notar que a origem dessas categorias remonta a um momento da vida romana em que o direito era objeto de construção pelo Pretor, por meio da fórmula, e a realidade era transformada pela autorização para que o particular executasse, *addictio*, ou pela determinação imperativa contida nos interditos. Como ficou assinalado anteriormente, o período formulário do Direito Romano é fonte de inspiração não apenas porque o *ius civile* era objeto de construção, por intermédio da tradição – o *mores maiorum* – no caso concreto, mas também porque previa a defesa diferenciada de direitos igualmente diferenciados, o que é uma expressão daquele modo concreto de fazer direito. O significado que his-

---

[130] SILVA, Ovídio A. Baptista da. *Jurisdição e execução na tradição jurídica romano-canônica*. Rio de Janeiro: Forense, 2007, p. 57.

[131] SAVIGNY. Frederick Karl von. *Sistema de derecho romano actual*. Madrid: F. Góngora y Compania Editores, 1879. v. 4, p. 24.

toricamente pode ser recuperado é a noção concreta do trato do direito, pretensão e ação, como ato, força e potência, que permitiam a construção de um direito vivo na inserção cultural e de acordo com a realidade fática em que se encontravam os envolvidos. Buscar e retomar esse sentido que detinham, a partir da sua faticidade e temporalidade, recuperando o papel que cumpriam num momento da história – o Direito Romano Clássico do período formulário – é uma fonte rica de inspiração para repensar tais categorias.

Retomar esse significado vivo, presente na concepção grega de *phronesis*, em que o caráter de justiça era elaborado frente ao caso, não como um conceito abstrato, em que o Direito não era uma *technè*, nem se lhe reconhecia o caráter de mera *epistemè*, é o que se pretende aqui construir. Retomar, ainda, a possibilidade de transformação social, não apenas normativa, da realidade, por meio do redescobrimento da força dos direitos que se impõem, em sua realização, com suas próprias características, não com as características que lhes atribui o processo, abstratamente, tendente sempre a transformar sua essência, por meio da universalização do procedimento e conceitualização cristalizadora do sentido dos fatos jurídicos e de suas categorias eficaciais: direito, pretensão e ação, todos em sentido material.

O reconhecimento dessas categorias, na história do desenvolvimento do Direito, e sua identificação com o período então mais profícuo do desenvolvimento do Direito, agrega-se à busca da origem de sua dimensão científica presente na obra de Pontes de Miranda.

A comprovação de que – embora rigorosamente construída, com conotações abstratas evidentes[132] – a teoria das ações de Pontes de Miranda tem sua raiz no mundo concreto, e não, em proposições abstratas é a forma como ele introduz o tema em seu *Tratado das Ações*. Nessa obra, ao contrário do que afirma a doutrina tradicional, Pontes não propõe mera classificação das ações, mas, sob a forma de uma classificação, uma investigação dos fatos da vida, donde nascem os direitos e, portanto, uma classificação dos direitos, das pretensões, e, por isso, enfim, das ações, o que virá, ao final, a viabilizar a classificação do conteúdo das sentenças. Confirma ele essa conclusão: "Depois foi descoberto que só faltara o nome aos antigos e que a pretensão é fato do mundo, e não só conceito".[133] Diz ele,

---

[132] A cientificidade de Pontes de Miranda, ao modo matemático, que se observa na construção da Constante 15 não compromete sua construção, porque a busca do sentido, no mundo da vida, pode ser identificada no Tratado das Ações, conforme se verifica, dentre outros, do trecho citado na continuidade.

[133] PONTES DE MIRANDA, Francisco Cavalcanti. *Tratado das ações*. Campinas: Bookseller, 1999. v. 1, p. 104.

ainda, o seguinte: "Por aí se vê que tais pesos de eficácia não são, como sempre se supôs, peculiares às ações e às sentenças".[134]

Essa classificação, por pesos de eficácias – declaração, constituição, condenação, executividade, mandamento – registra a potencialidade de os direitos produzirem efeitos, na vida das pessoas; por isso, não se deve compreendê-la como classificação conceitual. Ao contrário, deve refletir a eficácia que emana dos direitos exigíveis ameaçados de violação ou violados, ao imporem respeito e defesa.

É uma classificação que visa a transmitir o sentido de um direito que exige defesa, não a classificação de instrumentos abstratamente considerados.

A doutrina, no entanto, absorveu tal classificação como depuração abstrata do exercício da atividade jurisdicional e classifica a "ação" (processual) segundo aqueles pesos de eficácia, majoritariamente eliminando aqueles que imediatamente interferem nas relações da vida, transformando a realidade fática, e mantendo as eficácias que não incidem, ao menos não diretamente, sobre essas relações. Daí a rejeição às eficácias executiva e mandamental – o que corresponde à rejeição anterior à tutela interdital – e a manutenção das eficácias declaratória, constitutiva e condenatória – o que, em linhas gerais, pode ser atribuído à equiparação da *actio* (responsável, no Direito Romano, por produzir tais eficácias) à "ação".

Pergunta-se: como poderia o juiz escolher o peso de eficácia que dará à sentença que prolatará em um caso específico? Onde ele busca, por exemplo – a solução constitutiva – positiva ou negativa – para uma sentença? Certamente não é no direito processual, mas, no direito material.[135] Uma hipótese parece válida: subtrai-se mentalmente toda a doutrina, toda a jurisprudência, todas as leis materiais, enfim, toda a disciplina material dos direitos. Como, então, o juiz saberá qual a eficácia de sua sentença? No direito processual ou no fato da vida que lhe é posto a julgamento? Sobre o que ele disporá para solucionar o litígio? Como saber se se trata de necessidade de execução pela via da coerção obrigacional – a penhora e seus consectários – ou de atividade do juiz que, pela via da atividade do Oficial de Justiça, retira a coisa do patrimônio de alguém para colocá-lo no de outra pessoa? Como saber se se trata de mandado de penhora ou de imissão de posse, cujas consequências, é sabido, no campo do processo – e na vida dos envolvidos! – são absolutamente diversas?

---

[134] PONTES DE MIRANDA, Francisco Cavalcanti. *Tratado das ações*. Campinas: Bookseller, 1999, v. 1, p. 25.

[135] Não se confundem Direito Material e Direito Privado. Direito Material é todo direito que regula as situações de vida, envolvendo situações ou relações jurídicas de caráter privado ou público, sempre em uma compreensão constitucionalizada dessas relações.

O direito processual pode responder sozinho ou ele deve perguntar aos fatos? Não parece crível que a alguém pareça que pode, o processo, responder sem perguntar aos fatos e, ao perguntar, estará perguntando ao direito material (concreto!), não ao processo – à técnica – que deve servir ao direito material, porque, para isso, foi construído. É o que fazia o pretor que, por meio da *interpretatio* e do *morus maiorum* se inteirava sobre as alegações das partes sobre os fatos e construía a fórmula que consistia na verificação de qual pretensão caberia àquele que alegava a violação ou a ameaça de violação de um direito.

Ressalta-se: qual agir caberia àquele que alegava a violação de um direito, agir esse que, provadas as alegações que informaram a construção da fórmula, seria autorizado por meio da *adictio*, após finda a segunda fase do procedimento? Essa fórmula era a outorga da ação, de como o requerente, provada sua alegação, poderia agir para a restauração de seu direito. Esse agir correspondia à ação de direito material, e não, à ação processual, desconhecida dos romanos, como ressalta Ovídio Araújo Baptista da Silva:

> Nem para os romanos e nem para os juristas modernos, pelo menos até Oscar Bullow e Wach, o conceito de ação pertencia ao direito processual. Ainda em Chiovenda e nos demais "concretistas", o conceito de ação referia-se à "ação procedente", ação de quem, no plano substancial, tinha realmente direito.[136]

Se se referisse à ação processual que necessidade haveria de o pretor construir, segundo o caso, a solução, se a ação processual é a mesma – do contrário não seria abstrata, mas concreta? Se se tratasse de ação processual, que utilidade haveria na construção do pretor, para cada caso, de uma fórmula que nascesse do direito relatado e que ficava, sua outorga, sob condição da prova das alegações feitas e informadoras da construção dessa fórmula? A fórmula construída pelo pretor não era a "ação" (processual). Como ressalta Giovanni Pugliese, citado por Ovídio Araújo Baptista da Silva, *"l'actio romana non era il diritto alla pronunzia, né la mera possibilità materiale di compiere atti processuale, bensì il potere di far varle attraverso il processo ciò che spetavva in base il diritto sostanziale"*.[137]

Sendo assim – utilizando, num argumento ao gosto científico, aqueles três planos que, *a priori*, não podem ser negados por quem com eles lida no dia a dia –, como poderiam as categorias (direito, pretensão e ação), sem antes passar pelo plano da existência, *i.e.*, sem antes serem fatos que exigem do direito uma solução, judicial ou extrajudicialmente,

---

[136] SILVA, Ovídio Araújo Baptista da. Unidade do ordenamento e jurisdição declaratória. In: ——. *Jurisdição, direito material e processo*. Rio de Janeiro: Forense, 2008, p. 31.

[137] Ibid, p. 31-32.

serem dotadas de eficácia? O argumento contrário, de que os processualistas se valem para abstrair o Direito Processual dessas vicissitudes, é desvinculá-lo do mundo, construindo-o como abstração que nem por isso deixa de utilizar as categorias do Direito Material. O que se faz necessário, nesse ponto, é demonstrar tanto a concreção dessas categorias, quanto a diferença entre elas, e, por fim, o modo como se compreende a doutrina de Pontes de Miranda. Dele se extrai o seguinte trecho: "O conteúdo das pretensões é diverso, de conformidade com o direito de que emanam".[138]

O que se quer ressaltar, então, é que a doutrina de Pontes de Miranda é revisitada, aqui, porque o rigor científico com que foi construída está assentado sobre um alicerce concreto e é esse alicerce que se pretende, hermeneuticamente, compreender para retomar, não a necessidade de abstração científica que não apenas diferencia, mas antes separa e isola o direito material e o processo. A autonomia entre as esferas do direito material e do processo é necessária, porque a dogmática jurídica é algo de que se necessita para realizar o direito. Todavia, autonomia, distância, isolamento, são palavras que se encontram em lugares distintos do dicionário e não se confundem, porque seus significados são diversos. Quando se nega a harmoniosa relação entre o direito material e o processo, nega-se também que o que se faz no restrito campo da Ciência Processual é defesa da autonomia. Hoje, o que se faz em Ciência Processual não é defesa da relação entre direito material e processo. É o isolamento entre ambos e, quiçá, negação da órbita do Direito Material, como vem alertando Ovídio Araújo Baptista da Silva. Esse, no entanto, é tópico para ser abordado separadamente.

É importante ressaltar, novamente, o que diz Pontes de Miranda que, como sistematizador das ações (no plural, porque em sentido material), cuja doutrina – em face da posição de Ovídio Araújo Baptista da Silva, inspirou a polêmica importantíssima, a partir da resposta de Carlos Alberto Alvaro de Oliveira – é de obrigatória consulta, especialmente na obra em que trata especificamente da matéria: o Tratado das Ações.

Como dito, afirma ele:

> Estudos superficiais puseram as pretensões no direito processual. As conseqüências seriam embaraçantes. No direito dos Estados a dois sistemas de direito, a pretensão teria de ficar aos legisladores do direito processual, o que seria absurdo. [...] Portanto, a prescrição seria processual e processuais seriam os prazos preclusivos impostos, solução abertamente contrária aos sistemas de direito. Em tudo isso, a confusão já não concerne ao direito subjetivo, à pretensão e à ação – atinge o remédio jurídico processual.[139]

---

[138] PONTES DE MIRANDA, Francisco Cavalcanti. *Tratado das ações*. Campinas: Bookseller, 1999. v. 1, p. 61.

[139] Ao deparar com a advertência de Pontes de Miranda e ao refletir sobre o que pensa a doutrina processual – que o direito material não é dotado de potência e força, reduzido à sua realidade es-

Tinha razão. A efetividade do processo – por meio da realização do direito material – é que resta comprometida, pela abstração com que é pensada e esse é o tema-base da presente análise. Passa-se, então, a investigar a relação da abstração que é a base da razão autossuficiente do indivíduo solipsista da modernidade e de suas ideias e representações do mundo, pois esse é o fundamento da inversão da compreensão do direito material em sua relação com técnica criada para realizá-lo: o processo.

---

tática, estando a pretensão e a ação no processo – vem a lume a questão recente relativa ao art. 219, § 5º do Código de Processo Civil, que determina ao juiz o reconhecimento da prescrição *ex officio*. Esse resultado foi professado por Pontes de Miranda na passagem referida e agora o legislador processual legisla sobre pretensões de direito material e o juiz exerce as pretensões das partes – contra a sua vontade, inclusive! O direito material foi definitivamente entregue ao jugo do processo! PONTES DE MIRANDA, Francisco Cavalcanti. *Tratado das ações*. Campinas: Bookseller, 1999, v. 1, p. 105.

3. A questão da técnica: da tradição a um novo princípio epocal e desse em direção a uma nova condição de possibilidade

A compreensão da tradição, na forma como empreendida até aqui, desvela um modo de compreender a relação entre direito material e processo, que é reflexo do pensamento filosófico. É necessário, então, compreender por que meios o homem tem acesso à compreensão do mundo, nessa época, a modernidade, dominada pela técnica. A modernidade, construída como a época da imagem do mundo (em que o sentido é a representação que o sujeito faz do objeto, sem vínculo com o Outro, i. é, solipsisticamente), conduz ao predomínio da técnica sobre o ser (em que o sentido do ser não é mais aquilo que ele é, mas o sentido imposto pela técnica, que cria e fabrica sentidos, segundo as necessidades de dominação do mundo pelo homem), projetando a realidade a partir do conceito e delimitando o campo de possibilidades do homem, porque limita sua compreensão, na medida em que impõe uma forma de pensar.

Isso porque o pensamento humano se desenvolveu de modo a subjetivar a compreensão dos fenômenos culturais, aprisionando-os em uma forma de pensar homogênea, dominada pela técnica, que significa a possibilidade de que o sentido seja aprisionado em uma essência, que não é o que ele é, mas a forma como é representado, projetado pelo sujeito que compreende. O sentido não é, nesse paradigma de pensamento – da técnica, que os fabrica – algo que une o homem com os outros. O homem, o sujeito solipsista da modernidade, não tem vínculos, os sentidos que projeta e impõe aos outros, como verdades, são criados a partir da projeção de seu pensamento, sem que haja um liame que limite essa projeção, a partir do mundo prático, do *bonum* e da *aequitas*, os quais exigem a retomada dos laços comunitários e a responsabilidade pela construção da justiça. O sentido não provém do mundo prático, onde necessariamente os homens estão ligados pelo seu destino comum. A realidade é representada por meio do conceito, que aprisiona o sentido e faz com que seja reconhecido como o reflexo da realidade. Por isso é tão importante a busca das raízes dessa história. A história da formação do pensamento moderno e da imposição de sentidos que são criados, por representação (a imagem projetada pelo sujeito que compreende) e tomados por verdadeiros, sem questionamento, o que caracteriza a tradição.

O pensamento moderno foi construído ao longo dos séculos e com ele o direito que reflete esse modo-de-pensar. Sofreu as influências do pensamento grego, das construções latinas, da revolução representada pelo pensamento cartesiano, dos influxos e refluxos da história. Esse desvelamento das influências históricas é capaz de demonstrar por que o direito perdeu o seu vínculo com a justiça e passou a ser concebido de modo abstrato e sem elo com a realidade concreta. Essa investigação, no que interessa diretamente ao tema do presente estudo, é de fundamental relevância para que se possa compreender como a era da técnica e seu pensamento assujeitador e transformador das coisas em imagens influencia o modo como o direito material (não) é realizado no processo e de como o processo não vai aos fatos (apenas os trata como conceitos, subtraindo o mundo prático), porque foi transformado em método único capaz de revelar a certeza e a verdade, ao guiar a razão.

Ao abordar a questão da técnica, investigando esses pressupostos, pretende-se esboçar o modo como a relação entre o direito material e o processo responde aos imperativos da modernidade e, com isso, desvelar os fundamentos da incapacidade de o processo realizar as pretensões de direito material de modo autêntico e, por isso, concreto, nos tempos atuais. A relação entre direito material e processo passou a ser conceitual, porque parte do pensamento (representação, *res cogitans* do sujeito solipsista) e é guiada pelo método. A estabilização das relações, escopo do Estado moderno, é garantida pela imposição de imutabilidade da solução, não pela justiça. O ideal de segurança jurídica suplanta, paulatinamente, o ideal de justiça e, na relação aqui investigada – entre direito material e processo –, a satisfação dos direitos é normativa, não precisa mais ir aos fatos. A reflexão acerca disso é o objetivo deste capítulo.

3.1. A CONSTRUÇÃO DA FILOSOFIA DA MODERNIDADE E SEUS REFLEXOS NA COMPREENSÃO DO DIREITO

A influência do pensamento grego sobre o pensamento moderno é pós-socrática, essencialmente, e a metáfora de Platão, na conhecida "Alegoria da Caverna", pode ser abordada como o ponto de partida da tradição filosófica, que fundamenta um *a priori* não questionado, porque tem fundamental importância na compreensão do pensamento da modernidade. Na medida em que, para "contemplar a verdadeira essência do Ser", o homem precisa sair "da caverna escura dos negócios humanos para a luz clara do firmamento das idéias",[140] Platão concebe e instaura dois mundos. Para o filósofo, "[...] o processo de nos tornarmos racionais não deve, claramente, ser descrito como algo que acontece em nós, e sim como nossa ligação com a ordem maior em que nos encontramos".[141] E não há como contemplar essa ordem, ou seja, ser governado pela razão, sem que o homem encontre sua plena realização, o que se dá quando acessa as fontes morais que estão fora dele, e essa plena realização exige a sua ascensão para um "espaço" que está entre o mundo das coisas e o mundo do bem (o mundo ideal).[142] A alegoria da caverna tem, então, uma força pungente, pois, dentre as qualidades necessárias ao filósofo-legislador, está aquela de livrar-se "das formas sensíveis e mutantes para elevar-se ao verdadeiro ser, às formas das coisas, às idéias",[143] ao espaço superior, o mundo ideal, que é a antítese do mundo das coisas, o mundo mundano. Esse modo de pensar, projetando um mundo ideal, onde estão as coisas perfeitas, é o espaço no qual deveria ser buscado, também, o direito em sua forma ideal, o que terá imensa influência, e, segundo Michel Villey, será "representativa de uma tendência permanente do espírito humano".[144]

Com o transcurso da história, essa tendência representativa de formas ideais, nas quais se encontra a verdade, marca a história do homem, e mais tarde, com Descartes, principalmente, dará lugar às construções que habituam a pensar todas as coisas a partir do indivíduo[145] e que opõem sujeito e objeto. Um sujeito com a tarefa de extrair a essência do objeto (metafísica clássica) ou, ainda, de construir uma representação desse objeto (metafísica moderna), como se essa representação fosse a essência unívoca desse objeto. O único modo de acesso para atingir esses objetivos é a elevação a um mundo ideal, abstrato, por meio da *intellectio*.

---

[140] A autora adverte, em nota de rodapé (19), na página 28, que a expressão traduzida por negócios humanos, *pragmata*, tem a conotação de inquietude e futilidade. ARENDT, Hannah. *A condição humana*. Rio de Janeiro: Forense Universitária, 2007, p. 238.

[141] TAYLOR, Charles. *As fontes do self*. São Paulo: Loyola, 1997, p. 164. Para Platão, "a razão alcança sua plenitude na visão da ordem maior, que também é a visão do Bem", por isso, "as fontes morais às quais temos acesso por meio da razão não estão dentro de nós". Ibid., p. 165.

[142] A dualidade interior/exterior não é adequada para descrever o pensamento platônico, porque o homem participava do todo, não havia a noção de indivíduo.

[143] VILLEY, Michel. *A formação do pensamento jurídico moderno*. São Paulo: Martins Fontes, 2005, p. 31.

[144] Ibid., p. 37.

[145] Ibid., p. 233.

Essa concepção forma a ideologia que consiste na familiaridade do que não é pensado e fornece os motivos para a inautenticidade do pensamento desarraigado do mundo em sua dimensão fática, histórica, cambiante e autêntica. O certo é que continuamos pensando em dois mundos: – o concreto, onde as coisas são impuras e onde a incerteza, da qual queremos nos afastar, reside; – o abstrato, das ideias, onde as certezas e as verdades moram e para o qual devemos nos reportar.

Santo Agostinho dá continuidade a essa história e transpõe a dualidade platônica para a concepção do "eu", dualizando a concepção do homem em interior/exterior, e exorta, a partir dos princípios cristãos, o homem a voltar-se para dentro dele mesmo: "Não vá para fora, volte para dentro de si mesmo. No homem interior mora a verdade".[146] E essa virada do "*self* na dimensão da primeira pessoa"[147] é um dos fatores cuja relevância é inegável para a inversão ocorrida na escala valorativa dos papéis em sociedade, o redimensionando a que Hanna Arendt denominou *vita activa*.[148] A vida pública, a vida da ação e do discurso, do espaço com-os--outros, cuja relevância na *polis* definia a posição do homem, dá lugar ao âmbito privado, e esse espaço de valores invertidos irá conduzir à era da técnica. O indivíduo passa a se conceber, então, com o desenvolvimento posterior dessa ideia, como interior e exterior. O Direito passa a ser por ele concebido como decorrência de seu mundo interior, melhor, mais ordenado e confiável. O que é do espaço público, o que é relação comunitária – o Direito – passa a ser concebido a partir do indivíduo.

Esta volta do homem para dentro de si mesmo, instaurando uma dualidade interior e exterior, como antes assinalado, inicia o processo que levou ao individualismo, cujas consequências transcendem a compreensão do sujeito sobre si mesmo e influencia o nascimento, por meio da construção de Guilherme de Ockham, do direito subjetivo, que, mais tarde, influenciará, ainda, a construção do Estado, por meio das teorias do contrato social.

Guilherme de Ockham considerava que o "único conhecimento perfeito, verdadeiramente adequado ao real, é o do individual".[149] Essa concepção desfecha um dos mais duros golpes no pensamento aristotélico-tomasiano e concebe o direito subjetivo como pilar de toda construção do jurídico. O Direito, concebido a partir do sujeito individual, já contém,

---

[146] TAYLOR, Charles. *As fontes do self*. São Paulo: Loyola, 1997, p. 172.

[147] Ibid., p. 174.

[148] Segundo a autora, com "a expressão *vita activa*, pretende designar três atividades humanas fundamentais: labor, trabalho e ação." ARENDT, Hannah. *A condição humana*. Rio de Janeiro: Forense Universitária, 2007, p. 15.

[149] VILLEY, Michel. *A formação do pensamento jurídico moderno*. São Paulo: Martins Fontes, 2005, p. 230.

em si, o germe do Direito como servo dos indivíduos, assim considerados em seus interesses, "indo ao encontro do que denominamos o 'ponto de vista particular' – a tendência dos particulares a se livrarem dos entraves do direito natural objetivo, a exercer livremente suas atividades".[150] O nominalismo sairá vitorioso ao final, ao impor o império da visão do indivíduo como centro da concepção do mundo.

O indivíduo, agora concebido como interior, não reconhece o mundo concreto, aquele onde estão as coisas e os outros, e transmuta sua condição de indivíduo em individualismo e a construção do justo, do que cabe a cada um, já não é mais possível. O Direito, por sua vez, vai, com isso, transmutando-se em técnica e desviando-se de seu sentido.[151] Não é por acaso que o Direito não se ocupa de sua origem e repercussão no mundo da vida, contentando-se com construções abstratas e com uma efetividade fictícia.

O Direito nem sempre foi concebido dessa forma, assim como a ideia de indivíduo, de um *self*, independente e autonomizado da comunidade, de sua inserção no que veio a ser chamado coletivo, é uma construção do pensamento histórico. A concepção de indivíduo é condição de possibilidade do racionalismo e do direito considerado abstrata e subjetivamente e, também, da ideia de Estado, comunidade artificial, elementos que compõem o mundo moderno.

A construção do processo, de modo artificial, distanciado do direito material, porque lhe foi subtraído o mundo prático, permite que a justiça seja substituída pela efetividade artificial da técnica. O processo não está, nessa concepção, vinculado à realização do direito material e da justiça. Não atua para além da norma, a fim de realizar pretensões e transformar a realidade de acordo com o bom e o melhor. Prevalece a necessidade de imposição da solução pelo Estado, seja ela justa ou não, realize ela os direitos, concretamente, ou não, porque a estabilização das relações, pela imposição da autoridade do Estado seria, nessa concepção, suficiente para garantir a realização do ordenamento jurídico. Essa efetividade artificial, ditada pela coerção, substitui a justiça, porque o compromisso do Estado não é garantir justiça, mas, sim, segurança jurídica.

A relação entre direito material e processo não é, então, uma relação voltada a buscar realização dos direitos no mundo prático, é uma relação conceitual, em que a projeção do sentido de justiça substitui a justiça real,

---

[150] VILLEY, Michel. *A formação do pensamento jurídico moderno*. São Paulo: Martins Fontes, 2005, p. 280.

[151] É o que legará o desenvolvimento das mútuas influências de Santo Agostinho, do nominalismo de Ockham, da descrença que culmina na formulação de Descartes (mas não inicia com ele), da concepção de Estado hobbesiana: o mundo segundo o paradigma moderno.

e a projeção da imagem do que seja a concretização de direitos (pretensões) substitui sua real concretização.

Essa concepção abstrata da relação entre direito material e processo, como dito, é um reflexo da concepção que o homem faz do mundo, a partir da modernidade. Quando "Galileu estabeleceu um fato demonstrável onde antes havia somente especulações inspiradas",[152] são destruídos os alicerces das certezas científicas até então vigorantes, e surge a dúvida cartesiana. A partir dela, Descartes formula o que chamou de primeiro princípio da filosofia que procurava: se penso, então há algo de que não posso duvidar, existo (*cogito ergo sum*).[153] Essa compreensão, de confiança apenas de sua própria realidade como razão, deslocou a compreensão do sujeito, definitivamente, para dentro de si mesmo porque, segundo ele, "nunca nos devemos deixar convencer senão pela evidência de nossa razão. É bom que se note que eu digo de nossa razão e não de nossa imaginação e de nossos sentidos".[154] Assim, constrói-se a autossuficiência de um sujeito para o qual tudo o que pode conhecer está dentro dele mesmo, desde a compreensão das ciências, até as fontes morais, bastando que o homem se entregue ao controle racional. Esta concepção mantém o dualismo platônico – *res cogitans* e *res extensa* – e concebe o sujeito, o *cogito*, a partir da noção de substância, como o que está à base, preenchendo, assim, o sujeito, pois o concebe como "a substância de todas as nossas representações".[155]

A dúvida cartesiana, base dessa "escola de suspeita",[156] dá lugar a uma nova concepção do homem e de sua relação com o mundo que foi, paradoxalmente, o motivo pelo qual a certeza passou a ser o valor básico da modernidade e insiste em aprisionar o pensamento do homem da pós-modernidade. A ideia da necessidade de busca de certezas, que caracterizou a virada filosófica de Descartes, tem profundos reflexos na formação do modo de compreender o direito. Se só o que posso confiar está em mim, e se o mundo sensível é o mundo das incertezas e das ilusões criadas pelos sentidos, então, somente posso confiar na certeza do próprio pensamento. A certeza e, pois, a verdade não será encontrada no mundo das aparências (o escuro da caverna platônica). Ao contrário, exi-

---

[152] ARENDT, Hannah. *A condição humana*. Rio de Janeiro: Forense Universitária, 2007, p. 273.

[153] Segundo Descartes, "nossa imaginação e os nossos sentidos nunca nos poderiam dar certeza de cousa alguma, sem a intervenção de nosso pensamento." DESCARTES, René. *Discurso do método*. Rio de Janeiro: José Olympio, 1960, p. 98.

[154] Ibid., p. 101.

[155] GADAMER, Hans-Georg. Subjetividade e intersubjetividade, sujeito e pessoa. In: ──. *Hermenêutica em retrospectiva*: a virada hermenêutica. Petrópolis: Vozes, 2007, p. 12.

[156] Como a denominou Niezstche, citado por ARENDT, Hannah. *A condição humana*. Rio de Janeiro: Forense Universitária, 2007, p. 273.

ge o abandono desse mundo de sombras, em busca da luz que está fora, acima, no suprassensível que, em Descartes, é a consciência, o pensar do homem que, por isso, existe. É possível, então, visualizar por que a dicotomia entre certeza e aparência é tão presente no pensamento humano da modernidade e por que a necessidade de certezas – que já não são mais possíveis no limiar da pós-modernidade – são perseguidas como se fossem a forma de converter-se as coisas do mundo em um universo de imutabilidades seguras, o que se sabe ser impossível, embora não haja o reconhecimento de tal impossibilidade. Mantém-se a crença na dualidade platônica e, se cada um dos mundos platônicos é o oposto do outro, "todos os predicados que atribuímos a um temos de necessariamente subtrair do outro. Todas as características das idéias são derivadas por antítese das características da aparência".[157] Onde há mera aparência, então, não há segurança, o que, como já tantas vezes alertado por Ovídio Araújo Baptista da Silva,[158] tem inúmeras consequências na relação entre o direito material e o processo.

As significações que estão ligadas à concepção platônica, no entanto, não são apenas essas, já que a esfera de dois mundos e as dualidades daí oriundas manifestam-se, no mundo do direito, por um ideal de constância, porque a "ideia", tal qual é concebida por Platão na recepção de suas obras, feita pela escolástica medieval, que foi legada à modernidade, "é caracterizada e totalmente determinada pelo postulado da constância do sentido, o mundo dos fenômenos sensíveis se subtrai a todo e qualquer tipo de determinação".[159] É com base nessas considerações que se pode afirmar que, desde a metafísica clássica e suas essências (O-S), até a metafísica moderna e suas representações (S-O), cristalizam-se sentidos, o que é resultado da dificuldade do sujeito da modernidade de haver-se com a administração das contingências históricas e de suas próprias contingências como ser mortal. Surge o conceito abstrato da modernidade.

A certeza, que se opõe à aparência, impõe uma atitude de programação e controle de resultados, em nome da segurança pretendida, que opta pelo positivismo, certamente por uma falsa ideia de que o modelo positivista garantiria respostas *a priori*, seguras e justas, já que trataria a todos de modo igualitário. Nada além de uma falsa compreensão provocada por um dogma arraigado no pensamento de que às coisas do mundo, meramente aparentes, mas incertas, pode ser agregada a certeza pretendida. Todavia, são justamente essas respostas *a priori* – que não deixam o

---

[157] CASSIRER, Ernst. *Indivíduo e cosmos na filosofia do renascimento*. São Paulo: Martins Fontes: 2001, p. 28.

[158] Consoante se observa em suas obras indicadas, entre as obras consultadas para a presente investigação.

[159] CASSIRER, op. cit., p. 28.

mundo superior das ideias para se imiscuir nos negócios humanos – que permitem a insegurança e a incerteza de um mundo de subjetividades arbitrárias.

Enquanto se diz que o Poder Judiciário deve revelar a "vontade concreta da Lei", diz-se dele que é a boca que pronuncia a vontade da Lei e que, portanto, não está agindo subjetivamente. Quando se fala em vontade da Lei, no entanto, o subjetivismo assujeitador do positivismo já está presente. Isso porque a razão subjetiva de quem declara a vontade da lei é que diz qual é essa vontade, que não será necessariamente a mesma posição do próximo a se pronunciar. Posições individuais[160] se sobrepõem à construção do Direito enquanto valor coletivo, comunitário, a ser construído segundo o quem é o *bonum* e a *aequitas*. Por isso, o dogma de que essa revelação traria segurança, por meio de certeza, vela a arbitrariedade que é o seu pressuposto.

Essa é a tradição, o *a priori* não questionado. Dela, parte a compreensão e, se não for questionada, transforma-se em poder ideológico, antecipando-se como sentido agora inquestionável. Esse modo de pensar é velado pelo conteúdo de violência simbólica que contém. Como afirma Bourdieu:

> É próprio da eficácia simbólica, como se sabe, não poder exercer-se senão com a cumplicidade mais subtilmente extorquida – daqueles que a suportam. Forma por excelência do discurso legítimo, o direito só pode exercer a sua eficácia específica na medida em que obtém o reconhecimento, quer dizer, na medida em que permanece desconhecida a parte maior ou menor de arbitrário que está na origem do seu funcionamento.[161]

O desencobrimento desse modo ideológico de pensar permite o desvelamento do modo-de-fazer direito e de pensar a relação entre o direito material e o processo, demonstrando que o processo, como técnica que serve a um fim, traz consigo uma concepção inautêntica, que vela o significado autêntico dele mesmo, como técnica, e também transforma o direito material, que perde suas características para ser imagem de como é representado pelo processo, sem qualquer correspondência entre o que

---

[160] O autodomínio da razão se desenvolve e fundamenta um novo passo da formação do pensamento humano – do indivíduo. Da fusão entre a filosofia cartesiana e as ideias que levaram à internalização das fontes morais, nasce o indivíduo desprendido da modernidade. É, segundo Gadamer (GADAMER, Hans-Georg. Subjetividade e intersubjetividade, sujeito e pessoa. In: ——. *Hermenêutica em retrospectiva*: a virada hermenêutica. Petrópolis: Vozes, 2007, p. 12), por meio de Locke, que o *cogito me cogitare* assume validade universal. A racionalidade instrumental e hedonista de Locke fundamenta o subjetivismo exacerbado, que culmina com o sujeito solipsista da modernidade, desvinculado de tudo o que não sejam os seus sentimentos, interesse, comodidade, despregado do "Outro", irresponsável, incapaz de reconhecer na face do outro uma fonte de sua própria liberdade, de sua responsabilidade e incapaz, por fim, de desenvolver qualquer ideia de comunidade, de comunhão, e, como decorrência, de qualquer concepção que envolva o reconhecimento dos indivíduos como coletividade comprometida. Sendo assim, incapaz de construir uma ideia coletiva do bom, do justo.

[161] BOURDIEU, Pierre. *O poder simbólico*. Rio de Janeiro: Bertrand Brasil, 2005, p. 242.

ele é e essa imagem. O processo precisa apenas chegar a seu termo, método que é. A realização do direito material, sua satisfação social, cumprido o rito, já não é perquirida, porque, como é corrente na doutrina processual, já não é atividade jurisdicional; afinal, o sensível e o suprassensível são mundos opostos.

3.2. A COMPREENSÃO DO DIREITO E SEU VÍNCULO COM A METAFÍSICA DA MODERNIDADE

Os princípios epocais são os modos de acesso ao ente que provocam o esquecimento do ser desse ente. A análise da tradição e de seus diferentes princípios epocais – a ideia em Platão, a substância em Aristóteles, o *ens creatur* na Idade Média, o *cogito* em Descartes, o espírito absoluto em Hegel, a vontade de poder em Nietzsche – permite a reconstrução de como, e sob quais fundamentos, o século XIX elaborou a sistematização da ciência. Desde a ideia em Platão, até o dispositivo, na era da técnica, esse encobrimento é um erro, porque a compreensão do mundo a partir do dispositivo, em relações de instrumentalidade, observa o mundo e a natureza como algo que pode ser transformado, porque é mera representação (conceito abstrato).

Para Heidegger, o princípio que domina o século XX é a continuação de uma tradição metafísica de encobrimento do ser dos entes que se inicia com os pós-socráticos, mais especificamente com Platão e a ideia. Esse princípio epocal é a técnica que nos tira do mundo, por força da objetivação operada pelo dispositivo. A figura na qual impera o ser na era da técnica é o dispositivo. O dispositivo é a essência da moderna concepção da técnica que converte o ser em ente (objeto), e atribui-lhe o sentido que a técnica projeta. Uma essência inautêntica, porque apenas representativa do arbitrário que engendra a compreensão que não pergunta pela verdadeira essência das coisas. No paradigma moderno, as coisas não têm um sentido em sua inserção no mundo prático, seu sentido é aquele atribuído pela técnica.[162]

O racionalismo da modernidade, responsável pelas diversas correntes do positivismo jurídico – incluídas as posturas argumentativas, processuais-procedimentais, substancialistas (ainda vinculadas ao pensamento assujeitador), desde a jurisprudência de conceitos à jurisprudência de valores, abrangidas as tantas variantes de sua reformulação dentro da

---

[162] O sentido do ser de um ente já não é o que ele é, tem o sentido que a técnica lhe atribui. HEIDEGGER, Martin. A questão da técnica. In: ——. *Ensaios e conferências*. Petrópolis: Vozes, 2006, p. 20.

tradição da racionalidade metafísica[163] – não pensa a coisa em seu ser e a converte sempre em objeto e, com isso, cristaliza o seu sentido, que passa a ser meramente conceitual e não cambiante. Não há um sentido para cada caso, irrepetível. O sentido é unívoco, porque é conceito, e os fatos que se adaptem a ele.

É necessário um resgate do sentido do ser dos entes, um resgate de sua dimensão fenomenológica e transformadora do mundo. A relação sujeito-objeto tende ao encobrimento do ser, para que somente o ente se faça presente, e é isso que impede a realização dos sentidos e permite as vozes unívocas atemporais, universalizantes de sentidos.

A advertência de falta de efetividade do processo fez surgir inúmeras propostas de alterações na relação entre direito material e processo que permanecem, sempre, no plano apofântico e não resultam em uma pergunta sobre o plano (como-) hermenêutico dessa relação. Continua-se a tentar encontrar, no paradigma epistemológico vigente, algo que não está nele e que, por isso, logicamente, não pode fornecer. As construções da dogmática processual civil, em suas investigações cada vez mais modernas (em duplo sentido), buscam a efetividade na afirmação do processo como instrumento do direito material. Todavia, como ressalta Ovídio Araújo Baptista da Silva, "a utilização de alguma coisa como instrumento pressupõe uma atividade humana orientada a um fim. O agente que se serve do instrumento pode usá-lo para finalidade muito diferente daquela para a qual ele fora criado".[164]

O processo mantém, assim, a aparentemente insuperável dimensão de crise de efetividade e, em decorrência, de legitimidade, sendo utilizado como instrumento que não se liga concretamente ao seu fim porque, enquanto ciência, se distanciou do mundo prático, isolando-se na abstração científica. Com isso, nega o referido fim, o que culmina com a alteração da essência do direito material quando necessita da intervenção do processo para sua realização.

As correntes que sustentam a legitimação pelo procedimento não logram melhor resultado. Ao sustentar que o ato jurisdicional se legitimaria pela produção do direito material a partir do seu modo de produção – devido processo legal –, tais teorias rompem a relação entre direito material e processo, fazendo com que esse se sobreponha àquele.

---

[163] O presente livro não pretende abarcar a descrição dos diferentes positivismos e as doutrinas que se destinaram a corrigi-lo, sem, no entanto, superá-lo, consistentes nas teorias do discurso ou da argumentação jurídica, que cindem fundamentação e aplicação.

[164] SILVA, Ovídio A. Batista da. *Curso de processo civil:* processo cautelar (tutela de urgência.). Rio de Janeiro: Forense, 2007. v. 2, p. 39.

A necessidade de uma viravolta na compreensão da relação entre direito material e processo está, dessa forma, fundamentada no perigo, sempre concretizado de mau uso da técnica. Essa viravolta exige a transformação do imaginário jurídico por meio da pergunta pelo ser da ação de direito material, que a desvele como sentido do ser[165] do direito material, que se pretende realizar por meio do processo.

São tempos de necessidade de mudança e, nos tempos de mudança, os fatores de transformação não estão institucionalizados, permanecem nos limites do não dito, entre as fronteiras das posições institucionalizadas, no caso da relação entre o direito material e o processo, entre o positivismo-legalista e o positivismo pragmático-estratégico, que mantêm, em seu aparente distanciamento, uma proximidade escandalosa: a necessidade de negação da ação de direito material, condição de possibilidade da desvinculação do jurista em relação ao mundo prático e de sua irresponsabilidade radical para com os resultados de suas posições abstratas e individualistas em que o outro não é reconhecido em sua existência, em sua dignidade, é apenas um instrumento, não é mais um fim como pretendia Kant.

A técnica como encontro-provocado com o ente, como modo de interpretação-representativa do mundo, em que sujeito e objeto se opõem em uma relação significativa artificialmente construída, serve como instrumento, como "Ge-Stell"[166] (dis-positivo), que domina a natureza e provoca sua alteração. Essa técnica dominadora, que é o processo pensado pelas mentes do racionalismo, no qual estão incluídas também as construções dos instrumentalistas e as teorias processuais-procedimentais (ou procedurais), altera a essência do direito material de modo a fazer dele um apêndice do processo, mera substância a ser acoplada.

Enquanto a compreensão do direito é dominada pela técnica, por força de relações de instrumentalidade em que a interpretação parte de uma questão abstrata na qual são utilizadas ferramentas (dispositivos) capazes de afirmar, com segurança e aprioristicamente, qual é o sentido do caso, independentemente da compreensão do mundo prático no qual está inserido, o direito será tratado como ciência acabada e as categorias do processo poderão permanecer, como dissera Satta, guardando o selo

---

[165] Não se trata de aderir a teorias imanentistas da ação, embora, como já advertido anteriormente, Savigny não considerasse a "ação" imanente ao direito, mas a ação. SAVIGNY. Frederick Karl von. *Sistema de derecho romano actual*. Madrid: F. Góngora, 1879. v. 4. E não há nenhum absurdo nisso, porque a ação é manifestação do direito material em seu aspecto dinâmico.

[166] HEIDEGGER, Martin. A questão da técnica. In: ——. *Ensaios e conferências*. Petrópolis: Vozes, 2006, p. 20.

da eternidade,[167] já que sua adequação ao direito é abstrata. Adequa-se o processo ao direito material abstrato, não aos direitos, concretos, irrepetíveis, do mundo da vida. As respostas, prontas, também não precisam adaptar-se aos direitos e concretizá-los, dirão o que o direito é e os farão adequar-se à técnica, ao modo liberal, que, como disse Marinoni, "fez uma nítida opção pela incoercibilidade das obrigações".[168]

Esse contexto, é desvelado nas palavras de Lenio Luiz Streck: "Com efeito, preparado/engendrado para o enfrentamento dos conflitos interindividuais, o Direito e a dogmática jurídica (que o instrumentaliza) não conseguem atender às especificidades das demandas originadas de uma sociedade complexa e conflituosa (J. E. Faria)".[169]

E acrescenta o autor: "Visivelmente há uma crise que, antes de mais nada, precisa ser descoberta 'como' crise. Essa crise ocorre porque o velho modelo de Direito (de feição liberal – individualista-normativista) não morreu, e o novo modelo (forjado a partir do Estado Democrático de Direito) não nasceu ainda".[170]

O modelo liberal-individualista de fazer direito – que poderia ser considerado suficiente para um momento histórico em que o paradigma da autonomia da vontade era aceito, e o Estado não era concebido como transformador da realidade, em que a dimensão do cuidado com os Outros não assumia um lugar cimeiro na vida em sociedade, justamente porque a palavra comunidade fora substituída pela ideia de indivíduo – permaneceu com a mudança da sociedade e da função do Direito, mas entrou em crise.

Como afirma Alasdair Macyntire:

> Em qualquer momento, pode acontecer a uma pesquisa constituída pela tradição que, por seus próprios padrões de progresso, ela deixe de progredir. Seus métodos de pesquisa, até então confiáveis, tornam-se estéreis. Os conflitos sobre respostas opostas a questões

---

[167] A passagem, considerada substancialmente correta por Andrea Proto Pisani, e citada por Ovídio Araújo Baptista da Silva, é a seguinte: "Os institutos do direito material estão destinados, diria que naturalmente, a mudar de acordo com o surgimento e a diferente avaliação dos interesses em conflito em relação à fruição dos bens materiais e imateriais. Diferentemente dos institutos de direito material, os institutos processuais que visam a garantir a tutela jurisdicional dos direitos nascem, por assim dizer, não apenas com o selo terreno, mas com aquele da eternidade, que lhes é aposto pelo próprio destino de garantir a realização da justiça. (Revista da Escola da Magistratura do Rio de Janeiro, nº 16, p. 23, 2001)." *Apud* SILVA, Ovídio Araújo Baptista da. Fundamentação das Sentenças como Garantia Constitucional. In: ——. *Jurisdição, direito material e processo*. Rio de Janeiro: Forense, 2008, p. 138.

[168] MARINONI, Luiz Guilherme. *Tutela específica*: arts. 461, do CPC e 84, do CDC. São Paulo: Revista dos Tribunais, 2001, p. 35.

[169] STRECK, Lenio Luiz. *Jurisdição constitucional e hermenêutica*: uma nova crítica do direito. Rio de Janeiro: Forense, 2004, p. 2.

[170] Ibid.

fundamentais não podem mais ser racionalmente estabelecidos. Além disso, pode, de fato, acontecer que o uso dos métodos de pesquisa e das formas de argumentação, através dos quais o progresso racional tinha sido feito até então, comece a ter efeito de, cada vez mais, revelar novas inadequações, incoerências até então desconhecidas, e novos problemas, para cujas soluções não parece haver recursos ou recursos suficientes no tecido de crenças já estabelecido. [...] Esse tipo de dissolução de certezas historicamente fundadas é a marca de uma crise epistemológica.[171]

Nesse contexto em que o paradigma resume o mundo concreto a uma imagem abstrata e impõe à história e à natureza a mesma metodologia cristalizadora de sentidos, todas as construções que visam à superação da crise se mantêm na busca de depuração conceitual dentro do mesmo paradigma, o que impõe concordar com o diagnóstico de Macyntire, antes transcrito, e dele divergir quando admite a possibilidade de que "uma inovação conceitual imaginativa",[172] dentro dos limites do próprio paradigma, seria suficiente para superar a crise. Antes é preciso acompanhar Thomas Kuhn quando diz que paradigmas "não podem, de modo algum, ser corrigidos pela ciência normal"[173] e que "as crises debilitam a rigidez dos estereótipos e ao mesmo tempo fornecem os dados adicionais necessários para uma alteração fundamental de paradigma".[174]

A partir dessa concepção é que é preciso, além de investigar os antecedentes históricos que levam à negativa da ação de direito material e seu papel na ligação entre direito material e processo, desvelando o paradigma, buscar os rumos que essa relação tem tomado, na modernidade, desvelando a forma como ela reflete aqueles pressupostos que compõem o horizonte de sentido no qual habitam os seus defensores, bem como o que a ciência do processo produziu e sua relação com a manutenção da crise mesmo após tantas tentativas de, por vias legislativas, dotar o processo de maior efetividade. Com isso, colhem-se os dados essenciais para alteração do paradigma.

As correntes instrumentalistas do processo, em suas inúmeras variantes, e, do mesmo modo, as correntes que advogam a legitimação pelo procedimento, estão inseridas no contexto paradigmático em crise e tentam realizar aquilo que Alasdair Macyntire considerou, conforme antes apontado, a forma de superação da crise epistemológica: "uma inovação conceitual imaginativa".

Essa inovação conceitual se mantém, no entanto, nos estreitos limites do domínio paradigmático e, por isso, não é possível falar da afirmação

---

[171] MACYNTIRE, Alasdair. *Justiça de quem? Qual racionalidade?* São Paulo: Loyola, 1991, p. 388.
[172] Ibid., p. 389.
[173] KUHN, Thomas S. *A estrutura das revoluções científicas.* São Paulo: Perspectiva, 2005, p. 160.
[174] Ibid., p. 121.

da ação de direito material sem percorrer os rumos instrumentalistas do processo, porque, neles há, predominantemente, uma constante, a negação da ação, que teria sido substituída pela "ação" ou eliminada por ela.

Não é suficiente a imaginação conceitual; é preciso romper com o modo de pensar assujeitador da modernidade, redescobrindo o sentido do ser dos entes cristalizados em uma imagem arbitrária.

3.2.1. A visão instrumental e sua inserção no paradigma da moderna dimensão da técnica

A corrente instrumentalista do processo é considerada a terceira fase de desenvolvimento do processo em sua relação com o direito material.[175] As três fases ou momentos metodológicos, como refere a doutrina de um modo geral, seriam a fase privatista, em que o processo se confundia com o direito material, por não ter, ainda, conquistado autonomia científica; a fase autonomista, em que o processo, em prol de sua própria identidade científica, se distancia do direito material; a terceira fase, a instrumental, que, em breves linhas, pretende retomar o vínculo perdido com o direito material em prol de escopos vários, dentre eles, mas não principalmente, a realização do direito no caso concreto. Essa síntese apertada, acerca das três fases antes relatadas, aponta que há um reconhecimento da necessidade de retomada da ligação entre direito material e processo.

No campo da relação entre direito material e processo, o desenvolvimento científico foi direcionado a partir da autonomização do processo, medida imprescindível para garantir, ao último, *status* de ciência no sentido moderno. Autonomia, abstração, conceitos, sistematização, busca de certeza e segurança estão na origem da formação do processo como ciência. É sua genética, uma genética que, como se verá, acompanha sua compreensão pelo senso comum teórico dos juristas, mesmo quando a ideia de instrumentalização do processo conquista lugar de palavra de ordem.

A cientificação do Direito, como antes assinalado, engendra a recepção do ideal metódico de busca da certeza. O lugar da certeza é o lugar platônico, do mundo das ideias, do belo, da abstração, onde tudo está em ordem. Não é o mundo, esse lugar de incertezas, do inesperado, das vicissitudes da vida, da finitude da existência e, pois, do que é desconhecido. Sua autonomia exige método próprio e seguro de busca da segurança e da certeza por meio do Estado, indivíduo artificial, também abstrato, que

---

[175] Importante salientar que a obra de Cândido Rangel Dinamarco aborda a corrente instrumentalista do ponto de vista do processo genericamente considerado, em linhas que não cabem na presente investigação, a qual se limita a investigar o campo das relações do processo civil com o direito material (ressalvando-se que, aqui, direito material não se confunde com direito privado). DINAMARCO, Cândido Rangel. *Instrumentalidade do processo*. São Paulo: Malheiros, 2005.

permitiu o abandono do estado de natureza e ordenou o mundo. Um ideal de segurança fundado no método exige o totalizante reconhecimento da univocidade de sentidos, sem a qual não há segurança e certeza possíveis e não há viabilidade de construção de um método moderno-científico. E, sem esse método, via de consequência, o processo não adquire seu bilhete de ingresso no campo científico e não oferece ordem às coisas inseguras do mundo sensível.

A autonomia, cultivada pela Ciência do Processo, não é abandonada quando a ideia de instrumentalidade é reconhecida pela comunidade científica. Ao contrário, a instrumentalidade se reconhece como realizadora dos ideais de justiça e guardiã do ideal de autonomia. Pretende-se, com ela, substancializar a relação entre direito material e processo. Todavia, na forma como foi concebida e é aplicada, é razoável concluir que tal substancialização nada mais é do que um novo nome para a velha abstração.

O instrumentalismo proposto na clássica obra de Cândido Rangel Dinamarco, e certamente dominante no processo civil brasileiro, foi concebido a partir da visão do direito processual como um todo sistemático, coordenado pela teoria geral do processo, por generalizações indutivas com particularidades dedutivas em um edifício sistemático,[176] à maneira do método único, que lembra a autossuficiência da razão e remete a pensar no direito material como a imagem representativa do que o intérprete pensa acerca dele. Isso é inconcebível em uma concepção democrática e transformadora do Direito, que tem um compromisso com o poder transformador da Constituição como documento a ser interpretado como compromisso do Estado e do Direito com o bem comum, para o qual o bem de cada um é pressuposto necessário e indivisível.

Essa instrumentalidade a que se propõe a nova fase metodológica se encontra vinculada à metodologia unitária do direito processual, que impõe homogeneidade de soluções. Compreender o direito em um método único significa, sim, racionalizar o direito na abstração científica que marcou a fase autonomista que, segundo se acredita e se sustenta aqui, não foi deixada para trás.

Para Dinamarco, o processo é "um instrumento, sim, mas não a serviço exclusivamente do direito substancial; sua missão mais elevada é a que tem perante a sociedade, para a pacificação, segundo critérios vigentes de justiça e para a estabilidade das instituições".[177] É razoável entender, então, que essa concepção parte do pressuposto de que o direito

---

[176] Segundo o que expõe DINAMARCO, Cândido Rangel. *Instrumentalidade do processo*. São Paulo: Malheiros, 2005, p. 71.

[177] DINAMARCO, Cândido Rangel. *Instrumentalidade do processo*. São Paulo: Malheiros, 2005, p. 42.

substancial e o processo possam ser vistos e aplicados em uma dimensão puramente jurídica e de que há escopos sociais, políticos e jurídicos cindíveis no direito, sendo possível realizar um, sem realizar os demais. Trata-se, pois, de duas visões muito diferenciadas do que seja o direito. No presente estudo, a compreensão do direito não é um fenômeno simplesmente jurídico, pois não existe o exclusivamente jurídico, senão em teoria pura.[178] A compreensão do jurídico envolve uma visão em que o social, o político e o jurídico – para falar das esferas de escopo relacionadas pelo autor de "Instrumentalidade do Processo" – são incindíveis porque a compreensão não se dá por etapas – a jurídica, a social e a política. O jurídico é também social e político e dizer, então, que a busca pela concretização do escopo jurídico – realização do direito no caso concreto – é um dos escopos, mas não o mais importante do processo, é também dizer que o direito, estritamente o jurídico, é uma ciência pura, na qual a intervenção do social e do jurídico só se dá porque eventualmente são escopos específicos que se colocam a ele. Essa cisão é, evidentemente, necessária para marcar uma ciência pura, cujo método é único e cuja autonomia é o bem sempre posto em eterna vigilância contra as intromissões dos fenômenos não jurídicos. Essa ciência é a ciência do processo construída pela tradição, o que foi objeto de estudo no Capítulo I.

Disso resulta a necessidade da ruptura paradigmática, para que exsurja a possibilidade de satisfação dos direitos pelo processo o que, como ressalta Ovídio A. Baptista da Silva, não pode ser identificado com o conteúdo meramente normativo de um provimento definitivo apto à produção de coisa julgada. Afirma o jurista: "Nossa compreensão do que seja a satisfação de um direito corresponde rigorosamente ao entendimento do senso comum, para o qual satisfazer um direito é realizá-lo no plano social".[179]

A diferenciação entre satisfação puramente normativa e satisfação real, apontada pelo autor, sugere a compreensão da forma de fazer direito para o senso comum teórico dos juristas,[180] que não se confunde com o senso comum que expressa o modo como as coisas são, elas mesmas, na realidade social. Quando se admite que a jurisdição não se comprometa com o resultado fático de um processo, quer dizer, quando ao juiz satisfaz proclamar o direito para o caso, sem se preocupar com a real obediência à ordem que emitiu (em caso de sentença, liminar ou definitiva, manda-

---

[178] E a separação das órbitas entre o político, o social e o jurídico, não pode deixar de lembrar o normativismo kelseniano. KELSEN, Hans. *Teoria pura do direito*. São Paulo: Martins Fontes, 2003.

[179] SILVA, Ovídio A. Baptista da. *Curso de processo civil*: Processo cautelar (tutela de urgência.). Rio de Janeiro: Forense, 2007. v. 2, p. 26.

[180] A expressão "senso comum teórico dos juristas" foi cunhada por Luis Alberto Warat. WARAT, Luis Alberto. *Introdução Geral do Direito II*. Porto Alegre: Sergio Fabris, 1995.

mental), quando não se ocupa da efetivação do conteúdo executivo de uma decisão igualmente provisória ou definitiva, e já ocorreu de esquecer-se, no próprio dispositivo da sentença, de emitir a ordem de execução – do que fomos testemunha no dia a dia forense – isso desvela o seu modo de pensar e fazer jurisdição. O mesmo se dá quando, ainda, se contenta com proferir provimentos (decisões) de antecipação de tutela, bastando-lhe isso, sem se comprometer com sua real efetivação (do que também fomos testemunhas: o descumprimento de mandados, sem que se obtenha do próprio magistrado prolator da decisão qualquer providência real tendente a viabilizar o cumprimento, por meio de medidas coercitivas ou executivas em substituição; ou ainda, a afirmação de desnecessidade de determinação de auxílio de força pública ao Oficial de Justiça, para cumprimento de mandado executivo, com a justificativa de que não cabia ao juiz deslocar a referida força para esse efeito, entre tantas outras). Certamente, nessa compreensão da função jurisdicional, insere-se a preocupação normativa com a realização, portanto, meramente fictícia dos direitos, sem que seja necessário chegar aos fatos. Tal ordem de ideias se alinha com a afirmação de que o escopo da jurisdição é, primeiro, realizar a paz social, sendo escopo de menor importância a necessidade de concretização dos direitos. Isso porque a jurisdição que se limita à "satisfação" dos direitos no plano puramente normativo continua desligada de sua real efetivação e a paz social, então advinda, é meramente fictícia (a ficção da coisa julgada como ideal da jurisdição).

O campo do direito processual está impregnado pela ideia de domínio da técnica que a vê como instrumento e não pergunta o que ela é. Isso faz do direito processual um espaço totalizante que aniquila o ser do direito material, já não sendo o direito processual criado em função do direito material, mas esse criado em função daquele. O direito material é, hoje, o que lhe determina a essência moderna, distorcida, do processo. O processo, como técnica, altera a essência do direito material, a ponto de tornar o usurpador devedor em virtude do processo.[181] O direito material concreto tem seu sentido transformado pela técnica.

Disso resulta que as características e o conteúdo do direito material são apagados quando ingressam no processo, respondendo a uma característica essencial da técnica com o sentido que se cristalizou na modernidade, a partir da filosofia da consciência: a necessidade de a razão (suas

---

[181] SILVA, Ovídio A. Baptista da. *Jurisdição e execução na tradição jurídica romano-canônica*. Rio de Janeiro: Forense, 2007, p. 59. A metáfora de Heidegger em que o rio perde sua essência, aquilo que ele é, seu ser, para ser reconhecido como condição de possibilidade de atuação da técnica, é ilustrativa do que se pretende abordar: o "rio que hoje o Reno é, a saber, fornecedor de pressão hidráulica, o Reno o é pela essência da usina". HEIDEGGER, Martin. A questão da técnica. In: ——. *Ensaios e conferências*. Petrópolis: Vozes, 2006, p. 20.

construções intelectuais) dominarem a natureza, o mundo onde as coisas se dão, agora, como simples imagens. Esse paradigma epistemológico domina a doutrina processual civil. O processo é considerado técnica a serviço do direito material, mas essa técnica é concebida ao modo da modernidade, em que predomina "a insistência de considerar todas as coisas como resultado de um processo".[182]

As correntes instrumentalistas, que se inserem no panorama das teorias substancialistas, constroem o instrumento como uma coisa que, ao se interpor entre o sujeito e o objeto, concebe arbitrariamente o objeto. A mesma oposição é flagrada nas correntes que advogam a legitimação pelo procedimento, não conteudísticas. Ocorre que, ao contrário do que sustenta o senso comum teórico dos juristas, as características ou qualidades do direito material e dos momentos eficacias que lhe seguem – possibilidade de exigir e exigência, possibilidade de agir e ação – não são dados pelo processo.

Não se trata, pois, de negar que o processo seja uma técnica; trata-se de buscar o que é a técnica em uma visão autêntica (no sentido gadameriano do termo). A técnica, é bem verdade, tem suas próprias características, como instrumento, mas é vazia *a priori*, pois ela precisa receber e doar. O processo, como técnica, não tem conteúdo apriorístico. Seu conteúdo deve ser o direito material concreto, que deve ser por ele investigado, com maior ou menor profundidade e realizado, concretizado, ou não, conforme o resultado daquela investigação. Assim, recebendo o conteúdo (o direito material concreto: pretensões e ações), a técnica (o processo) pode doá-lo, realizando-o, no mundo prático, sendo esse o seu maior escopo: concretizar pretensões.

Trata-se de um retorno às coisas elas mesmas, não as mesmas coisas, com sentido conceitual. Em lugar da representação das coisas, que permite que a mente humana projete uma imagem da coisa que não está comprometida com o mundo, que atribui, por esse desprendimento, qualquer sentido à coisa, a proposição de voltar às coisas mesmas exige o desvelamento do sentido desse ser, para que, ao que permanece entificado, *i.e.*, cristalizado (o conceito), se substitua o ser das coisas como elas são (o sentido, cambiante, temporal). Esse desvelamento permite a concepção de que a ideia que se faz da coisa, sem vínculo com o mundo (mundo como linguagem), petrifique o sentido, substituindo o sentido cambiante e histórico da coisa, que lhe determina a cambiante condição humana, pela aceitação da imagem que a modernidade projeta por meio das construções científicas. É o que ocorre com o direito material, cujo ser concreto é transformado pelo processo, objetificado como ente, cristaliza-

---

[182] ARENDT, Hannah. *A condição humana*. Rio de Janeiro: Forense Universitária, 2007, p. 318.

do e atemporal (o conceito abstrato). Como adverte Hannah Arendt, em lugar do "conceito de Ser, encontramos agora o conceito de Processo".[183] A mesma constatação, no sentido de que, em lugar do conceito do ser do direito material, está a técnica, o processo, sugere Heidegger, quando, meditando sobre a técnica, afirma que as coisas devem ser a medida e o parâmetro. Na relação entre processo (técnica) e direito material concreto, esse último deve ser a medida e o parâmetro. A função do processo é concretizá-lo. Sendo assim, sua estrutura deve atender a essa função, que não é a função concebida para o processo pela modernidade.

A técnica, paradigma da modernidade, desse modo, inverte ou cria uma imagem para a essência das coisas que não é o que elas são. Na relação entre direito material e processo, a técnica, como receptáculo, necessita, justamente, da ausência de conteúdo apriorístico. Sua estrutura deve ser construída para receber e, recebendo, no caso, o direito material concreto, doar. Essa é a essência da técnica. Seu ser não consta da matéria de que foi feita a técnica, mas da possibilidade de receber e, por isso, doar aquilo que recebeu. Concebendo o processo e o direito material, nessa visão que pretende retornar às coisas como elas são – técnica e conteúdo – poder-se-ia dizer que o sentido do ser do processo é poder receber, sem alterar a essência, o conteúdo que lhe foi destinado. O Direito Material, esse conteúdo, então, poderia ser doado, sem alteração de sua essência, ao mundo, pelo que ele é.

Como se disse ao início: o conteúdo e as características do direito material o acompanham ao processo. Não é isso, todavia, o que ocorre na prática inspirada pelas construções teóricas dos processualistas modernos, no que se poderia chamar de autonomia-instrumental em voga. Nem tampouco o que pretendem as teorias processuais-procedimentais que fazem do direito material um produto incondicionado do processo. E isso é uma decorrência do processo histórico que, por obra das ordens direcionadas à proteção da compilação de Justiniano, universalizou, como antes analisado, o Direito Romano do Período Final, por obra da pandectística, que predominou no século XIX, justamente quando o Processo Civil caminhava a passos largos em direção à sua autonomia científica que o afastou do direito material.

O Direito Romano do período final, como já citado anteriormente, apenas contém o embrião do fenômeno que, na modernidade, se concretiza: a universalização do instituto da *actio*. Essa universalização transforma o direito material em um direito obrigacional, relativizando direitos absolutos ou universalizando direitos obrigacionais, como afirma Ovídio A. Baptista da Silva, sempre que ingressa no campo do processo. Tal

---

[183] ARENDT, Hannah. *A condição humana*. Rio de Janeiro: Forense Universitária, 2007, p. 309-310.

constatação é feita com base nas obras dos pandectísticas do século XIX, que investigam o instituto como fonte da compreensão do processo civil emergente como ciência. A concepção do processo a partir do instituto da *actio* romana, ligada às relações obrigacionais, já contém em si a subtração da essência do direito material (o que ele é), para que o processo passe a ditar seu conteúdo. A *litiscontestatio*,[184] como momento essencial do procedimento da *actio*, dá fundamento a essa inversão, porque foi concebida, pela majoritária doutrina do séc. XIX, como novação[185] da relação obrigacional originária, pela instauração do processo e estabilização da instância.

A compreensão de que o processo pode alterar o direito material, com fundamento no conceito de novação, ditada pela pandectística, fundamenta o pensamento inquestionado acerca do processo como técnica, que dita a natureza do direito material, a ponto de fabricar seu conteúdo e dar-lhe nova essência a partir do acoplamento das eficácias sentenciais (que são categorias processuais, desligadas do direito material, segundo a majoritária concepção a respeito do tema) ao direito que agora é outro direito, o fabricado pelo processo, porque, com o processo, a relação original se transforma e cria para o autor o direito de submeter o réu a uma condenação, e ao demandado, a obrigação de suportá-la. Usurpador

---

[184] Acerca da *litis contestatio*, ensina Ovídio A. Baptista da Silva, citando Vittorio Scialoja: "En el período formulario, la litis contestatio coincide con el momento en que, mediante el decreto del pretor que emite la fórmula y la aceptación de ésta por parte de los litigantes, se establecen precisamente los términos fundamentales en que habrá de desarollarse el juicio; lo cual se realizaba, en el procedimiento de las legis actiones, mediante la solemne invocación de los testigos. Con la diferencia, naturalmente, de que en la litis contestatio del procedimiento formulario no hay ya formas solemnes ni la solemne invocación de los testigos. 'El pretor, a continuación de todo el desarollo del procedimiento in yure, nombra el juez para el procedimiento in judicio y establece el contenido de la acción y eventualmente el de las excepciones, réplicas, etc. fijando los términos en la fórmula, que hemos dicho que es la instrucción escrita dada a este efecto al juez.' (Procedimiento Civil Romano, trad. Espanhola de 1954, § 29, p. 231). a) Se pudéssemos estabelecer uma equivalência entre a litis contestato romana e a estrutura do processo civil moderno, poderíamos sugerir que este instituto correspondesse ao ato através do qual se encerrava a fase postulatória, com a conseqüente estabilidade da instância, resultando estabelecidos pelo pretor os limites da controvérsia, seja pela fixação do conteúdo da ação, seja, eventualmente, pela admissão das exceções suscitadas pelo demandado". SILVA, Ovídio A Baptista da. *Jurisdição e execução na tradição jurídica romano-canônica*. Rio de Janeiro: Forense, 2007, p. 61.

[185] A concepção majoritária da *litiscontestatio* como novação foi objeto da crítica de Windscheid e elemento que compôs sua polêmica com Muther. Inobstante isso, a divergência parece ser apenas gramatical, já que Windscheid, defendendo ser a posição de que a *actio* não era consumida pela *litis contestatio*, afirmou, também, que a *actio* e a correspectiva *obligatio* eram absorvidas pelo *iudicium* (que se instalava por força da *litiscontestatio*) e "En realidad, el acreedor no obtiene lo que dice la obligatio, sino lo que se le asigna en el iudicium." WINDSCHEID, Bernhard. La "actio" del derecho civil romano, desde el punto de vista del derecho actual. In: WINDSCHEID, Bernhard; MUTHER, Theodor. *Polemica sobre la "actio"*. Buenos Aires: Ediciones Jurídicas Europa-América, 1974, p. 89. Já Muther sustentava que, com a entrega da fórmula e a nomeação do *iudex*, extinguem-se a *actio* e a *obligatio*, nascendo uma nova relação entre autor e demandado (*contrahitur iudicio*). MUTHER, Theodor. Sobre la doctrina de la *actio* romana, del derecho de accionar actual, de la litiscontestatio y de la sucesion singular en las obligaciones. In: WINDSCHEID, Bernhard; MUTHER, Theodor. *Polemica sobre la "actio"*. Buenos Aires: Ediciones Jurídicas Europa-América, 1974, p. 277. E isso significaria dizer que, ao ingressar no processo, o direito material já não é mais o que ele é, mas será aquilo que fizer dele o processo.

e vítima são transformados em devedor e credor. Os meios de tutela se universalizam como se a todos os direitos correspondesse uma verdadeira relação jurídica obrigacional, na qual o bem está licitamente na posse e patrimônio do devedor, ao contrário das relações de direitos absolutos, em que, por exemplo, a coisa está ilegitimamente no patrimônio do ofensor.

Essa forma de conceber o processo e sua relação de direito material é própria das correntes instrumentais, que ligam as técnicas de tutela à previsão abstrata do direito material, conforme se verá adiante, como também às correntes que lhe fazem a crítica. Sejam elas correntes substancialistas (ainda ligadas ao esquema S-O) ou processuais-procedimentais, o que permanece é o paradigma e sua tentativa de correção, e não, de superação.

O direito material não é, nessa visão, a medida e o parâmetro do processo.

3.2.2. A instrumentalidade do processo em relação ao direito material

A construção da instrumentalidade como principiologia fundamental na relação entre direito material e processo tem sido pautada pela relação de adequabilidade abstrata, em que o processo como instrumento é algo dado, e o direito material, um conceito universal, também aprioristicamente concebido em uma dimensão ideal-normativa. Um instrumento abstrato que será substancializado. Substancializar é, nesse caso, buscar um elo, também, abstrato, nos três escopos – jurídico, político e social –, genericamente considerados, em que o processo serviria a um direito material também como imagem dada, pré-concebida. Esse processo é dado nas mãos dos juízes e, pois, do Estado, para fazer efetivo o direito material como pura abstração. Não há um reconhecimento das coisas no mundo, como fenômeno privilegiado, em que as coisas acontecem e têm uma dimensão que a técnica não pode reduzir. Não há fatos. Ao contrário, o papel da técnica é reduzir à disciplina os fenômenos e suas soluções, sempre presentes e dadas a partir de um mundo de ordem garantida pelo método. Por isso, os conteúdos dos fatos que originam os direitos, pretensões e ações de direito material podem ser atribuídos à "ação" (abstrata!) e às sentenças,[186] as quais serão arbitrariamente acopladas aos fatos. Esse acoplamento permite a afirmação da desnecessidade de reconhecer sentenças conforme o conteúdo dos direitos. São técnicas

---

[186] Isso ocorre quando a doutrina insiste em classificar a "ação" processual e as sentenças e recusar qualquer liame entre essa classificação e o direito material.

construídas sem vinculação com as necessidades do fim para o qual foram criadas: a realização/concretização das pretensões. O conteúdo da sentença seria determinado pelo pedido da parte, mas sem levar em consideração o direito que reclama proteção e satisfação: mero acoplamento instrumental mecanizado.

Essa efetividade, em si, é uma abstração pressuposta. E, na mesma esteira, o "princípio" da efetividade da tutela jurisdicional é acoplado, como um dispositivo, à tutela jurisdicional, em que a resposta pelo uso da instrumentalidade já está previamente dada, sem qualquer comprometimento com os fatos, com o mundo da vida. Esse acoplamento garante, para o senso comum teórico que, cumprido o método, por uma visão instrumental, não haverá como falhar a efetividade. Essa crença, ao mesmo tempo, serve ao positivismo-legalista e ao pragmatismo, num paradoxo difícil de aceitar e vivenciado todos os dias. Essa efetividade abstrata serve a um interesse que põe, em mãos da autoridade superior (seja o Estado e/ou a classe que o governa), a totalizante aniquilação do direito material pelo processo em uma visão de unidade do ordenamento jurídico, que será analisada, no presente estudo, sob a ótica da exceção (Capítulo 3).

A visão instrumental-abstrata e tida como substancializadora, por acoplamentos, é flagrada em todas as correntes instrumentais do processo, já que esse é um instrumento da modernidade, uma ferramenta, não um modo de compreensão. A efetividade é uma ferramenta do método que, utilizada, garante efetividade. Essa efetividade é previamente estabelecida, porque é conceitual, normativa, não concreta. Não corresponde, rigorosamente, ao que se entende por efetividade no plano social. Ao retirar a ação de direito material do mundo, porque nega sua existência, a efetividade da tutela jurisdicional fica condicionada pela previsão de meios processuais. Essa efetividade, compreendida em relação à previsão "normativa" do direito material, concebe meios cuja adequação não perquire fatos e que se dá *a priori* em discursos de fundamentação também aprioristicos. As teorias instrumentais (e todas as suas variantes) propõem um discurso de adequação prévio, em que a tutela é adequada abstratamente à previsão normativa, sem preocupação em voltar ao mundo prático. Se, no entanto, a ação de direito material for afirmada como um momento do direito material em ação no mundo, será preciso reconhecer um fenômeno inegável: a existência do próprio direito (sempre compreendido em sua faticidade, sua realização concreta, desta perspectiva) dita a necessidade de sua efetivação e desautoriza a pensar a tutela jurisdicional sem que, na sua compreensão, esteja ínsita a efetividade, em que discursos de validade/fundamentação e discursos de aplicação não são cindidos,[187] pois a compreensão-interpretação do direito não ocorrem antes da aplicação, mas, rigorosamente, junto com ela. Isso porque não é suficiente que o processo esteja adequado ao direito material abstrato. O próprio direito material concreto informa a imperatividade de sua satisfação, haja ou não norma processual que contemple adequadamente esse resultado, haja ou não previsão legal de instrumento específico para sua tutela. É a própria força impositiva da Constituição que exige essa virada em direção à afirmação da ação de direito material, porque ela retoma a força impositiva do direito material, impedindo interpretações inautênticas sobre o direito, que passa a ter poder transformador, exigência do neoconstitucionalismo. Por isso, não se trata, registre-se, de menosprezo ao direito legislado e à Constituição; ao contrário, permite a compreensão de que, se a Constituição ou a legislação infraconstitucional instituem direitos, já está garantida sua efetivação por meios adequados, sob pena de virarem literatura, pois, como diz Ovídio Araújo Baptista da Silva, direito "(pretensão) sem ação é poesia, certamente de má qualidade".[188] Também não se trata de irracionalismo e de se permitir ao intérprete livre disposição dos meios e do direito. Ao contrário, o limite de sentido é dado pelo direito em concreto, que necessita de intervenção para realizar-se ou para não ser violado ou ameaçado de violação.

Como sustenta Marinoni, o "elo de ligação"[189] entre o direito material e o processo "é também um 'elemento de legitimação'", porque a "'técnica processual' somente pode ser considerada legítima, perante tal direito fundamental, quando capaz de dar ao juiz o poder de prestar tutela jurisdicional efetiva".[190]

A fundamentação desse elo de ligação na previsão constitucional de direito fundamental à tutela jurisdicional efetiva exige a afirmação da ação de direito material, pois não há visão autêntica possível do direito material se lhe for retirada a força impositiva. A negação da força impositiva do conteúdo do direito material, sua capacidade de realização e efetivação, permitindo que a previsão de meios de tutela reste escolha da doutrina processual, segundo critérios puramente científicos, o que tem ocorrido, é caudatária de um modo-de-fazer direito própria da ultra-

---

[187] É preciso perceber que nos movemos "numa impossibilidade de fazer coincidir discursos de validade e discursos de adequação" e é "nesse ponto que se dá o embate entre a hermenêutica (filosófica) e as diversas teorias discursivas". STRECK, Lenio Luiz. *Verdade e consenso*. Rio de Janeiro, Lumen Juris, 2006, p. 8.

[188] Conforme Ovídio Araújo Baptista da Silva. Ações e sentenças executivas. In: *Jurisdição, direito material e processo*. Rio de Janeiro: Forense, 2008, p. 253.

[189] MARINONI, Luiz Guilherme. *Técnica processual e tutela dos direitos*. São Paulo: Revista dos Tribunais, 2004, p. 34.

[190] Ibid., p. 34.

passada máxima do *lasse-faire*, no qual a Constituição permanece como documento retórico, em sua real inefetividade. Essa é a realidade que se tem testemunhado nos dias que correm: previsto o direito fundamental à tutela jurisdicional efetiva, a doutrina, que nega a existência da ação de direito material – e com ela a força impositiva dos direitos – permanece construindo um método único e, por isso, abstratamente adequado, contentando-se em tutelar normativamente os direitos, porque não há nada que o vincule à realidade social. Assim, a relação entre direito material e processo acaba sendo diminuída a uma abstração em que os direitos materiais, inclusive os fundamentais, jazem como letras mortas sem força de imposição de seu conteúdo, já que a técnica processual não é construída de acordo com esse conteúdo. Dessa forma, subtrai-se do direito material sua força, pois o aniquila fazendo dele fruto do processo.

Esse pressuposto teórico acompanha as construções que pretendem transpor a fase autonomista do processo em direção ao que chamam de "instrumentalidade moderna", com o fim de superar as limitações do processo e prestar tutela efetiva aos direitos fundamentais. Todavia, a própria hermenêutica constitucional resta comprometida.

Com o escopo de perseguir efetividade, a partir do paradigma teórico apresentado, José Roberto dos Santos Bedaque[191] apresenta a tese de relativização do binômio direito-processo e a considera um passo adiante à fase instrumentalista. Afirma que a construção científica do processo se deu na fase autonomista, que valorizou demasiadamente a técnica, e que a nova fase – instrumental – exige que os institutos processuais sejam revistos. Para tanto, afirma que:

> Se trata de tomar consciência de que os institutos são concebidos à luz do direito material. Implica reconhecer que a distância entre direito e processo é muito menor do que se imaginava e que a reaproximação de ambos não compromete a autonomia da ciência processual.[192]

Essa reaproximação busca a solução para as dificuldades da relação entre direito material e processo no próprio seio do paradigma, pois considera, segundo se compreende da obra do processualista, desnecessária a alteração do paradigma epistemológico e da compreensão da técnica. Nessa reaproximação proposta entre direito material e processo, a dimensão apenas ôntica não é ultrapassada. A dimensão ontológica não é encontrada, justamente porque as soluções são aquelas indicadas por Macintyre, "imaginação conceitual criativa", o que inviabiliza, à ciência

---

[191] Doutrinadores como Cândido Rangel Dinamarco, Carlos Alberto Álvaro de Oliveira, José Carlos Barbosa Moreira, Humberto Teodoro Júnior, dentre tantos outros.

[192] BEDAQUE, José Roberto dos Santos. *Direito e processo*: influência do direito material sobre o processo. São Paulo: Malheiros, 1995, p. 13-14.

processual, a realização de sua legitimidade, a saber: oferecer base epistêmica para uma compreensão adequada da técnica (o processo), em que esta deixe de ser o centro das possibilidades, para dar lugar à compreensão de que o direito material, que não logra satisfação no mundo prático, precisa do processo para ser compreendido e, desse modo, realizado concretamente.

Essa concepção concorda com Dinamarco, quando se insurge contra "o preconceito consistente em considerar o processo como mero instrumento técnico e o direito processual como ciência neutra em face das opções axiológicas do Estado".[193] O processo, na visão exposta no presente livro, concebe o processo como técnica, porque ele assim foi construído para dar realização ao direito material (pretensões e ações), esse, no entanto, vinculado à compreensão vinculante e transformadora de um Constituição dirigente e compromissária, em que o Estado não é neutro, ao contrário, está comprometido pelos valores eleitos pela sociedade. A visão da técnica, como instrumento neutro – no qual, portanto, caberia qualquer visão ideológica, qualquer opção autoritária ou democrática de Direito e de Estado – é, no entanto, característica da doutrina que nega o vínculo concreto entre processo e direito material (que não se confunde com direito privado!) e que confundem as opções ideológicas do Estado – a Lei – com o Direito.

Na permanente indistinção que a doutrina faz entre "ação" e ação, indistinção que produz o distanciamento entre direito material e processo, pois, negada a ação de direito material, fenômeno concreto, e considerada a "ação" processual como categoria abstrata (o que reconhecidamente é), o vínculo entre direito material e processo reduz-se a um fenômeno puramente idealizado, pois não há liame concreto de ligação entre ambos. O vínculo passa a se dar com o direito material objetivo e os ditames abstratos do ordenamento, sem retorno aos fatos, já que esses foram isolados no mundo dos fatos e não têm possibilidade de atuação no processo. A potência e a força do direito material foram cortadas pela preponderância da técnica sobre o ser do direito material, cortadas ao ser proscrita a ação de direito material. Como adverte Hannah Arendt, nesse contexto, em "lugar do conceito de Ser, encontramos agora o conceito de Processo".[194] Desse modo, acrescenta, "do ponto de vista do homo faber, era como se o meio, o processo de produção ou de desenvolvimento fosse mais importante que o fim, o produto acabado".[195]

---

[193] DINAMARCO, Cândido Rangel. *Instrumentalidade do processo*. São Paulo: Malheiros, 2005, p. 41.
[194] ARENDT, Hannah. *A condição humana*. Rio de Janeiro: Forense Universitária, 2007, p. 309-310.
[195] Idem.

Isso, segundo Hannah Arendt, se dá porque o "cientista criava apenas para conhecer, não para produzir coisas; estas eram meros subprodutos ou efeitos colaterais".[196] É o campo da abstração científica. Na relação entre processo e direito material, essa realidade se materializa na proeminência assumida pela declaração no campo do processo (única capaz de produzir coisa julgada), em detrimento da efetiva realização do direito material. Isso porque o cientista cria para conhecer, sendo todo o resto, a efetiva realização do direito material, um subproduto, preferencialmente posterior à declaração. A realização concreta do direito material é apenas um efeito colateral ou subproduto das construções teóricas dos juristas e dos acoplamentos realizados no campo do processo. Continua-se, assim, subtraindo do processo o mundo prático, que nele entraria pela porta da racionalidade material, o que conferiria "o sucesso da empreitada".[197]

Dinamarco considera que o juiz não tutela direitos, mas pessoas,[198] o que abstrataliza a relação entre direito material e processo, desvinculando o julgador de sua responsabilidade com o caso concreto, porque há um escopo de pacificação social, na sua opinião, maior e superior à realização do direito no caso concreto, que é dada por alcançada com a entrega da prestação jurisdicional, porque, nessa concepção, as partes envolvidas "sabem que, exauridos os escalões de julgamento, esperança alguma de solução melhor seria humanamente realizável".[199] Essa asssertiva lembra a proposta procedimentalista de matriz habermasiana em que a verdade é consenso ou aceitabilidade racional (pois esperança alguma de solução melhor seria humanamente realizável!). Vale lembrar, aqui, o que Ovídio A. Baptista da Silva denuncia ao afirmar a diferença entre essa concepção, de satisfação abstrata, da satisfatividade como realização dos direitos no plano social. Essa advertência é adequada em relação ao que a doutrina da instrumentalidade costuma denominar de supremacia do escopo político em relação ao escopo jurídico, sendo, aquele, a paz social e, esse, a tutela dos direitos entre as partes. Isso porque essa escala valorativa pressupõe a satisfatividade na afirmação da solução no plano normativo, por meio da composição da lide processual, que se realiza com a prolação da sentença e, especialmente, com a formação da coisa julgada. Esse é o pressuposto lógico que parece ser invencível: conceber jurisdição como

---

[196] ARENDT, Hannah. *A condição humana*. Rio de Janeiro: Forense Universitária, 2007, p. 310.

[197] BEDAQUE, José Roberto dos Santos. *Direito e processo:* influência do direito material sobre o processo. São Paulo: Malheiros, 1995, p. 15.

[198] DINAMARCO, Cândido Rangel. *Instrumentalidade do processo*. São Paulo: Malheiros, 2005, p. 183.

[199] Ibid., p. 195. A afirmação parece fazer coro com o conhecido trecho de voto do Ministro Humberto Gomes de Barros, colacionado por Lenio Luiz Streck, do qual se extrai o seguinte trecho: "Ninguém nos dá lições. Não somos aprendizes de ninguém. Quando viemos para este Tribunal, corajosamente assumimos a declaração de que temos notável saber jurídico uma imposição da Constituição Federal". STRECK, Lenio Luiz. *Verdade e consenso*. Rio de Janeiro: Lumen Juris, 2006, p. 165.

tarefa de aplicação/atuação (*rectius*: declaração) da lei, é uma abstração que desliga o juiz de sua tarefa constitucional – a concretização dos direitos e a transformação da realidade social em direção ao ideal de vida boa presente na Constituição – e o autoriza a ser irresponsável.

As teorias instrumentais do processo sustentam o estabelecimento de escopos *a priori*, dentre os quais tem a primazia a paz social, e o escopo de realização/concretização de direitos não pode, nem deve ser o fim essencial da jurisdição – o que, na visão clássica da obra "Instrumentalidade do Processo", seria ultrapassado. O fundamento da atividade jurisdicional, então, seria dado por um escopo definido *a priori* (discursos de validade/fundamentação independentes da aplicação) como fundamento da melhor resposta possível na generalidade dos casos. A adequação, em uma perspectiva mais "moderna", é direcionada à adequação apriorística.

Assim, ao contrário da hermenêutica, em que fundamentação (compreensão e interpretação) e aplicação não são cindíveis, nas teorias processuais-procedimentais, a aplicação virá após a fundamentação, com o que se substitui – assim como no procedimentalismo habermasiano – a razão prática pela razão comunicativa:

> O que implica o sacrifício do mundo prático, o sacrifício da conteudística, que somente entra em campo depois "das regras do jogo estarem previamente fundamentadas", através dos discursos de aplicação; daí o papel contrafático dos discursos de fundamentação, que transcendem o fático, isto é, os fatos se realizam no contexto do discurso de fala ideal.[200]

A substancialização da relação entre direito material e processo, nessa visão que já é clássica do Processo, é abstrata (a substância é uma imagem que se faz da coisa). Essa concepção, apegada ao seu pressuposto ideológico, reafirma a cisão ocorrida com a autonomização do processo, porque a instrumentalidade proposta é do método à ideia. Quando Bedaque afirma que o "direito substancial constitui elemento integrante de todo o direito processual, pois é parâmetro para o exercício da ação e da jurisdição",[201] ao que parece, parafraseando Fazzalari, ele busca a retomada de um vínculo, que deve ser retomado. Todavia, é razoável concluir que esse vínculo acaba não sendo recuperado, porque se adapta o processo a situações "concretas" que, no paradigma moderno, são as espécies normativas cuja vontade concreta não foi atuada. A relação entre direito material e processo permanece, então, distante da riqueza das situações da vida. A concepção de "moderna instrumentalidade", segundo José Roberto dos Santos Bedaque, é um passo à frente à instrumentalidade

---

[200] STRECK, Lenio Luiz. *Verdade e consenso*. Rio de Janeiro: Lumen Juris, 2006, p. 32.

[201] BEDAQUE, José Roberto dos Santos. *Direito e processo* – influência do direito material sobre o processo. São Paulo: Malheiros, 1995, p. 56.

conhecida, porque impõe alterações no uso da técnica, para atribuir-lhe eticidade, quando voltada aos escopos do processo que, para ele, é um "método de trabalho desenvolvido pelo Estado para permitir a solução dos litígios".[202] É razoável admitir que, no entanto, com Ovídio A. Baptista da Silva, que a concepção de satisfatividade como composição da lide, solução dos litígios ou atuação da vontade concreta da lei, no plano meramente normativo, sem ir aos fatos, *i.e.*, produz a confusão/equiparação entre satisfatividade e definitividade.[203]

Para tal instrumentalização da técnica, Bedaque registra a necessidade de adoção dos princípios da adequação,[204] da verdade jurídica objetiva, da elasticidade processual, da efetividade, da celeridade, da economia processual, da ausência de prejuízo, da operosidade, da instrumentalidade das formas, da fungibilidade dos meios, do contraditório e da ampla defesa, para alcançar os valores da segurança, da efetividade, da justiça e da paz social,[205] o que estaria vinculado à flexibilização da técnica.[206] Tal instrumentação da técnica contém inovações processuais, construções teórico-científicas, ferramentas a serem utilizadas. Meios científicos e conceituais, no entanto, não vão aos fatos. Tal proposta de instrumentalização da técnica para atender às necessidades do direito material se origina do reconhecimento de que o direito à tutela jurisdicional é direito fundamental a ser tutelado, o que incumbiria o legislador, de um lado, e o juiz, de outro, de viabilizar o exercício do direito por meio de técnicas adequadas que seriam corolários do direito à tutela jurisdicional efetiva e à ordem jurídica justa. Todavia, repete-se, essa adequação permanece sendo adequação às situações abstratamente consideradas, o que supõe sistematização e universalização do(s) sentido(s) do(s) direito(s), numa relação cristalizada, sem necessidade de tratar da diversidade das situações da vida. A realização dos direitos, fundamentais ou não, impõe, segundo o autor, a revisão da técnica para adequá-la aos seus escopos, pois o processo, para Bedaque, é a técnica (método) da qual se vale a jurisdição para alcançar o resultado de atuação da vontade concreta da lei.

---

[202] BEDAQUE, José Roberto dos Santos. *Direito e processo* – influência do direito material sobre o processo. São Paulo: Malheiros, 1995, p. 36.

[203] SILVA, Ovídio A. Baptista da. *Curso de processo civil*: Processo cautelar (tutela de urgência.). Rio de Janeiro: Forense, 2007. v. 2, p. 34.

[204] BEDAQUE, José Roberto dos Santos. *Direito e processo* – influência do direito material sobre o processo. São Paulo: Malheiros, 1995, p. 62.

[205] BEDAQUE, José Roberto dos Santos. *Efetividade do processo e técnica processual*. São Paulo: Malheiros, 2006, p. 40, 45, 50 e 99.

[206] Idem.

Para Bedaque, o juiz atua com o objetivo de "atuar a lei",[207] ou para solucionar a crise de direito material,[208] a concretização dos direitos se daria como tarefa que se agrega à tal atividade, mas está restrita a três situações diversas:

> Se considerarmos a situação de direito material sobre a qual incidem os efeitos da tutela jurisdicional, podemos identificar três situações diversas: a incerteza sobre a existência ou inexistência da relação jurídica, a presença dos requisitos necessários a uma modificação jurídica, e, por fim, o inadimplemento de uma obrigação de dar, fazer, ou não-fazer.[209]

Essa síntese a respeito das modalidades de técnica processual, às quais o direito material deve ser amoldar, responde à pergunta sobre o motivo pelo qual ele é levado a afirmar que a "técnica processual deve adequar-se, portanto, àquelas situações abstratamente previstas pelo legislador material, para cuja efetivação seja necessária a intervenção jurisdicional".[210] Isso porque tal síntese limita o direito material à solução de crises de incerteza ou à necessidade de uma modificação jurídica, tutelas que ninguém duvida sejam meramente normativas, pois não exigem do Judiciário interferência direta no mundo dos fatos. A única modalidade capaz de mexer nos fatos, a condenação, é limita à superação de crises de adimplemento. A visão limita o direito material à sua manifestação relativa, de direitos meramente aparentes, deixando de fora toda a gama de direitos absolutos que não geram inadimplemento (conceito inequivocamente ligado ao descumprimento de uma obrigação, a não realização de uma prestação).[211]

---

[207] Diz o autor: "o juiz não atua com objetivo de prestar essa tutela a qualquer deles, mas com o escopo de atuar a lei". BEDAQUE, José Roberto dos Santos. *Efetividade do processo e técnica processual*. São Paulo: Malheiros, 2006, p. 25.

[208] Idem.

[209] Ibid, p. 520.

[210] BEDAQUE, José Roberto dos Santos. *Direito e processo*: influência do direito material sobre o processo. São Paulo: Malheiros, 1995, p. 36.

[211] Como já revelado, a universalização do conceito de obrigação e a consequente eliminação da esfera do dever, característicos da modernidade, iniciou com a universalização do procedimento da *actio*, essa diretamente vinculada ao conceito de obrigação, pelo Direito Romano do período final. Essa confusão entre as esferas do dever, categoria contraposta ao direito, e a obrigação, categoria contraposta à pretensão do direito das obrigações, está assentada em obras clássicas, como a de Washington de Barros Monteiro, que diz: "1. Todo direito, seja qual for sua natureza, pessoal ou real, encerra sempre uma idéia de *obrigação*, como antítese natural. Direito e obrigação constituem, realmente, os dois lados da mesma medalha, o direito e o avesso do mesmo tecido. Sob esse aspecto, numa imagem feliz, houve quem afirmasse que as obrigações são como as sombras que os direitos projetam sobre a vasta superfície do mundo. Podemos deixar assentado, efetivamente, que não existe direito sem a respectiva obrigação, nem obrigação sem o respectivo direito. Bem exprime essa idéia velho adágio jurídico: *jus est obligatio sunt correlata*. Eis a razão por que se abre o Código Civil Brasielíro com a seguinte disposição: 'Este Código regula os direitos e obrigações de ordem privada concernentes às pessoas, aos bens e às suas relações.' (art. 1º). Mas, evidentemente, não é sob tão ampla acepção que emprega o vocábulo no estudo do direito das obrigações. As relações obrigacionais, disciplinadas pelo Livro III, do Código Civil, têm sentido peculiar e próprio, mais restrito e mais técnico. As obri-

Essa adequação, que é abstrata, porque não vai aos fatos, porque está ligado ao conceito abstrato, está ligada a uma preocupação da doutrina majoritária com a lógica interna da ciência processual, que pode ser percebida no trecho de Humberto Theodoro Júnior, que se transcreve:

> Quando se classificam as sentenças em declaratórias, constitutivas e condenatórias, sempre se levava em conta o objeto (o conteúdo do ato decisório). Já quando se cogitou das sentenças executivas ou mandamentais, o que se ponderou foram os efeitos de certas sentenças. Não pode, como é evidente, uma classificação ora lastrear-se no objeto, ora nos efeitos, sob pena de violar a comezinha regra de lógica: toda classificação deve compreender todos os objetos do universo enfocado e deve observar um só critério para agrupar as diversas espécies classificadas. Pode haver, portanto, classificação por objeto e classificação por efeitos. Não pode, todavia, admitir-se como correta uma classificação que utiliza, para formação de alguns grupos de elementos, o critério do conteúdo e, para outros, o dos efeitos. Isto levaria, fatalmente, a superposições e conflitos entre as espécies irregularmente agrupadas.[212]

No trecho colacionado, percebe-se que a classificação é remetida à exigência de precisão conceitual, e não à necessidade da diferenciação entre os diferentes fatos da vida que são alegados no processo como diferentes pretensões e ações de direito material, cuja ausência de realização espontânea dá sentido à necessidade de construção do arcabouço processual.

Trata-se, primordialmente, de preocupar-se com a higidez lógica da classificação, para, depois, catalogar nela a realidade, merecendo a passagem transcrita a crítica de Ovídio Araújo Baptista da Silva, no sentido de que o normativismo não vai aos fatos.[213]

Essa necessidade de catalogar o conteúdo do ato jurisdicional em proposições normativas – declaração, constituição e condenação – presente em abalizada e majoritária doutrina, no entanto, retira do fenômeno jurisdicional tudo o que vai aos fatos.

---

gações aí reguladas são as que vinculam uma pessoa a outra, através das declarações de vontade e da lei, tendo por objeto determinada prestação." MONTEIRO, Washington de Barros. *Curso de direito civil*: direito das obrigações 1ª Parte. São Paulo: Saraiva, 1979, p. 3. Por aí se vê que o conceito de obrigação a que alude o processualista José Roberto dos Santos Bedaque é aquele mais estreito, pois fala em crise de inadimplemento, o qual pressupõe uma prestação, mas se o faz é porque a concepção do direito material foi limitada à acepção dessa palavra, "obrigação", cuja acepção ampla foi limitada à acepção restrita do direito das obrigações, emprestando a todo direito o sentido de "obrigação", em sua origem limitado a uma das manifestações do direito, e, depois, guindada a modelo de compreensão de todo o fenômeno jurídico material quando ingressa no processo.

[212] THEODORO Júnior. Humberto. As vias de execução do código de processo civil brasileiro reformado. In: *RDCPC*, n. 43, p. 54, set./out. 2006.

[213] Por todas, as obras de SILVA, Ovídio A. Baptista da Silva. *Jurisdição e execução na tradição jurídica romano-canônica*. Rio de Janeiro: Forense, 2007. Idem. Unidade do ordenamento e jurisdição declaratória. In: ——. *Jurisdição, direito material e processo*. Rio de Janeiro: Forense, 2008.

Compartilhando o pensamento de Theodoro Júnior, José Roberto dos Santos Bedaque considera que:

> De qualquer modo a discussão preferida por alguns processualistas nenhum resultado prático produz e em nada contribui para o desenvolvimento da ciência processual. Luta-se por classificações fundadas em critérios heterogêneos, de difícil compreensão para aquele que necessita do processo sem ser, todavia, um profundo conhecedor dos conceitos e idéias restritos a certa corrente doutrinária. E – o que me parece mais grave – perde-se a oportunidade de buscar alternativas para a sua solução do grande problema das sentenças condenatórias e sua efetivação.[214]

O mesmo se vê em José Carlos Barbosa Moreira que, diferentemente de Bedaque e Theodoro Júnior, que incluem as ações de direito material executivas entre as condenatórias, as inclui entre as modificativas, nas quais estariam como subclasses as constitutivas e a chamada executiva, "as quais se distinguiriam uma da outra por concernir aquela a direitos potestativos, esta a direitos a uma prestação", mas segundo ele, seriam "modificativas de estado de direito, não do estado de fato".[215]

A doutrina clássica, então, proclama a necessidade de precisão conceitual. Ao contrário, a proposta hermenêutica que se pretende construir no presente livro, visa a alcançar uma relação entre direito material e processo na qual o mais importante é realizar pretensões e transformar mundo a partir da força vinculativa e dirigente da Constituição.

Sendo assim, o que se propõe, aqui, é que o conceito abstrato perca importância diante do ser concreto, e o processo, ao contrário do que disse Carnelutti, deixe de ser uma "ciência de nomes".[216] Com efeito, se a doutrina majoritária reconhece apenas três nomes, três categorias assim classificadas – declaração, constituição, condenação – não é necessário encontrar nelas o seu ser. Basta o consenso em torno do que são, o que entifica o ser e apaga a possibilidade de buscar efetiva concretização dos direitos, pois antes vem a Ciência.

O resultado não é outro que aquele da ausência de pergunta pelo que é o direito, sua interpretação despreocupada com o mundo dos fenômenos e seu reconhecimento como ciência, cuja universalização é possível por força de que a racionalidade moderna é dotada de características que poderiam levar a todos aos mesmos resultados, desde que se seguisse o método adequado.

---

[214] BEDAQUE. José Roberto dos. *Efetividade do processo e técnica processual.* São Paulo: Malheiros, 2006, p. 558-559.

[215] MOREIRA, José Carlos Barbosa. Sentença Executiva. *Revista de Processo,* n. 114, p. 162.

[216] A concepção do processo como uma "ciência de nomes", ao que parece, envolve um retorno ao pensamento inicial de Hermógenes, em sua disputa com Crátilo, em que aquele diz a Sócrates: "[...] não sou capaz de me deixar persuadir de que a correção dos nomes seja outra coisa para além da convenção e do acordo". PLATÃO. *Crátilo.* Lisboa: Instituto Piaget, 2000, p. 44.

O método nesse paradigma garante a adequação entre direito material e processo, que é, segundo Cândido Rangel Dinamarco, operada em um *iter* lógico-axiológico em que:

> Cada direito, em concreto (ou cada situação em que a existência do direito é negada), é sempre resultante da acomodação de uma concreta situação de fato nas hipóteses oferecidas pelo ordenamento jurídico: mediante esse enquadramento e o trabalho de investigação do significado dos preceitos abstratos segundo os valores, que, no tempo presente, legitimam a disposição, chega-se à vontade concreta da lei.[217]

Essa metodologia de adequação dos fatos na moldura abstrata está descrita em Hans Kelsen: "Justamente por isso, a obtenção da norma individual no processo de aplicação da lei é, na medida em que nesse processo seja preenchida a moldura da norma geral, uma função voluntária".[218] Revela isso que o objetivo maior do jurista é permanecer ao abrigo de uma ciência tanto mais pura quanto mais cientificamente segura, um sonho como fora o sonho kelseniano de fazer do normativismo uma ciência pura. A teoria da instrumentalidade, inclusive a moderna instrumentalidade proposta por Bedaque, reduz o processo a método de trabalho,[219] que deve ser seguro para que seja possível "revelar o verdadeiro sentido da forma e da técnica processual".[220]

O apego ao método como forma de levar a resultados seguros e confiáveis e de manter o arcabouço da ciência está fundado na dúvida sobre tudo o que é concreto, sobre tudo o que é fato e que não seja moldado de acordo com a inspiração idealizada da ciência matemática que sobreviveu à dúvida metafísica cartesiana. Consoante se lê nos escritos do próprio Descartes, havendo um método para guiar o bom-senso, não há porque não considerar satisfatórios os seus resultados. Não há, a partir dessa concepção que molda o modo de pensar metafísico da modernidade, como não considerar satisfatórios os resultados do processo, ainda que eles nada satisfaçam e em nada resultem porque a tutela foi outorgada *in abstrato* e a vida das partes, sua situação concreta, em nada se alterou. A razão depende do método a guiá-la, porque, segundo Descartes:

> Não é verossímil que todos se enganem; ao contrário, isso mostra que o poder de bem julgar e de distinguir o verdadeiro do falso, que é propriamente que se chama o bom senso ou a razão, é naturalmente igual em todos os homens; e, assim, a diversidade de nossas opiniões não resulta de serem umas mais razoáveis do que outras, mas somente de con-

---

[217] DINAMARCO, Cândido Rangel. *Instrumentalidade do processo*. São Paulo: Malheiros, 2005, p. 48.
[218] KELSEN, Hans. *Teoria pura do direito*. São Paulo: Martins Fontes, 2003, p. 393.
[219] BEDAQUE, José Roberto dos Santos. *Efetividade do processo e técnica processual*. São Paulo: Malheiros, 2006, p. 77.
[220] Ibid., p. 90.

duzirmos nossos pensamentos por diversas vias, e de não considerarmos as mesmas cousas. Porque não basta ter o espírito bom, o principal é aplicá-lo bem.[221]

A *communis opinium*, então, possível a partir dessa visão, e agora por ela fundamentada em sua legitimidade, passa a ditar os rumos do Direito, em que predomina o que Luís Alberto Warat denomina de senso comum teórico dos juristas, para o qual o direito abstrato, desligado, como dito, do fenômeno, conferirá a validade universal e a certeza, necessárias a todo empreendimento científico, garantindo resultados "práticos" satisfatórios. Apenas importante dizer que essa prática, não chega aos fatos, porque esses são atuados enquanto conceitos. Esses fatores, aliados ao sujeito individualista e irresponsável da modernidade, são o espelho do modo como o direito é compreendido e fonte de sua inefetividade no campo pesquisado: o processo em sua ligação com o direito material.

3.2.3. Uma reflexão em direção à compreensão autêntica (no sentido gadameriano da palavra) da vinculação do intérprete à Constituição: as condições da ação e a instrumentalidade das formas

A afirmação de instrumentalidade, em que o instrumento não se vincula ao objeto sobre o qual deve atuar, e se interpõe entre ele e o sujeito que deve compreendê-lo e atuá-lo, impede que os juristas encontrem a efetividade que procuram e impede o acontecer "constituinte" da Constituição.

Importante gizar que se a Constituição não condiciona, não cabe ao intérprete condicionar. Sendo assim, as condições da ação, herança liebmaniana, não poderiam ser consideradas válidas. Diz-se, não poderiam, porque não se trata de condições da "ação" processual. A "ação" processual, sendo abstrata e incondicionada, como sustenta a teoria abstrata da "ação", obviamente não pode ter condições concretas. Quando a doutrina propôs as condições da ação, na verdade estava ligada à ideia de ação de direito material, substituída pela "ação" processual, por isso tais condições foram positivadas como condições da "ação" (processual!), o que, na verdade, concretiza-a, destruindo os próprios alicerces da inafastabilidade da jurisdição. Isso porque, se é preciso analisar a titularidade do direito alegado (legitimidade de parte), é preciso analisar o caso concreto, o mérito. Se é preciso, ainda, analisar a necessidade de intervenção da jurisdição (o interesse de agir), na verdade se estará investigando o mérito, a relação de direito material invocada. Sendo necessárias essas investigações para dizer se alguém tem "ação", essa não será mais abstrata, aberta

---

[221] DESCARTES, René. *Discurso do método*. Rio de Janeiro: José Olympio, 1960, p. 41-42.

a todos. Quando, então, se fala em condições da ação, o campo investigado não é o processo, não é a técnica que está limitada por essas condições, mas o direito material. Embora a doutrina sustente tais condições como relativas à "ação", quando fala delas, defendendo sua adequação à Constituição, tratam-nas como "legítima limitação ao exercício da atividade jurisdicional no caso concreto, porque o processo iniciado sem a presença delas é manifestamente inútil".[222] Com efeito, limitar o exercício da atividade jurisdicional no caso concreto é negar a abstração da ação, porque, com isso, já investigaram o mérito e não a "ação". Condicioná-la, *in concreto*, torna-a concreta, não abstrata. Trata-se de condições da ação de direito material, essa concreta, apenas alegada e, por vezes, realizada por meio do processo. É de Bedaque a seguinte passagem, na qual cita Cândico Rangel Dinamarco:

> Não se vislumbra, portanto, a existência de risco a essa garantia em decorrência de eventual amplitude conferida à impossibilidade jurídica do pedido. Pode o legislador material impedir a tutela jurisdicional a determinadas situações de vida sem que isso comprometa a garantia do devido processo legal (cf. Cândido Dinamarco, *Execução Civil*, 8ª ed., p. 396-397). Trata-se de juízo de valor quanto à conveniência de assegurar, ou não, proteção a determinados interesses. É problema a ser solucionado no plano substancial, em nada influindo na garantia constitucional ao devido processo legal. Aliás, nos casos de impossibilidade jurídica do pedido é a inexistência do direito afirmado, configurando julgamento de mérito a sentença com esse conteúdo, como se tentará demonstrar mais adiante.[223]

Efetivamente, quando se fala em condições da ação, como afirmam Bedaque e Dinamarco, se fala em mérito, direito material. Isso, realmente, é inegável. O que se discorda é que, sendo pertinentes ao campo do direito material, possa-se dizer que tais são condições da "ação" que, para a moderna doutrina processual, como diz Bedaque, é identificada com o "direito ao processo, cujo conteúdo mínimo encontra-se nas garantias constitucionais". Tal postura identifica processo e direito material, pressupondo, como se verá no Capítulo III, que o processo crie o direito material *ex novo*, ou apenas o declare, ou transforme o que é direito material em fenômeno processual, porque o legislador optou por essa solução.[224]

---

[222] BEDAQUE, José Roberto dos Santos. *Efetividade do processo e técnica processual*. São Paulo: Malheiros, 2006, p. 235.

[223] Ibid, p. 235, nota 14.

[224] Com efeito, em face da importância de sua obra para a dogmática processual civil, incumbe trazer à colação a posição de José Roberto dos Santos Bedaque. Para o processualista, embora concorde que o interesse de agir e a legitimidade de parte exigem a análise do mérito, a opção do legislador foi outra, reconhecendo assim que o legislador do processo pode alterar o direito material e, da análise do mérito – interesse ou legitimidade –, extrair a consequência de que são preliminares ao mérito, e exigem extinção sem julgamento desse, desde que o exame seja feito em cognição sumária. Isso porque, para o autor, se tal análise for feita em momento avançado do procedimento, após a instrução, por exemplo, deve ser proferida sentença com julgamento do mérito, proposta tratada como flexibilização da técnica processual para esse efeito. Ocorre que essa concepção reconhece mé-

São indistintas, nessa posição, "ação" e ação. Ocorre que a distinção entre "ação" e ação e, por isso, não apenas a afirmação da ação de direito material, mas também a defesa da abstração da "ação" – e sua pressuposta autonomia – por meio da não aceitação de seu condicionamento, é imperiosa, pois, só assim será dada ao processo a investigação sobre a alegada ação de direito material, por intermédio do processo, em todos os casos. Processando-se toda "ação" que ingressar em juízo, poder-se-á garantir efetiva tutela a todas as ações alegadas no processo, realizando as pretensões de direito material não realizadas espontaneamente, exigindo a realização prática das pretensões relativas a direitos subjetivos ou potestativos, individuais homogêneos, coletivos ou difusos, e dando curso a elas. Não importa, todas requerem efetivação, e sua efetivação não pode ser a mera construção abstrata da solução para o caso. Há de ser a efetiva providência que exige o direito material por meio de sua força dinâmica, a ação de direito material. Esse é o direito que o art. 5º, XXXV, da Constituição Federal garante.

Negar, por um lado, a ação significa retirar a força do direito material, como tantas vezes alertado no curso do presente estudo; negar, por outro, abstração à "ação", impondo-lhe condições que não são suas, mas da ação (de direito material), importa impedir o acesso à efetiva prestação jurisdicional de inúmeras causas que, em face da garantia de inafastabilidade da jurisdição, devem ser processadas a fim de viabilizar o julgamento sobre ações que têm de ser atuadas para concretização dos direitos. Duas ordens de direitos fundamentais inalienáveis e inabolíveis são consideradas no que se sustenta aqui: o amplo acesso de todos ao Judiciário, como garantia de cidadania e o direito à realização do direito pelo Estado, na exata medida em que essa realização foi por ele vedada ao particular, e a exigência de atuação da ação de direito material em sua concretude fática, que deve ser elevada, o mais possível, à identidade com aquela que teria sido atuada espontaneamente.

---

rito apenas onde houve cognição exauriente, já que, se verificadas ao início do procedimento, ainda que investiguem o mérito, nada será decidido acerca dele, ainda, por fim, que nova demanda seja inviabilizada por tal decisão. Veja-se que toda a construção a respeito da flexibilização, onde ao juiz incumbe decidir sobre, sem qualquer limite – já que nem o processo, nem o direito material seriam parâmetros – quando flexibilizar, ou não, configura opção pragmático-estratégica (cuja análise se fará no capítulo reservado à análise da exceção). Por ora, incumbe referir que, se o direito material fosse o parâmetro, a construção da técnica processual, que determina serem as condições preliminares ao mérito e, obrigatoriamente, prévias a ele, chocar-se-ia com o direito material concreto, cuja força impositiva poderia prevalecer contra a construção arbitrária do processo, que transforma uma coisa como condição da própria coisa. Mérito preliminar ao mérito. Desde que o direito material concreto pudesse ser o parâmetro e a medida, como assinalado acima, a flexibilização não seria necessária (deixou-se, propositalmente, de abordar a possibilidade jurídica do pedido, em face de que a posição do autor comentado é de que se trata de matéria de mérito, seja qual for o momento de sua análise). BEDAQUE, José Roberto dos Santos. *Efetividade do processo e técnica processual*. São Paulo: Malheiros, 2006, p. 229-405.

Ambas – ação e "ação" – acabam sendo negadas pela estrutura paradigmática em que se inserem as correntes instrumentalistas e todas as correntes processuais-procedimentais e substancialistas ligadas ao esquema S-O. É o que se faz quando se classifica uma única coisa, dita abstrata, a partir de noções eminentemente concretas. Nega-se a abstração da "ação", ao mesmo tempo em que a concretude é elevada ao plano conceitual, porque se nega, também, o mundo prático, que ingressaria no processo pela ação. Ou seja, as características fundamentais da ação e da "ação" são negligenciadas. Como foi dito antes, a classificação das sentenças (de procedência!) é apenas um reflexo da classificação dos fatos jurídicos *lato sensu*, cuja construção, no Brasil, é devida a Pontes de Miranda. Ao falar, portanto, em classificar sentenças (já no campo da jurisdição!), o que o processualista faz é buscar características dos fatos jurídicos, no que a dogmática chamaria de plano da existência, características que os acompanham ao chamado plano da eficácia, em que se encontram os direitos, pretensões e ações (de direito material!), características que deveriam ser consideradas no processo, como necessárias à real, e não abstrata, efetividade dos direitos materiais que não se realizaram espontaneamente, e não transportadas a ele, como se o processo, técnica, pudesse, abstratamente, catalogar o mundo da vida em fórmulas procedimentais, construídas pela razão autossuficiente, que, bem ordenada, sempre chega à verdade: o fruto nefasto da filosofia da consciência, que tirou o homem do mundo e o devolveu, por meio de suas ciências, ao mundo platônico e belo das ideias. Por outro lado, assim catalogada, a "ação" perde sua abstração e "ganha" condições concretas, positivadas, no sistema brasileiro, no art. 267 do Código de Processo Civil,[225] o que acaba impedindo o real acesso universal à jurisdição e deferindo-a apenas àqueles que têm direito.

Na questão relacionada ao procedimento, a velha dicotomia liberdade das formas e tipicidade das formas não encontra solução adequada pelo princípio da instrumentalidade, porque a proposta instrumental reconhece a impossibilidade de o processo restar atrelado a formas eminentemente típicas e, ao mesmo tempo, atrela-o à mera legalidade (que não se confunde com o Direito) como fiadora dos objetivos a serem cumpridos pelo processo e ao princípio do contraditório e da participação das partes. Essa postura só é necessária quando o processo se mantém desvinculado do direito material porque não há ponto de contato. Dizer-se que um é instrumento do outro, sem contato algum que não seja a lei *in abstrato* é, realmente, temerário, porque permite que a técnica seja mani-

---

[225] Art. 267. Extingue-se o processo, sem resolução do mérito: [...] VI – quando não concorrer qualquer das condições da ação, como a possibilidade jurídica, a legitimidade das partes e o interesse processual.

pulada para resultar na expressão de um estado pretensamente neutro. É sobre essa perspectiva de sentido, majoritária na doutrina do processo civil, que Calamandrei adverte, ao comentar o novo Código de Processo Civil Italiano:

> Sobre la naturaleza del oficio del juez (y también, de una manera más general, de los juristas), al que el nuevo código pide que sea "el austero asertor de una fuerte y más plena legalidad", la relación ministerial contiene expresiones que no podrían ser más claras y enérgicas (n. 8); y al principio de la legalidad ha querido permanecer fiel el nuevo código también en el campo específico del derecho procesal (relación, n. 16), en el cual se ha rechazado netamente la tendencia, que aflora en las legislaciones de otros países, a confiar al juez el poder de fijar libremente en cada caso, fuera de todo dique de ley, el procedimiento que estime corresponda mejor a las exigencias concretas de las controversias a decidir. Si esta ilimitada libertad del juez fuese admitida, la función práctica de la ciencia procesal sería en gran parte anulada; como pienso que debería ocurrir en un país en el que se hiciese general aquella disposición que al principio de la guerra ha sido puesta en vigor en Alemania por los *Amtsgerichte*, a los cuales se les ha concedido el poder de determinar discrecionalmente caso por caso el proprio procedimiento.[226]

É razoável, no entanto, concluir, que lá onde o vínculo entre direito material e processo existe concretamente – onde a ação de direito material é reconhecida –, esse temor seria desnecessário, porque não somente as leis do processo seriam elementos para o regramento do caminho procedimental. A ausência da ação de direito material no modo de pensar dos juristas e aplicadores permite que o procedimento seja estabelecido *in abstrato*, para tutelas jurisdicionais também disciplinadas *in abstrato*, i.e., adequadas aos direitos positivados, mas sem a realidade concreta dos fatos e sua dinâmica.

Em uma compreensão hermenêutica da ação de direito material, essa também irradia seus efeitos para a compreensão do procedimento adequado, todavia, ao direito material *in concreto* (sua dimensão dinâmica: ação de direito material), porque compreensão-interpretação-aplicação se dão em um único movimento. Não há compreensão sem fatos. Essa concepção, longe de malferir o texto das leis e a disciplina constitucional, os concretiza, ao permitir que o juiz, libertado da tipicidade abstrata das formas, possa amoldar o procedimento – segundo as necessidades que o litígio e os fatos que não congelam com a propositura da ação, exigem – concretizando direitos por meio da atuação real no mundo prático. Nem tipicidade de formas, pois, tampouco liberdade ao juiz para livrar-se delas ou flexibilizá-las sem parâmetros. O que se propõe é um procedimento que, disciplinado na técnica processual, seja permeável às exigências do caso concreto, e que, por isso, e apenas por isso, pode dizer que age de

---

[226] CALAMANDREI, Piero. *Los estudios de derecho procesal en Italia*. Buenos Aires: Ediciones Jurídicas Europa-América, 1959, p. 100-101.

acordo com as exigências democráticas de um direito que não é refém dos técnicos e que poderá realizar-se, realmente, sem mudança em sua essência oriunda da necessidade científica de os juristas do processo manterem o seu campo de poder, entendido esse como:

> O conjunto de relações de forças entre as posições sociais que garantem aos seus ocupantes um *quantum* suficiente de força social – ou de capital – de modo a que estes tenham a possibilidade de entrar nas lutas pelo monopólio do poder, entre as quais possuem uma dimensão capital as que têm por finalidade a definição da forma legítima do poder [...].[227]

Nesse contexto, aparece a essencialidade da questão da fundamentação quando se tem em mente que a técnica, representada pela "ação" abstrata, após o desaparecimento da ação de direito material, está sujeita às mutações ilegítimas do sistema político, e ao retrocesso social. Não reconhecer a ação de direito material, afirmando um vínculo meramente abstrato entre o direito material e sua técnica de efetivação, permite que se desconheça a força impositiva que provém do reconhecimento de direitos pela Constituição e pelo ordenamento jurídico como um todo, fazendo depender a eficácia dos direitos materiais, fundamentais, ou não, e de todo o ordenamento jurídico, da realidade cambiante de posições políticas, inclusive ilegítimas, deixando, nesse caso, a sociedade e o próprio Judiciário sem alternativas diante da crise, já que permite a construção de instrumentos meramente abstratos para defesa dos direitos, contentando-se com uma aparência de efetividade do processo. Essa aparência de efetividade denuncia a presença de um modo-de-fazer direito próprio do Estado Neutro, que não se compromete com valores, justiça ou verdade, ao buscar a segurança por meio da lei, a qual é reduzido o direito. Lei e Direito, equiparados, passam a ser sinônimos de verdade e justiça, em que as leis são "as regras do justo e do injusto",[228] independentemente de seu conteúdo.

É preciso, então, reconhecer que:

> Um símile Stato técnico-neutrale puó essere tanto tolerante quanto intollerante; in entrambi i casi resta neutrale allo stesso modo. Il suo valore, la sua verità e la sua giustizia sono assorbite dalla decisione del comando legale; l'introduzione di quelle idee nell'argomentazione giuridica creerebbe soltanto nuovo conflitto e nuova insicurezza.[229]

Esse Estado Neutro, descompromissado com a realidade, traduz a necessidade de o processo, como técnica, permanecer neutro. Para que o processo se mantenha neutro, isto é, realizando apenas os fins que não

---

[227] BOURDIEU, Pierre. *O poder simbólico*. Rio de Janeiro: Bertrand Brasil, 2005, p. 28-29.

[228] Thomas Hobbes é citado por SILVA. Ovídio A. Baptista da Silva. *Jurisdição e execução na tradição jurídica romano-canônica*. Rio de Janeiro: Forense, 2007, p. 95

[229] Carl Schmidt, neste trecho, é citado por Ibid., p. 96.

são estranhos à sua própria estrutura, ditados pelo Estado do *lasse faire*, que, no horizonte brasileiro, é o que representa a estrutura do Código de Processo Civil, ele não pode ser invadido pela realidade. Nesse contexto, a ação de direito material, como expressão dinâmica e cambiante de um direito material, que é levado pelos influxos do que acontece no mundo, que não foi realizado e está em constante mutação pelos diferentes reflexos dos acontecimentos – atos ou omissões dos envolvidos, modificações no cenário econômico, político, social, cultural –, deve ser negada pela doutrina que, com isso, inviabiliza o poder transformador de uma nova concepção do sentido do direito e de seu documento fundante: a Constituição em um Estado Social e Democrático de Direito. Quando a doutrina reconhece a manutenção ou asseguração da paz social como escopo fundamental do processo, o que faz a teoria da instrumentalidade, ela pressupõe duas ordens de ideias: de um lado, que a paz social exista, possa ser mantida ou assegurada pela simples solução normativa da controvérsia (sem satisfação real dos direitos, porque não há melhor solução possível para as partes); de outro, que a Constituição, neste Estado Democrático de Direito, especificamente, o Brasil, não seja transformadora de mundo (porque satisfazer normativamente não transforma mundo). Essa concepção remete ao Estado-Neutro Hobbesiano, em que "a Constituição transforma-se, assim, em um território inóspito (espécie de latifúndio improdutivo), pela falta de uma pré-compreensão adequada acerca de seu papel no interior do novo paradigma do Estado Democrático de Direito".[230]

Permanecem, por isso, em meio a uma concepção de Estado, eminentemente liberal, que não conhece valores que não os da neutralidade que intensifica a tendência humana à segurança e estabilidade – porque o "impulso de retirar-se da complexidade eivada de riscos para o abrigo da uniformidade é universal; o que difere são os modos de agir a partir desse impulso [...]".[231] – que não são mais possíveis nessa quadra da história, a era da modernidade líquida.

Esse impulso não admite intromissão da cambiante realidade do direito material em ação. Isso exige a negação da ação de direito material e da capacidade de transformação social por meio do processo, cuja importância se torna central no estágio de afirmação democrática. A prevalência de um Estado pretensamente neutro, em que não há visão transformadora da realidade, transmuta o processo em uma técnica que é distanciada do direito material por sua própria necessidade de construir meios de atuação jurisdicional seguros e, por isso, estáveis.

---

[230] STRECK, Lenio Luiz. *Jurisdição constitucional e hermenêutica*. Rio de Janeiro: Forense, 2004, p. 18.

[231] BAUMAN, Zygmunt. *Modernidade líquida*. Rio de Janeiro: Jorge Zahar, 2001, p. 206.

Foi dito por Micheli que:

> El legislador puede de muchos modos, como lo demuenstra también la reciente esperiencia de la Corte Constitucional, limitar o suprimir los derechos de la defensa del ciudadano, violar un precepto constitucional, cuya actualidad esta precisamente demostrada por las actualmente frecuentes hipótesis en que el ciudadano se ha sentido disminuido precisamente denunciando la ilegitimidad de ellas ante la corte.[232]

Com efeito, o legislador, seja ele constituinte ou infraconstitucional, não pode fazer isso, mas invariavelmente o faz, deixando, sem solução efetiva, inúmeros casos levados à apreciação do Poder Judiciário. Por que o faz? É precisamente esse, segundo se entende, o âmago da questão. Se a lei é a medida do justo e do injusto, o vínculo entre direito material e processo deve se dar apenas no âmbito das ideias, prevendo o legislador hipóteses abstratas de processo para hipóteses também abstratas de direito, consoante ressaltou Micheli, quando disse que *"mediante el ejercicio, en el proceso, del poder de acción, el sujeto 'hace valer', afirma ante el juez una pretensión, respecto de la cual pide una forma, un tipo de tutela jurídica, prevista (en abstracto) por la ley"*.[233] Se esse é o elo de ligação, então, a adequação entre o processo e o direito material será sempre irrecusável, e não haverá problemas na efetividade da jurisdição que não passem, exclusivamente, pela melhoria do sistema processual, visto, sempre, abstratamente. Essa visão é compartilhada pelas correntes instrumentalistas, em suas várias proposições, o que permite ver nelas um sempre renovado retorno à afirmação da autonomia do processo em relação ao direito material e uma renovada crença na possibilidade de melhorar as aparências de efetividade.

É claro que essas insuficiências são sentidas, inclusive, pelos doutrinadores que professam a inexistência da ação de direito material. Foi isso que levou Micheli, onze anos mais tarde, a dizer que todas as *"tentativas de catalogar las acciones humanas, de reconducirlas a módulos racionales, se agotan frente a la infinita variedad de estas acciones"*, mantendo, paradoxalmente, sua opinião inicial sobre a doutrina da ação.[234] Isso porque os problemas do processo em sua relação com o direito material são atribuídos à visão privatística do processo que seriam atribuídas às tentativas de reduzir o processo a uma manifestação do direito subjetivo e privado, aos quais o direito material é reduzido, nessa visão, o que remete à homogeneidade de pensamento.

---

[232] MICHELI, Gian Antonio. La unidad del ordenamiento y el proceso civil. In: ——. *Estudios de derecho procesal civil*. Buenos Aires: Ediciones Jurídicas Europa-América, 1970, p. 318.

[233] MICHELI, Gian Antonio. *Derecho procesal civil*. Buenos Aires: Ediciones Jurídicas Europa-América, 1959. v. 1, p. 35-36.

[234] MICHELI, Gian Antonio. La unidad del ordenamiento y el proceso civil. In: ——. *Estudios de derecho procesal civil*. Buenos Aires: Ediciones Jurídicas Europa-América, 1970, p. 320.

Como antes salientado, a doutrina se move dentro do que Macyntire denominou de "imaginação conceitual criativa", como forma de solucionar a crise epistemológica por que passa a relação entre direito material e processo. Dentre as visões instrumentais, aparecem as formulações como as da chamada visão alternativa do Direito, cujo pensamento retoma, também, a afirmação de insuficiência da concepção do processo como "mero instrumento do direito substancial",[235] propondo que, "ao assimilar mais ampla e profundamente sua função pública no seio do Estado contemporâneo, o processo estende seu escopo para o social e o político, em prevalência sobre o jurídico. Enfim, busca justiça sob a égide da efetividade do processo".[236]

Nesse momento, é latente a pergunta de como se dá efetividade ao processo tomando o direito como realidade só jurídica. Não é adequada a crítica ao silogismo formal da teoria da subsunção se a realidade continua sendo fatiada e analisada em etapas de interpretação: primeiro observo o escopo social, depois o político, depois o jurídico, prevalecendo os dois primeiros em relação ao último. Conceber diferentes escopos, como se a compreensão tivesse um roteiro, método, é não se distanciar dos erros do positivismo-normativista. Apenas se inverte o objetivo (ou escopo), abstratamente, considerando ser essa a solução para alcançar uma visão transformadora do direito. Inverter a ordem do método é permanecer nele, talvez, agora, libertados os intérpretes das amarras da visão estritamente jurídica e legalista do fenômeno, para abandonar-se às suas próprias ideias do que seja o social e o político e do que seria a tarefa da jurisdição.

É evidente que os escopos ditos sociais e políticos se integram à compreensão da realização do direito material a partir de uma visão transformadora do direito, mas é por meio de sua efetiva realização, considerando os valores eleitos pela Constituição, que norteia a compreensão do direito material, que se realizam todos aqueles escopos que devem, sim, ser reconduzidos a uma compreensão como aplicação, pois não há compreensão e interpretação sem um caso, sem fato, sem *aplicattio*. Em direção a uma visão transformadora e autêntica, *i.e.*, no momento de significação do ser desse ente que é o direito, torna-se central a ideia da força impositiva do direito material, que se transforma em força nenhuma com a inautêntica (no sentido gadameriano da palavra) afirmação de que visualizar a jurisdição por meio da ação de direito material é sinal de uma visão privatística do processo civil.

---

[235] PORTANOVA, Rui. *Motivações ideológicas da sentença*. Porto Alegre: Livraria do Advogado, 2003, p. 106.

[236] Ibid., p. 101.

A partir do pressuposto teórico vigente, de homogeneidade de posições e efetividade normativo-processual, *i.e.*, a partir do núcleo do paradigma dominante, inúmeras mudanças legislativas são propostas, algumas com evidente poder de quebrar a ordinariedade e de enriquecer o processo com formas que se aproximam do direito material, como os artigos 273 e 461 do Código em vigor. Todavia, tais soluções surgem no seio do paradigma em crise, na esperança de que tais reformas tenham o condão de fazê-la desaparecer.[237] Ocorre que o modelo de pensar e fazer Direito no Brasil, o *habitus* que se impõe por meio do paradigma dominante, determina que se veja o novo com os olhos do velho.

Nesse contexto, indubitavelmente, a ideia predominante é a de que só pode haver paz social por meio de segurança jurídica, essa, por sua vez, umbilicalmente, segundo o paradigma dominante, ligada ao predomínio do método e à consagração da certeza no seio das relações jurídicas. Por isso, muito embora o reconhecimento de direitos materiais, que exigem diferente abordagem material e tratamento processual, a jurisdição permanece atada aos grilhões do direito individual e pessoalizado, do processo ordinarizado, da dificuldade, senão impossibilidade, de reconhecer e aplicar mecanismos que visem à quebra da ordinariedade ou que se fundamentem em verossimilhança ou probabilidade, em cognição sumária, enfim, em tutela sumária satisfativa e autônoma. Em suma, em que haja modificação do mundo dos fatos, satisfação, império, antes da plenária e exauriente cognição, e mesmo depois dela, de modo a que seja viabilizada a realização das pretensões, no plano social, contra a vontade da outra parte, sem que esse resultado seja condicionado ou inviabilizado pelas regras de processo e pela ideologia que as domina.

Acerca disso, é imperioso relatar o que se tornou evidente com a alteração legislativa ocorrida por meio da Lei nº 11.232/05, que introduziu o art. 475-J, que pretensamente suprime a dicotomia conhecimento-execução, subtraindo a necessidade de citação entre a sentença e o início dos atos executórios. Como era evidente, já que a dicotomia não se encontrava apenas no Código de Processo Civil, mas no pensamento dominante, que se reproduz há décadas, os operadores do Direito não conseguem trabalhar com a dita alteração, e o resultado prático permaneceu sendo, na grande maioria dos casos, o mesmo verificado após a entrada em vigor

---

[237] Apesar de inovação evidentemente bem vinda e há muito esperada, a disciplina contida no art. 461 e no art. 461-A, do CPC, contém a limitação antes apontada, no sentido de que limitam a compreensão do direito material a partir da noção de obrigação, pois ambos foram construídos para tutela das obrigações, direitos relativos à uma prestação, pois falam em "cumprimento da obrigação" e "adimplemento". Os direitos absolutos, mais uma vez, restam equiparados, pois, no processo, necessitam ser tutelados por esses instrumentos, na medida em que o direito material, segundo a doutrina dominante não contém força suficiente para se impor, no processo, e ser, dele, a medida e o parâmetro.

do art. 461 do Código de Processo Civil, que disciplina a execução, provisória ou definitiva, das obrigações de fazer. Nada de realmente relevante mudou. Permanece havendo necessidade de petição inicial executória, que, todavia, mudou de nome (requerimento). Continuam sendo admitidos e processados embargos, que também mudaram de nome e procedimento (impugnação), com o mesmo espírito de outrora, *i.e*, o olhar do operador do Direito sobre os referidos institutos, na hora de aplicá-los, verdadeiro elemento "emperrador" do processo e de seu andamento, bem como da realização de seus escopos, não foi alterado. O devedor/executado continua agindo como se a sentença não contivesse uma ordem, mas fosse mera declaração, como se não contivesse império, sendo apenas uma formulação da vontade concreta da Lei, apta a produzir segurança jurídica por meio da certeza ínsita ao conceito de coisa julgada. A dicotomia persiste, embora a doutrina possa afirmar que a dogmática superou as objeções que lhe foram feitas, no Brasil, especialmente pela obra de Ovídio Araújo Baptista da Silva.[238]

As novas regras, mudanças esparsas, têm sido recorrentes no Processo Civil brasileiro dos últimos anos. É ilustrativo invocar a tentativa de limitação na tramitação de processos no Poder Judiciário brasileiro, com a criação de óbices, primeiramente, à tramitação de Recursos nos Tribunais Superiores (artigo 38 da Lei nº 8.038/90), após, nos Tribunais de 2ª instância (art. 557 do Código de Processo Civil, com a redação dada pela Lei nº 9.756/98) e, também, a tentativa de limitação na tramitação de ações que podem ser repudiadas, *ab initio*, pelos juízes de 1º grau (art. 285-A, introduzido no Código de Processo Civil pela Lei nº 11.277/06), tudo mediante a invocação de súmulas e verbetes de jurisprudência dominantes nos Tribunais, em evidente recurso à metodologia universalizante, que atende aos anseios de reprodução de sentidos da ideologia da modernidade, e impede a compreensão do caso e do fenômeno jurisdicional como produtor do sentido dos objetivos do Estado Democrático de Direito.[239] Essas alterações, longe de viabilizar a solução do problema de legitimidade da jurisdição que clama por responsabilidade na concretização de pretensões, faz o caminho inverso, porque universalizando soluções, deixa de voltar seu olhar para o caso concreto. Os casos, então, deixam de ser concretos, porque neles não há mais fatos. São identificados pelo direito invocado, para o qual já existe uma solução *prêt-à-porter*, bastando ao juiz

---

[238] O texto remete a todas as obras do autor citadas nas referências como nas obras consultadas.

[239] Exemplos os mais variados poderiam ser citados, mas, a síntese referida, apresentada em aula do curso Mestrado da UNISINOS, na disciplina de Hermenêutica Jurídica – 2006/2 – pelo Prof. Lenio Luiz Streck e por ele tratada em sua obra, ilustra o que tem sido a realidade da dogmática jurídica no campo do Processo Civil. STRECK, Lenio Luiz. *Verdade e consenso*. Rio de Janeiro, Lumen Juris, 2006.

aplicá-la. O conceito abstrato substitui o ser concreto e a solução dada é para o conceito, não para a vicissitude da realidade cambiante do mundo real. O caminho do processo em direção a abstração cada vez maior, em detrimento da preocupação com a concretização das pretensões de direito material parece ainda não ter se esgotado: a Lei nº 11.672/08, que acresceu o art. 543-C ao Código de Processo Civil, continua o caminho dessa trajetória.[240] Admissão de recursos por amostragem, para atuação do direito conceitual, de caráter unívoco, no qual os fatos não fazem a menor diferença, porque, independentemente da relação concreta subjacente o direito será analisado como conceito, porque só o conceito abstrato é constante e se repete, sem intervenção dos fatos. Quando os fatos desimportam para a caracterização do que é o direito material e para definição de como deve atuar o processo é, porque, definitivamente, o mundo prático ficou de fora e a compreensão não se dá concretamente, por isso pode ser constante: sempre igual em inúmeros casos, o que autoriza decisões massificadas. Essa é a realidade do processo que está adequado apenas à previsão normativa do direito material. Os fatos que se amoldem ao conceito!

Essa forma de fazer processo, distanciado do direito material concreto, que produz adequação apenas com o conceito abstrato, não se preocupa com a concretização de pretensões e, por isso, permanece trabalhando as mesmas categorias processuais, por meio do método único. Por esse motivo, a sumariedade da cognição,[241] como decorrência do conteúdo do direito, da pretensão e da ação de direito material, defendida por Ovídio A. Baptista da Silva, reiteradamente, em suas obras, tem sido objeto de profunda resistência por parte da doutrina. Vem sendo paulatinamente admitida, por meio de projetos de reforma do Código de Processo Civil, como construções processuais inovadoras, nunca como decorrência do modo-de-ser do direito material. Dessa forma, sua introdução no seio do paradigma não deriva do reconhecimento da necessidade de o processo atender às características do direito material e, por isso, o modo de operar essa inovação permanecerá atrelado ao *habitus* do senso comum teórico

---

[240] Lei nº 11.672/2008: "Art. 1º. A Lei nº 5.869, de 11 de janeiro de 1973 – Código de Processo Civil, passa avigorar acrescida do seguinte art. 543-C: Art. 543-C. Quando houver multiplicidade de recursos com fundamento em idêntica questão de direito, o recurso especial será processado nos termos deste artigo. § 1º Caberá ao presidente do tribunal de origem admitir um ou mais recursos representativos da controvérsia, os quais serão encaminhados ao Superior Tribunal de Justiça, ficando suspensos os demais recursos especiais até o pronunciamento definitivo do Superior Tribunal de Justiça. §2º Não adotada a providência descrita no § 1º deste artigo, o relator no Superior Tribunal de Justiça, ao identificar que sobre a controvérsia já existe jurisprudência dominante ou que a matéria já está afeta ao colegiado, poderá determinar a suspensão, nos tribunais de segunda instância, dos recursos nos quais a controvérsia já esteja estabelecida. [...]"

[241] Que não se confunde com a sumariedade procedimental construída pelo processo, do que é exemplo o art. 275 do Código de Processo Civil ou a Lei nº 9.099/1995.

e tenderá a ser operada conceitualmente, sem vinculação com os fatos que fazem com que determinada "ação" deva ser desenvolvida de acordo com as necessidades da ação que foi alegada no processo. O direito material não logrou, ainda, ser a medida e o parâmetro do processo. Como é sabido, necessidades reais não afetam o normativismo. É relevante notar que o senso comum teórico e seu respectivo campo são tão fechados em suas representações de sentido que – mesmo com a defesa feita pelo doutrinador,[242] no Brasil, com fundamento na doutrina de Sérgio Chiarloni, de propostas cujo embasamento são o contraditório eventual ou invertido, a sumarização das demandas e o direito substancial à cautela – a recente proposta legislativa a respeito do tema da sumarização da demanda e transformação do contraditório ordinário em eventual nas antecipações de tutela, chamada "proposta de estabilização da tutela antecipada", é atribuída por José Roberto dos Santos Bedaque e pela Comissão constituída pelo Instituto Brasileiro de Direito Processual a Kazuo Watanabe, em obra desse autor indicada e citada na justificativa do projeto, de 1999.[243] A sumarização das demandas, no entanto, como adverte Ovídio A. Baptista da Silva, não é nenhuma novidade no sistema processual brasileiro, para quem observa o *conceito de título executivo* (o autor refere-se ao título executivo extrajudicial):

> O grande motor da civilização industrial –, vendo que sua construção sustentou-se no princípio do contraditório eventual, [...] De modo que o direito moderno que produziu a genial criação do título executivo, valendo-se da verossimilhança e da inversão do contraditório, através do qual o estado está disposto a conceder tutela a quem pode não ter direito, recusa-se a empregar a mesma técnica para outras situações que não seja diretamente os interesses dos comerciantes e empresários em geral.[244]

Dessa forma, duas ordens de preocupações se apresentam: Primeiramente, qualquer proposta de inovação processual, compreendida a partir do paradigma dominante será atuada de acordo com o senso comum teórico, que não questiona a inefetividade do processo como decorrência, justamente, do distanciamento do processo em relação ao mundo prático, distanciamento que autoriza que os processos sejam decididos mesmo antes de iniciarem, por uma sentença que pode ser repetida, ou que sejam, os recursos, recebidos apenas para análise do direito, sem fatos, ou decididos por amostragem. Esse reconhecimento motiva o temor de que a modificação poderá não ter as repercussões que deveria, aparecendo

---

[242] SILVA, Ovidio A Baptista da. *Curso de processo civil*. Porto Alegre: Sergio Antonio Fabris, 1993. v. 3, p. 61.

[243] BEDAQUE, José Roberto dos Santos. *Efetividade do processo e técnica processual*. São Paulo: Malheiros, 2006, p. 84.

[244] SILVA, Ovídio A. Baptista da. *Curso de processo civil*: Processo cautelar (tutela de urgência.). Rio de Janeiro: Forense, 2007. v. 2, p. 31.

apenas como um apêndice ao mecanismo estruturado do processo e padecendo de real efetividade na vida das pessoas que necessitam do processo. Em segundo lugar, é imperioso o reconhecimento de que, em prol das classes dominantes, a técnica é construída a partir da realidade social. A executoriedade do título cambial foi construída pelo processo não porque haveria necessidade de assegurar a paz social, mas para atender à realização concreta dos interesses das classes em favor de quem, em grande volume, os mencionados títulos são emitidos: as classes dominantes.

3.2.4. De como a técnica moderna conduz à prevalência da exceção e da necessidade da viravolta na compreensão da relação entre direito material e processo

A afirmação da ação de direito material, insiste-se, não reduz o direito material ao direito subjetivo ou ao direito privado, como também não reduz a ação de direito material a uma ação vista apenas no plano subjetivo-privado. Direito material tem feição ampla, abrangendo direitos subjetivos, reais e pessoais, direitos potestativos, direitos de natureza privada ou pública, fundamentais ou não. Também não reduz o processo a uma face ou vertente do direito privado ou, ainda, material. Fá-lo, apenas, vincular-se, em sua diferença, como técnica, àquilo que deve realizar, o direito material.

Cumpre observar, no entanto, que, assim como não é possível reduzir o processo ao direito material, não é possível reduzir esse àquele. A visão que refuta a ação de direito material, no entanto, produz exatamente isso, cujo fenômeno é tratado, aqui, como permissão à técnica de alterar a essência do ser do direito material. Contra a ação de direito material, chamada por ele de ação direito, Micheli afirma a esfera processual e os atos que só tem razão de ser no próprio processo, reduzindo o direito material ao processo (em adoção de postura monista que ele pretende refutar). Diz ele:

> Algo más arriba he recordado que, contra el fundamento de la acción-derecho está todo el código de rito que disciplina y regula, desde la demanda, a la sentencia, una serie de actos provenientes también de las partes que tienen su razón de ser en el proceso; actos por consiguiente, que en este último encuentran su justificación estructural y funcional, independientemente de las situaciones de derecho sustancial que, a través del proceso civil, son hechas valer.[245]

---

[245] MICHELI, Gian Antonio. Jurisdicción y acción: premisas críticas al estudio de la acción en el proceso civil. In: ——. *Estudios de derecho procesal civil*. Buenos Aires: Ediciones Jurídicas Europa-América, 1970, p. 172.

A técnica, concebida a partir da noção de que a "ação" – abstrata, que substituiu a ação concreta, que é a ação de direito material – norteia o processo que se desenvolve, como técnica, em procedimento, apenas instrumentalizando o direito abstrato positivado na lei, é um erro. Esse erro traz consigo o perigo. Perigo na defesa de escopos a serem realizados no campo normativo, porque seu sentido não é direcionado ao caso concreto, uma vez que realizar o direito no caso concreto não seria nem o primeiro, nem o mais importante escopo. Dinamarco sustentou, em sua obra clássica, que, neste "quadrante da história do direito, já não teria sequer sentido cogitar da tutela dos direitos como escopo do processo, expressão de uma visão superada do ordenamento jurídico".[246] Os reais escopos, então, seriam: eliminar conflitos por critérios justos, educar para o exercício dos direitos, regular o exercício do poder mediante critérios que incluam a participação dos interessados. Esses têm sido os escopos perseguidos pelo processo durante as últimas décadas e as agruras com que lida o processo civil só têm aumentado, justamente porque a ciência do Direito Processual considera intromissão indevida à sua autonomia a pretensão de o Direito Material pretender sua realização como escopo principal do processo.

Para as concepções inseridas nesse mesmo horizonte de sentido, em que a pacificação social é o escopo primeiro do processo – porque a tutela jurisdicional, "despida de imutabilidade (e por conseqüência da indiscutibilidade) conferida pela coisa julgada ao comando sentencial" seria mera *flatus vocis*[247] – a efetividade não parte do mundo e não se pode admitir a "idéia de uma norma de conduta que contenha dentro de si o mecanismo de sua própria realização judicial, acaso violada [...]".[248] Por esse motivo, não se poderia admitir a existência da ação de direito material, cujo conteúdo é limitado, nessa visão, à mera norma de conduta, o que, efetivamente, lhe reduz o significado e, em tese, justificaria sua recusa.

A viravolta na compreensão da relação entre direito material e processo, que é objeto das presentes reflexões, pretende transpor a concepção meramente apofântica da ação de direito material, reduzida a "*slogan*, uma simples ideia platônica",[249] o que leva à sua negação, para recuperar sua dimensão de "sol" do sistema, preferindo a forma como Pontes de Miranda a nomina. Parte-se, então, desse "sol" projetando, diante do

---

[246] DINAMARCO, Cândido Rangel. *Instrumentalidade do processo*. São Paulo: Malheiros, 2005, p. 216.

[247] OLIVEIRA, Carlos Alberto Alvaro de. Direito material, processo e tutela jurisdicional. In: MACHADO, Fábio Cardoso; AMARAL, Guilherme Rizzo (orgs.). *Polêmica sobre a ação*: a tutela jurisdicional na perspectiva das relações entre direito e processo. Porto Alegre: Livraria do Advogado, 2006, p. 317.

[248] OLIVEIRA, Carlos Alberto Alvaro de. O problema da eficácia da sentença. Ibid., p. 50.

[249] Ibid., p. 296.

perigo já concretizado de mau uso da técnica, uma viravolta na dimensão da compreensão, uma autêntica revolução copernicana: esse sol não é mais o centro de todo o sistema, mas a fonte de irradiação de efeitos do direito material para o processo, o que permite a esse, em sua inicial e essencial neutralidade como técnica, ser iluminado precisamente pelos efeitos que irradiam do retorno ao mundo prático, em que o ordenamento jurídico é considerado, sempre, a partir de uma visão constitucional transformadora de mundo, de que a Constituição é o centro do sistema, como documento político, social, jurídico, filosófico, que une esses elementos indissociáveis na compreensão hermenêutica.

O processo não pode servir como espaço de dominação. Deve servir como espaço de transformação social em que ao direito material seja dado realizar-se.

Uma concepção hermenêutica, em que a Constituição, como parte da pré-compreensão do intérprete, constitui sentidos, permite que o processo, como técnica, seja iluminado, justamente, por seus valores, por meio desse "sol" do sistema – a ação de direito material (sentido do ser do direito) – que recupera o mundo prático e une fato e direito, em sua diferença, que é ontológica. Ao processo será possível, então, seguir sua vocação para atender aos valores e princípios segundo o caso concreto, sem ter uma postura valorativa em si, compartimentada em escopos dados *a priori*, de forma genérica – paz social, por exemplo – a serem somados uma ao outro como entes distintos, cuja significação poderia ser até conflitante. Essa concepção compartimentada da tradição permite uma visão distorcida do Direito como um todo e permite o reconhecimento de que o processo poderia alterar o modo-de-ser do direito material, entificando-o em fórmulas abstratas e realizando-o, assim, apenas normativamente, o que atende ao escopo de assegurar a paz social, segundo o que acredita a doutrina majoritária, mesmo sem mudar a vida dos envolvidos e, especialmente, daquele que reclama a satisfação de seu direito.

O sentido não é um dado. Ele é construído a partir da Constituição, numa compreensão hermenêutica que constrói o significado do ser do direito material, sem reduzi-lo a mero ente, cujo sentido estaria aprisionado no texto ou cujo sentido poderia ser atribuído arbitrariamente pelo processo, o que permitiria ao processo fugir à sua missão, ligando-se de maneira meramente abstrata com o direito material.

É imprescindível reconhecer, com Ovídio Araújo Baptista da Silva que o "direito subjetivo, isoladamente, jamais me dará ação".[250] Sendo assim, a negação da existência da ação de direito material tem pressu-

---

[250] SILVA, Ovídio Araújo Baptista da. Unidade do ordenamento e jurisdição declaratória. In: ——. *Jurisdição, direito material e processo*. Rio de Janeiro: Forense, 2008, p. 48.

postos ideológicos ligados à manutenção do racionalismo, pois, negando a existência de ações, pretensões e até de direitos no campo do direito material, o normativismo racionalista consegue transportar a certeza presente no direito material consumado, em que as coisas são ou não são, para o direito material não realizado, em mutação, e para o processo, no qual há apenas projeto, não há certezas, apenas possibilidades e alegações, transformando o processo em um campo aparentemente seguro de verdades e segurança, abstraindo-o de seu ser e impedindo-o de exercer suas funções, já que, para isso ele necessariamente teria de trabalhar com o razoável, o provável, o verossímil, contentar-se com menos do que a verdade e a certeza. Tudo isso, como visto, são necessidades imperiosas de quem precisa da afirmação do direito como ciência – nos moldes da modernidade, e, por isso, abstrata – dotada de universalidades não cambiantes, de abstrações, de dados fixos, sem os quais não haveria ciência. Essa necessidade de negação da existência da ação de direito material retira do titular o poder frente ao Estado, entregando-lhe um instrumento formatado pelo Estado segundo suas próprias necessidades, e desloca a este o poder característico de feição totalitária, em que impera a exceção e em que o espaço de anomia do Direito é considerado espaço legítimo a ser preenchido pelo sujeito assujeitador da modernidade na forma como o pensamento das classes dominantes considerar adequado aos seus interesses. O processo, nesse paradigma, é compreendido como favor do Estado, ao invés de se perceber nele um imperativo, um dever do Estado frente ao reconhecimento de direitos dos quais a ação de direito material é a fonte de irradiação do ser e da força impositiva do direito a ser realizado pelo Estado, por meio da realização do resultado prático equivalente à sua plena realização. Essa negação também atende aos ditames do Estado liberal, pois a lei do mercado – a segurança de menor interferência possível na esfera jurídica alheia e de solução final da controvérsia – exige um processo civil que "despotencialize"[251] o direito material. É o espaço de anomia e de exceção.

---

[251] Parafraseando SILVA, Ovídio A Baptista da. *Jurisdição e execução na tradição jurídica romano-canônica*. São Paulo: Revista dos Tribunais, 1996, p. 168.

4. A análise da exceção: o papel do positivismo na produção da exceção e o (não) lugar da ação de direito material no seio desse paradigma

A revelação dos pressupostos ideológicos que constituem a base para o predomínio do indivíduo e que levam à definição da modernidade como época da imagem do mundo demonstram os motivos pelos quais a investigação anterior se fazia imprescindível, já que possibilita compreender porque a dualidade entre conceito abstrato e ser concreto, denunciada por Carl Schmitt,[252] leva à subtração do mundo prático, ao predomínio do conceito e à eliminação da ação de direito material do seu lugar como modo-de-ser do direito material, expressão dinâmica que resgata o mundo prático e liga direito material e processo. Como afirma Carl Schmidt:

> Con la filosofia de Descartes comenzó la conmoción del antiguo pensamiento ontológico; su argumentación *cogito, ergo sum* remitió a los hombres a un hecho subjetivo y interno, a su pensamiento, en lugar de una realidad del mundo exterior. El pensamiento científico-natural de los hombres dejó de ser geocéntrico y buscó el centro fuera de la Tierra, el pensamiento filosófico se volvió egocéntrico y buscó el centro en sí mismo. La filosofia moderna está dominada por una escisión entre pensamiento y ser, concepto y realidad, espíritu y naturaleza, sujeto y objeto, que la solución transcendental de Kant tampoco eliminó; esta no restituye la realidad del mundo exterior al espíritu pensante, porque para ella la objetividad del pensamiento consiste en que éste se mueve en las formas objetivamente válidas y alla esencia de la realidad empírica, la cosa en sí, no puede ser aprehendida.[253]

Pensamento e ser foram desligados. O conceito tornou-se abstrato e não mais corresponde ao ser concreto. O predomínio do pensamento (*cogito, ergo sum*), como única coisa da qual o homem não pode duvidar, fez do ser concreto, mutável em essência, o lugar da dúvida e da inseguran-

---

[252] FERREIRA, Bernardo. *O risco do político*: crítica ao liberalismo e teoria política no pensamento de Carl Schmitt. Belo Horizonte: UFMG, 2004, p. 82.

[253] SCHIMITT, Carl. *Romanticismo político*. Buenos Aires: Universidad Nacional de Quilmes, 2000, p. 110.

ça. No campo do direito, essa dualidade produziu a subtração do mundo prático, para que o conceito abstrato passasse a predominar. Esse predomínio da conceitualização, da universalização do sentido, que se torna unívoco, foi o caminho encontrado para que o direito se tornasse um lugar mais seguro, onde as cambiantes mutações da realidade não ferissem a perfeição das formas jurídicas. Esse caminho, trilhado na modernidade, foi também o caminho da separação entre direito material e processo, e impõe a negação dos elementos que significam a retomada do vínculo entre direito material e processo. Ao negar o mundo prático, alijando-o da compreensão do direito, dada a suficiência do conceito e do método, tudo o que significa retomada do mundo prático deve ser também alijado. Com isso, o ser – o direito material – perde força impositiva e pode ser aprisionado e constantemente redimensionado pelo conceito.

Esse modelo é o modelo positivista em que o sujeito individual, desligado do mundo, concebe formas perfeitas, impondo-as, sem necessidade de perguntar pelo mundo prático.

É na era do conceito, produzido sem preocupação com o mundo prático, que a técnica, torna-se o princípio-primeiro, o que já demonstra que o positivismo e suas posturas são o modelo de pensamento que corresponde ao mundo da era da técnica em que o espaço da ação no mundo é negado em prol da otimização dos modos de fabricação de entes padronizados. Isso porque, como foi visto, a era da técnica é a era em que o ser é substituído pelo processo de sua fabricação, e essa fabricação de modo algum está presa às amarras do que as coisas são. O conceito está livre para ser construído, importando mais sua perfeição do que sua utilidade ou correspondência com o mundo prático, onde a realidade acontece.

É imperioso, portanto, investigar como o positivismo produz a exceção e, com ela, a subtração da força impositiva do direito material, motivo pelo qual a negação da ação de direito material – categoria capaz de restabelecer o elo entre o conceito e a coisa em si e de retomar o vínculo com o mundo prático – está fundamentada na manutenção do paradigma positivista e no individualismo da era da técnica. É o que se pretende abordar no presente capítulo.

4.1. SOBRE O "LUGAR" DA NEGAÇÃO DA AÇÃO DE DIREITO MATERIAL NO PARADIGMA DE PENSAMENTO QUE TEM A EXCEÇÃO COMO NORMALIDADE

A ação (e a pretensão) de direito material, como já foi abordado nos capítulos anteriores, não é apenas uma categoria que expressa um conceito de direito material: o direito violado (ou ameaçado de violação). Ela retoma, porque é a expressão dinâmica do direito material, o vínculo com o mundo prático. A afirmação de sua existência e a constatação de que é esse o conteúdo do direito material que vem ao processo, permite que o processo retome seu vínculo com a realidade da vida, o que permite, ainda, ao processo, revisar significações, aproximando-o do mundo da vida e garantindo-lhe efetividade real e, não, apenas normativa.

Essa retomada do mundo prático (re) une conceito abstrato e ser concreto. Disso resulta a necessidade de negação da ação de direito material, porque não são mais os princípios científicos que determinarão o modo como as coisas são, mas as coisas mesmas, em sua dimensão prática. Tais são os imperativos que levam o senso comum teórico à negação da ação de direito material como anacronismo e *slogan*, que respondem ao pressuposto do sistema jurídico positivista que, na análise de Schmitt, mescla o normativismo e o decisionismo "e substitui a justiça pelo interesse da segurança jurídica".[254] Por meio dessa mescla, o positivista fundamenta, segundo Schmitt, "o seu ponto de vista primeiramente, em uma vontade (do legislador ou da lei) e depois, contra a sua vontade, sem mediações em uma lei 'objetiva'".[255]

Esse modelo encontrado pelo positivismo, para garantir segurança jurídica, no entanto, trouxe consigo um paradoxo, porque tal escolha resulta na negação, de fato, daquilo que o positivismo busca, a segurança por meio da suficiência ôntica do direito, porque permite que o positivista se apresente, "de acordo com a situação (*Lage der sache*), ora como decisionista, ora como normativista".[256] Ora, se o conceito abstrato tem sentido unívoco, aplicável à generalidade dos casos postos à apreciação, como no caso do art. 285-A do Código de Processo Civil, em que a mesma sentença, pronta, será aplicada a uma generalidade de casos, então é porque há casos, que as partes trazem à apreciação do Judiciário, em que se aplica pura norma (exegese de norma, conceito) em que não há fatos. Eventualmente, no entanto, aquele conceito, que reflete uma norma de sentido unívoco será considerado não aplicável e o exegeta criará o conceito a ele aplicável, não com base no mundo prático, alijado do direito, mas com base em suas convicções, jurídicas e individuais, a respeito do tema. Normativismo *versus* decisionismo. Não é por nada que situações de fato idênticas são tratadas de modo absolutamente díspare pelos tribunais, ora se considerando aplicável uma determinada norma ou prece-

---

[254] SCHMITT, Carl. Sobre os três tipos do pensamento jurídico. In: MACEDO JÚNIOR, Ronaldo Porto. *Carl Schmitt e a fundamentação do direito*. São Paulo: Max Limonad, 2001, p. 188.

[255] Ibid.

[256] Ibid.

dente, ora considernado-se-os inaplicáveis. Por quê? Não se sabe, já que a situação de fato que deveria ser o parâmetro para aplicação do direito (não apenas a lei ou a jurisprudência, porque essas não são suas únicas fontes), é adaptada na moldura da norma ou considerada não regulada, surgindo, aí, os chamados espaços em branco, ou vazios de direito.

Essa possibilidade de "escolha" entre o normativismo e o decisionismo, conforme a situação, que fora apontada por Schmitt, leva o positivismo a suprimir, de fato, o ordenamento jurídico, colocando-o como que "entre aspas", suspendendo-o.

A referida constatação pode também ser encontrada em Lenio Luiz Streck, que denuncia as diversas posturas positivistas, que permitem dizer qualquer coisa sobre o que é o direito

> [...] que de um modo ou de outro, trabalham com a possibilidade de múltiplas respostas, ou transferindo o problema da indeterminabilidade do direito para os conceitos elaborados previamente pela dogmática jurídica ou deixando a cargo do sujeito-intérprete a tarefa de descobrir os valores ocultos do direito.[257]

Essa é a forma de o positivista lidar com as insuficiências da dogmática analítica. A aplicação do Direito, relegada à subsunção, não dá conta da diversidade do mundo da vida e, por isso, expõe suas insuficiências, o que é revelado pelo próprio Kelsen, pai do positivismo, quando, ao final de sua Teoria Pura do Direito, afirma que:

> A interpretação jurídico-científica tem de evitar, com o máximo cuidado a ficção de que uma norma jurídica apenas permite, sempre e em todos os casos, uma só interpretação: a interpretação "correta". Isto é uma ficção de que se serve a jurisprudência tradicional para consolidar o ideal da segurança jurídica. Em vista da plurissignificação da maioria das normas jurídicas, este ideal somente é realizável aproximativamente.[258]

O que se observa, pois, é que o positivismo jurídico em suas variadas formas de manifestação, buscando a imagem de produtor de segurança jurídica, como legitimador do modo de ser do Direito ligado ao método, produz o predomínio da discricionariedade-arbitrária, deixando ao Poder Judiciário um espaço decisionista, ao lado da hermenêutica normativo-analítica. Essa ideia é, também, a de Herbert Hart, em cuja doutrina está presente a distinção entre casos fáceis – resolvíveis por mera subsunção – e casos difíceis, pois "haverá pontos em que o direito existente não consegue ditar qualquer decisão que seja correcta e, para decidir os casos em que tal ocorra, o juiz deve exercer os seus poderes de criação do direito".[259]

---

[257] STRECK, Lenio Luiz. *Verdade e consenso*. Rio de Janeiro: Lúmen Juris, 2006, p. 251.
[258] KELSEN, Hans. *Teoria pura do direito*. São Paulo: Martins Fontes, 2003, p. 396.
[259] HART, Herbert. *O conceito de direito*. Lisboa: Fundação Calouste Gulbenkian, 2005, p. 336.

Com efeito, por meio de raciocínios causais-explicativos, a aplicação do direito é entregue ao método subsuntivo-dedutivista, nos casos fáceis e, nos difíceis, a escolha da resposta seria entregue ao arbítrio do aplicador. Essa divisão entre *hard cases* e *easy cases* pelo positivismo reflete a mescla apontada por Schmitt entre decisionismo e normativismo e também a divisão entre jurisdição meramente declaratória e jurisdição criativa ou constitutiva. Conforme Agamben, suspendendo "a norma, o estado de exceção revela (*offenbart*) em absoluta pureza um elemento formal especificamente jurídico: a decisão (Schmitt, 1922, p. 19). Os dois elementos, norma e decisão, mostram assim sua autonomia".[260]

Ocorre que a decisão, no paradigma individualista, é entregue ao indivíduo, desvinculado do mundo, pois a "consagração da liberdade individual como princípio civilizatório exigiria, em última análise, a independência do indivíduo em relação a todo conteúdo que se pretenda objetivamente vinculante".[261]

O liberalismo, justamente por liberar o indivíduo de todo conteúdo vinculante, permite a suspensão da norma, mas não admite verdadeira decisão. Para o positivismo, a decisão não tem um sentido político, compreendido como noção relacionada à vida em comum e ao destino comum. Nesse sentido desvinculado, a decisão se dá na esfera da autonomia do indivíduo. Trata-se daquilo que o individualismo da modernidade produziu. Não há mais conceitos comunitários, apenas individuais, em que o indivíduo é guindado à medida de todas as coisas. À concepção liberalista acode, como é sabido, o positivismo, como norma ou decisão, no qual a medida da supremacia de uma ou de outra – sabendo-se que a última exige a suspensão da primeira – é o indivíduo. Esse positivismo, que pode dizer qualquer coisa sobre qualquer coisa, é o lugar onde

> [...] a força de lei (X) sem lei, o *imperium* flutuante, a vigência sem aplicação e, de modo mais geral, a idéia de uma espécie de "grau zero" da lei, são algumas das tantas ficções por meio das quais o direito tenta incluir em si sua própria ausência e apropriar-se do estado de exceção ou, no mínimo, assegurar-se uma relação com ele.[262]

Esse estado de exceção, que é o lugar no qual a exceção – a anomia – é a regra, e no qual a norma é suspensa em sua impotência e inefetividade, ainda que válida, movimenta a relação entre direito material e processo em direção a um espaço conceitual, em que o processo produz o direito material e concebe a jurisdição como campo normativo destinado a regular, também conceitualmente, as relações sociais.

---

[260] AGAMBEN, Giorgio. *Estado de exceção*. São Paulo: Boitempo, 2004, p. 56.
[261] FERREIRA, Bernardo. *O risco do político*: crítica ao liberalismo e teoria política no pensamento de Carl Schmitt. Belo Horizonte: UFMG, 2004, p. 53.
[262] AGAMBEN, Giorgio. *Estado de exceção*. São Paulo: Boitempo, 2004, p. 80.

Sendo assim, a escolha positivista pela exceção é condição de possibilidade para que a técnica realize sua tarefa. No direito, a técnica, que caracteriza o pensamento da modernidade, produz a inversão da realidade, por meio da substituição do ser pelo conceito, impondo, ao direito material, o sentido que o processo declara que tem ou cria para ele, tudo sem perquirir o mundo prático. O processo produz satisfatividade no seu próprio âmbito, sem que às partes seja, então, garantida satisfatividade real, o que verdadeiramente buscam. Não apenas segurança jurídica, mas concretização de pretensões.

A opção pela negação da ação de direito material é manifestação do estado de exceção, em que o direito material não tem força de lei, sendo entregue ao destino que lhe der o direito processual. Como afirma Agamben:

> Para o estado de exceção, a aplicação de uma norma não está de modo algum contida nela e nem pode ser dela deduzido, pois, de outro modo, não haveria necessidade de se criar o imponente edifício do direito processual. Como entre a linguagem e o mundo, também entre a norma e sua aplicação não há nenhuma relação interna que permita fazer decorrer diretamente uma da outra.[263]

E continua, dizendo:

> O estado de exceção é, nesse sentido, a abertura de um espaço em que aplicação e norma mostram sua separação e em que uma pura força de lei (X) realiza (isto é, desaplicando) uma norma cuja aplicação foi suspensa. Desse modo, a união impossível entre norma e realidade, e a consequente constituição do âmbito da norma, é operada sob a forma de exceção, isto é, pelo pressuposto de sua relação. Isso significa que, para aplicar uma norma, é necessário, em última análise, suspender sua aplicação, produzir uma exceção.[264]

A análise de Agamben demonstra que o império da exceção impede a compreensão do sentido da justiça e a construção do sentido autêntico do ser do direito, já que para isso a esfera comunitária deveria ser restabelecida. Não há como superar o positivismo, alicerçado sobre o individualismo, senão por meio da retomada da intersubjetividade, em uma dimensão hermenêutico-filosófica do direito, único modo de fazer acontecer a viravolta em direção ao acontecer do direito material no processo, pois é preciso reconhecer que:

> Aquele que compreende não escolhe arbitrariamente um ponto de vista, mas encontra seu lugar fixado de antemão. Assim, para a possibilidade de uma hermenêutica jurídica é essencial que a lei vincule por igual todos os membros da comunidade jurídica.[265]

---

[263] AGAMBEN, Giorgio. *Estado de exceção*. São Paulo: Boitempo, 2004, p. 62-63

[264] Ibid., p. 63.

[265] GADAMER, Hans-Georg. *Verdade e método*. Petrópolis: Vozes; Bragança Paulista: Universitária São Francisco, 1997. v. 1, p. 432.

A escolha positivista entre normalidade e exceção – em que a necessidade, do ponto de vista do intérprete, poderá ditar a suspensão do ordenamento jurídico, em que a lei perde a força de lei toda vez que um caso particular se subtrai, em face da necessidade, à obrigação de sua observância – é o paradigma de Estado e de Direito (já que o que impera é a teoria que pressupõe a unidade do ordenamento jurídico) que se consolida a cada dia, tornando-se cada vez mais distante a concretização do ser do direito material pelo processo. Como afirma Bercovici:

> O estado de exceção está se espalhando por toda a parte, tendendo a coincidir com o ordenamento normal, no qual, novamente, torna tudo possível. Dessa forma, o estado de exceção está se tornando uma estrutura jurídico-política permanente e o paradigma dominante de governo na política contemporânea, com a ameaça de dissolução do Estado.[266]

A crise do paradigma dominante, então, parece estar encaminhando o Direito e o Estado a uma solução em que o individualismo se mostra cada vez mais consolidado, o que inviabiliza a virada que se propõe, a partir da hermenêutica filosófica e do paradigma da intersubjetividade. Direciona-se a apropriar-se do estado de exceção e a consolidar a ausência de limite democrático sobre o poder de dizer o que é o direito. Nesse contexto, a conceitualização deve ditar a interpretação, porque a retomada do mundo prático impõe uma responsabilidade vinculada à transformação da sociedade que não está nos planos do liberalismo-positivista.

Nesse contexto, a ação de direito material – que desvela uma possibilidade de sentido que recupera a significação do direito material em sua relação com o processo, devolvendo o mundo prático ao direito, bem como a função constituidora da Constituição e sua forma normativa – não é bem-vinda. Sua negação, porque não seria concebível que uma norma contivesse em si o mecanismo de sua própria realização,[267] como Giorgio Agamben, no trecho antes citado,[268] adverte, é exigida para manutenção do paradigma instituidor da exceção como técnica normal de governo e decisão, que atende à manutenção do *status quo* e que responde ao modelo liberal-individualista, em que a Constituição e, por decorrência, a

---

[266] BERCOVICI, Gilberto. *Constituição e estado de exceção permanente*: atualidade de Weimar. Rio de Janeiro: Azougue, 2004, p. 180.

[267] A referência é ao trecho da lavra do processualista gaúcho Carlos Alberto Alvaro de Oliveira, principal polemista da matéria, cuja doutrina se contrapõe a Ovídio Araújo Baptista da Silva: "A idéia de uma norma de conduta que contenha dentro de si o mecanismo de sua própria realização judicial, acaso violada, de modo nenhum se afina com o ordenamento jurídico brasileiro, que distingue claramente o plano do direito material e o plano do direito processual." (OLIVEIRA, Carlos Alberto Alvaro. O problema da eficácia da sentença. In: MACHADO, Fábio Cardoso. AMARAL, Guilherme Rizzo. (orgs.). *Polêmica sobre a ação*: a tutela jurisdicional na perspectiva das relações entre direito e processo. Porto Alegre: Livraria do Advogado, 2006, p. 50.

[268] BERCOVICI, Gilberto. *Constituição e estado de exceção permanente*: atualidade de Weimar. Rio de Janeiro: Azougue, 2004, p. 62-63

jurisdição, tem feição meramente negativa, *i.e.*, protetora da esfera do indivíduo (autonomia-propriedade), em que não há laços comunitários a serem construídos e preservados. Não há bem comum.

É intuitivo, então, que, para regular o mundo da vida, por meio do formalismo que exige a conceitualização da realidade, era necessário, a esse modelo, separar fato e direito em esferas distintas. O mundo da vida passa a ser normativo. O fenômeno jurídico, então, não irá aos fatos, o que impõe reconhecer que, correspondendo – a ação de direito material – a um retorno ao mundo prático, não deve ser vista com surpresa sua negação.

Sem compreensão adequada do direito material em sua relação com o processo, a doutrina continua, às custas do mundo da vida, tentando remendar o processo a partir das mesmas bases epistemológicas que fundamentaram a autonomia do Direito Processual em relação ao Direito Material.

Especificamente, então, é preciso trabalhar a compreensão dos motivos que levam a categoria, que é objeto central do presente estudo, a ação de direito material, a ser desenvolvida e, depois, abandonada e até condenada pelos juristas. Contextualizar a constante polêmica de sua defesa, nas obras de Ovídio A. Baptista da Silva, com um senso comum, determinado a recusar-lhe valor, considerando-a mero anacronismo e pensar a forma como a ação de direito material é tratada e recusada pela maioria, possibilitará a compreensão de como essa categoria permite pensar o que deve ser pensado em prol de uma revitalização das condições de possibilidade de uma relação produtiva entre o direito material e o processo.

4.2. DE COMO SÃO VÁRIAS AS CONCEPÇÕES SOBRE A LIGAÇÃO ENTRE O DIREITO MATERIAL E O PROCESSO

As intermináveis discussões em torno da ação e, em consequência, da relação entre direito material e processo, trazem à tona duas correntes que, aparentemente, monopolizam as atenções, discussões, conclusões e escolhas dos juristas: as correntes dualista e monista[269] do ordenamento

---

[269] Da concepção monista do ordenamento jurídico, são expoentes, na Espanha, Ramos Mendez (MENDEZ, Francisco Ramos. *Derecho y processo*. Barcelona: Librería Bosch, 1979), e, na Itália, Satta (SATTA, Salvatore. *Direito processual civil*. Rio de Janeiro: GB; Borsoi, 1973). No Brasil, é expressamente defendida por Darci Guimarães Ribeiro, que afirma: "De ahí que, para nosotros, la comprensión del derecho subjetivo pueda ser descrita de la siguiente manera: el hecho es traído al proceso a través de la pretensión procesal deducida por el actor; el valor se encuentra ínsito en las leyes que componen el ordenamiento jurídico; y el derecho subjetivo (a saber, la norma individual) es creado por la sentencia del juez a partir de los hechos proporcionados por las partes y de los valores suministrados por el ordenamiento jurídico". RIBEIRO, Darci Guimarães. *La pretensión procesal y la tutela judicial efectiva*: hacia uma teoria procesal del derecho. Barcelona: J. M. Bosch, 2004, p. 48-49.

jurídico. Em síntese apertada, a primeira, reconhecendo duas esferas distintas: o direito material e o processo; a segunda, reconhecendo apenas a esfera processual, porque o direito material, antes da intervenção do processo, seria fenômeno meramente sociológico que ingressaria no campo jurídico por obra desse.

Essas discussões demonstram que a polêmica em torno da ação é central no trato da concepção do ordenamento jurídico e, por isso, de sua efetividade real.

No seio desse debate, a incompreensão acerca do que essas opções representam e do que elas condicionam na relação entre direito material e processo é esclarecedora. Incompreendida, a teoria dualista é afirmada pela maior parte da doutrina, ao mesmo tempo em que é negado o pressuposto dessa escolha: a afirmação da ação de direito material. Com efeito, recusar a esfera impositiva, a força normativa do direito material, por meio da categoria que lhe dá dinamicidade e faticidade – a ação de direito material – anula a esfera própria do direito material, fazendo sobejar o processo, que criaria o direito material. Ou, ainda, por outro lado, anula o processo, por concebê-lo à imagem do direito material consumado, repleto de certezas e verdades concretizadas, que necessitariam apenas ser declaradas. Qualquer dessas escolhas é, no entanto, caudatária da unidade do ordenamento jurídico.

Múltiplos fatores inviabilizam a compreensão da discussão. A primeira delas é a já comentada incompreensão da ação de direito material, o que faz com que a teoria monista tenha várias possíveis leituras da unidade do ordenamento jurídico – em virtude das variantes que apresenta – e que a teoria dualista seja inautenticamente professada pela doutrina, em irremediável confusão que leva alguns doutrinadores a professar o dualismo quando se circunscrevem, inadvertidamente, no campo monista.

O diagnóstico deve ser creditado a Ovídio Araújo Baptista da Silva, que afirma, em sua obra *Jurisdição, Direito Material e Processo*, o seguinte:

> Interessa, porém, no momento, mostrar, que Chiovenda, tido como um dos principais defensores da doutrina da "dualidade" de ordenamentos jurídicos, conservava-se, na essência, um defensor das doutrinas monistas, embora num sentido oposto ao defendido por aqueles que se auto-proclamam partidários da doutrina da unidade do ordenamento jurídico. Enquanto Salvatore Satta, Ramos Méndez, Carnelutti e os demais juristas catalogados como "monistas", reduzem o direito ao processo, Chiovenda, mesmo insistindo na "dualidade" dos ordenamentos jurídicos, não admitia que o "estado de pendência" pudesse tornar "não evidente" o direito. Em resumo, o jurista trabalhava com categorias de direito material; o direito era pensado como direito material, "absoluto e seguro". Dir-se-ia que o jurista,

como de resto a doutrina inteira, professa um monismo de sentido oposto: somente existe o direito material "absoluto e certo", concebido e tratado como direito material.[270]

A contraposição entre duas formas de pensar o mesmo modelo de ordenamento jurídico aparentemente não se dá de modo estático, sendo paradoxalmente, na prática, alternadas a supremacia do processo, que pode dizer qualquer coisa sobre o direito material, ou a supremacia do direito material a ser declarado, porque suficientemente previsto no ordenamento, sem necessidade de interpretação.

Assim, pode-se observar, simultaneamente, 1) o modelo operativo, centrado na abstração da incidência normativa, em que a jurisdição é meramente declarativa, no qual o juiz tem a possibilidade de não se comprometer mais do que com o dizer da norma aplicável; e 2) o modelo que, sob o argumento das insuficiências da lei e liberado por elas, pode criar, sem limites, a norma aplicável, em postura decisionista, que retrotrai suas origens ao individualismo que caracteriza a modernidade. Ambas as posturas, ao contrário do que poderia parecer em uma leitura apressada, se comprometem com a arbitrariedade que lhes possibilita a compreensão do Direito como norma abstrata previamente dada. A compreensão da jurisdição como mera declaração apresenta as marcas do positivismo, porque, sendo abstrata, a incidência da norma permite ao juiz aplicá-la ao caso concreto, sem necessidade de real concordância entre a norma aplicada e a realidade fática posta à apreciação, em evidente postura arbitrária. Do mesmo modo, permitir a criação livre do direito, sem que a interpretação seja direcionada pela tradição autêntica (que se manifesta na Constituição, na história, nos costumes, na jurisprudência, na doutrina, nas relações sociais, nos vínculos entre os sujeitos, nos modos-de-vida e nos valores da sociedade, de forma sempre questionadora e vigilante), deslegitima a função jurisdicional, permitindo que se diga qualquer coisa sobre o que é o direito do caso concreto. O campo do arbítrio – preenchido de diferentes formas –, em ambos os casos, não deixa de ser vastíssimo.

Ronald Dworkin, sob as rubricas do convencionalismo e do pragmatismo, elucida a questão. Embora circunscrito, obviamente, ao *commom law*, sua exposição não deixa de demonstrar o que aqui se afirmou, porque o pensamento a que correspondem tem o mesmo sentido. Segundo Dworkin:

> No convencionalismo, o direito é o direito. Não é o que os juízes pensam ser, mas aquilo que realmente é. Sua tarefa é aplicá-lo, não modificá-lo para adequá-lo à sua própria ética ou política. Esse é o ponto de vista da maioria dos leigos e o hino dos conservadores em questões de direito. [...] Insiste em que, uma vez tomada uma decisão clara por um

---

[270] SILVA, Ovídio Araújo Baptista da. Unidade do ordenamento e jurisdição declaratória. In: ——. *Jurisdição, direito material e processo*. Rio de Janeiro: Forense, 2008, p. 104.

organismo autorizado por convenção, e que o conteúdo de tal decisão foi estabelecido em conformidade com as convenções sobre a melhor maneira de compreender tais decisões, os juízes devem respeitar essa decisão, mesmo achando que uma decisão diferente teria sido mais justa ou sábia.[271]

Já o pragmatismo, segundo Dworkin, afirma que:

> Para decidir os casos, os juízes devem seguir qualquer método que produza aquilo que acreditam ser a melhor comunidade futura [...]. O pragmático pensa que os juízes deveriam sempre fazer o melhor possível para o futuro, nas circunstâncias dadas, desobrigados de qualquer necessidade de respeitar ou assegurar a coerência de princípio com aquilo que outras autoridades públicas fizeram ou farão.[272]

4.3. JURISDIÇÃO DECLARATÓRIA & JURISDIÇÃO CONSTITUTIVA: DIFERENTES FORMAS DE (NÃO) COMPREENDER O FENÔMENO JURISDICIONAL

Essas diferentes formas de "olhar" o fenômeno jurídico estão perfeitamente adequadas a um sistema que pretende permanecer pronto a dar respostas segundo a postura ideológica do intérprete. As expressões que as caracterizam – jurisdição declaratória ou constitutiva – estão comprometidas com esse imaginário de opção teórica (como sugere Agamben, "a terminologia é o momento propriamente poético do pensamento, então as escolhas terminológicas nunca podem ser neutras.")[273] que, na verdade, responde a imperativos de ordem prática, consistentes em fazer do direito o que o intérprete autorizado pretende que ele seja, porque é preciso reconhecer, com Bourdieu, que:

> O conteúdo prático da lei que se revela no veredicto é o resultado de uma luta simbólica entre profissionais [...], que se realiza por meio de um trabalho colectivo de sublimação destinado a atestar que a decisão exprime não a vontade e a visão do mundo do juiz mas sim a *voluntas legis* ou *legislatoris*.[274]

As expressões descoberta e criação do Direito estão, dessa forma, carregadas de sentidos inautênticos. Na investigação sobre a natureza e o conteúdo da jurisdição moderna, diferentes posições se enfrentam e reconhecem diferentes origens à natureza da atividade jurisdicional, divergindo ainda sobre essa própria natureza.

---

[271] DWORKIN, Ronald. *O império do direito*. São Paulo: Martins Fontes, 2003, p. 145-146.
[272] Ibid., p. 195-196.
[273] AGAMBEN, Giorgio. *Estado de exceção*. São Paulo: Boitempo, 2004, p. 15.
[274] BOURDIEU, Pierre. *O poder simbólico*. Rio de Janeiro: Bertrand Brasil, 2005, p. 225.

A doutrina tradicional, sustentando a natureza declaratória da atividade jurisdicional, está embasada na discutível distinção entre *imperium* e *iurisdictio* no Direito Romano. A doutrina romanística, da qual é exemplo a obra de Franceso de Martino, recusa jurisdicionalidade às atividades do pretor romano, circunscrevendo o campo jurisdicional à atividades do *iudex*, que não detinha império e exercia suas funções por delegação do pretor, apenas averiguando a veracidade das afirmações das partes e aplicando a fórmula dada pelo pretor. Seria, então, jurisdicional, na posição apontada, apenas essa atividade do *iudex*, na fase *apud iudicem*, que aplicava um direito que era construído pelo pretor, esse, sim, detentor de poder de *imperium*. A atividade do pretor, na leitura que fez dela a modernidade, não constitui jurisdição. O procedimento que substituiu o formulário, com o advento da *cognitio extraordinaria*, certamente, é responsável por essa equiparação da jurisdição à atividade declarativa do *iudex*, pela romanística moderna. O período imperial, em que a lei ganha espaço como fonte principal e depois única do direito – o *ordo iudiciorum privatorum* –, que tornou a jurisdição atividade estatal, manteve a base declarativa da atividade do *iudex*, porque a lei, então, já fora ditada pelo império, não sendo necessária construção da norma por meio da investigação da prudência pretoriana. A jurisdição, nessa fase, passa realmente a ser concebida como atividade meramente declarativa, chegando à modernidade como atividade desprovida de *imperium*. Essa concepção, que se identifica com a concepção de Direito da Roma imperial, importalizada por Justiniano, foi desenvolvida pelas escolas de romanistas e serviu aos desideratos da Revolução Francesa – é conhecida a expressão em que o juiz é simplesmente *la bouche de loi* – e ao ideal sistemático-cientificista, que se desenvolveu com a pandectistística alemã dos séculos XVIII e XIX. Essa forma de conceber a jurisdição, que a limita à atividade intelectiva e abstrata, em que o juiz cumpriria o ofício jurisdicional ao produzir o acertamento do direito, está vinculada à expressão descoberta do direito, porque ao juiz caberia apenas indicar o direito aplicável, dado *a priori*, objetivamente, sem necessidade de compreensão da norma aplicável a partir das peculiaridades históricas e fáticas de cada fato apreciado pela jurisdição. A expressão, então, vincula-se a um modelo abstrato de jurisdição, que declara, a partir de uma norma pré-concebida, o direito, sem necessidade de interferência no mundo dos fatos. Esse é o duplo resultado que se apresenta em uma jurisdição que não procura o significado dos fatos e atribui-lhes um sentido que, *a priori*, não demandaria interpretação e que não vai aos fatos, porque pressupõe que a mera declaração normativa esgote o trabalho jurisdicional e que a satisfação do direito seria encontrada pela formação da coisa julgada, garantidora de paz social.

Como afirma Eduardo Couture, pode-se dizer que "sòmente a partir de fins do século XIX é que se nota uma reação contra essa poderosa corrente de pensamento, que vê na sentença tão sòmente a mera declaração de um direito preexistente ao processo"[275] que proclama que "não só a lei, senão a lei e a função judicial é que dão ao povo o seu direito".[276] A expressão do pensamento da jurisdição como atividade constitutiva, a qual não deixa de lembrar Couture, é reforçada pela adesão Kelseniana. Para Kelsen, em sua *Teoria Pura*:

> Uma decisão judicial não tem, como por vezes se supõe, um simples caráter declaratório. O juiz não tem simplesmente de descobrir e declarar um direito já de antemão firme e acabado, cuja produção já foi concluída. A função do tribunal não é simples "descoberta" do Direito ou juris-"dição" ("declaração" do Direito) neste sentido declaratório. A descoberta do Direito consiste apenas na determinação da norma geral a aplicar ao caso concreto. E mesmo esta determinação não tem um caráter simplesmente declarativo, mas um caráter constitutivo.[277]

É a vertente que afirma a jurisdição como atividade constitutiva de Direito.

É verdade que não se pode negar que o mero enunciado normativo, a proposição ou o juízo não são ainda o direito,[278] porque isso equivaleria a equiparar o direito à lei (em sentido *lato*) e retornar à concepção de jurisdição meramente declaratória.

Com efeito, como afirma Zaccaria "*la legge altro non è che uno stato necessariamente incompiuto e transitorio, anche se dotato di forza normativa vincolante, del processo di concretizzazione del diritto: un 'semilavorato', per usare l'espressione di Adolf Merkl [...]*".[279] E, continua o autor: "*Perciò l'ermeneutica giuridica è definita teoricamente dal riconoscimento che la norma astratta rivela una struttura necessariamente incompleta, completabile soltanto nel procedimento ermeneutico di concretizzazione della norma giuridica all'interno della decisione di un caso pratico*".[280]

A ideia de uma jurisdição criativa ou constitutiva do direito, então, não pode deixar de ser vista como uma reação à passividade que domina a sistematização do século XIX. A interpretação é necessária sempre, não

---

[275] COUTURE, Eduardo J. *Fundamentos do direito processual civil*. São Paulo: Saraiva, 1946, p. 227.

[276] Ibid.

[277] KELSEN, Hans. *Teoria pura do direito*. São Paulo: Martins Fontes, 2003, p. 264.

[278] Consoante anota Calmon de Passos na seguinte passagem: "O Direito enquanto apenas formulação teórica, enunciado normativo, proposição ou juízo, ainda não é o Direito." CALMON DE PASSOS, J. J. *Direito, poder justiça e processo*. Rio de Janeiro: Forense, 2003, p. 67.

[279] ZACCARIA, Giuseppe. *L'Arte dell'interpretazione*: saggi sull'ermeneutica giuridica contemporanea. Padova: CEDAM, 1990, p. 87.

[280] Ibid.

sendo, pois, uma necessidade apenas em alguns casos, que modernamente poderiam ser chamados de casos difíceis, em oposição aos fáceis, que demandariam mera declaração do conteúdo do enunciado normativo.

Certamente, o direito só é enquanto pode ser compreendido, e não é possível a compreensão sem aplicação, isto é, sem fatos, sem um caso prático. Com efeito, por isso, não se pode deixar de afirmar a concordância com o que diz Calmon de Passos ao atribuir o ser do direito à sua aplicação: "O Direito, em verdade, é produzido a cada ato de sua produção, concretiza-se com sua aplicação e somente é enquanto está sendo produzido ou aplicado".[281] A afirmação vem ao encontro do que afirma Ovídio A. Baptista da Silva, ao citar Richard Palmer, quando diz que "o sentido e a significação são, portanto, contextuais, são parte da situação".[282]

Não se pode, no entanto, com base nessa conclusão, com a qual se concorda, como exposto, concordar com Calmon de Passos, quando o jurista equipara o jurídico ao processo, porque afirma que "o conflito é pressuposto necessário do jurídico" e porque afirma que decisões acerca da melhor conduta a seguir, acerca de qual o comportamento socialmente adequado em dada situação concreta, ou, ainda, acerca dos meios a adotar para atingir certos fins, são decisões que se encontram fora do campo do jurídico, porque esse "estaria estritamente reservado para decisões que tenham por objetivo a composição de conflitos de interesses, cuja solução se retirou dos que nele estão envolvidos, ou que por meio deles não lograram solução".[283] A concepção monista do processualista é observada claramente nesses trechos. Esse monismo nega a esfera do direito material, como se o direito não se realizasse espontaneamente, ou, ainda, como se o direito, ao assim se realizar, por prescindir do processo, não fosse direito, mas mero fato (sociologia). É razoável concluir que tal concepção produz a possibilidade de o processo condicionar o produto, afirmada pelo próprio autor, e se produz ainda a possibilidade de alijar, ao final, o direito material produzido pelo processo, do mundo prático, já que, entregue ao sujeito autossuficiente da modernidade, essa produção não apenas dita o que o direito é, como também lhe retira a força impositiva que emana da realidade do mundo prático, que não admite apropriação de sua essência. Dessas conclusões, no entanto, se discorda. A alteração da essência das coisas, pela técnica, pressupõe que as coisas tenham sido subtraídas da realidade intersubjetiva, do mundo da vida. As coisas assim deslocadas da relação com o mundo podem ser conceitualizadas à imagem do que o

---

[281] CALMON DE PASSOS, J. J. *Direito, poder, justiça e processo*. Rio de Janeiro: Forense, 2003, p. 68.

[282] SILVA, Ovídio A. Baptista. Verdade e significado. In: *Constituição, sistemas sociais e hermenêutica:* Programa de Pós-Graduação em Direito da UNISINOS. Porto Alegre: Livraria do Advogado, p. 269, 2005.

[283] CALMON DE PASSOS, J. J. *Direito, poder, justiça e processo*. Rio de Janeiro: Forense, 2003, p. 28.

intérprete pensa delas. Disso resulta que o abandono do mundo e a sua construção a partir da imagem do sujeito da era da técnica são os modos próprios de a modernidade esquecer o ser e colocar, em lugar dele, o processo de sua fabricação.

Na relação entre direito material e processo, o paradigma mantém a dicotomia fato-direito, e isso não seria possível se fosse admitido o vínculo com o mundo prático que a ação de direito material representa. A seguir, o processo pode dizer qualquer coisa sobre o que é o direito, a partir da ideia que faz dele, declarando-a, nos casos fáceis; criando-a, nos difíceis. Trata-se da junção da técnica com a exceção, porque para que a técnica realize sua tarefa é necessário que a exceção tenha aberto o caminho para que isso aconteça: por meio da mera subsunção, que não questiona, ou do reconhecimento de espaços de anomia, a técnica age, invertendo a essência das coisas, para atribuir-lhes o significado de produto de um processo. No caso do direito material, esse passa a ter o sentido que lhe atribuir o processo, por meio do método subsuntivo (declaração, no normativismo), ou por meio de criação *ex novo*, já que foi admitido um vazio de direito (criação do sentido, decisionismo).

Essa realidade, observada no dia a dia do judiciário (realidade que, como dito alhures, engloba todos os atores do cenário processual), é a realidade da era da técnica e da exceção, no seio do paradigma moderno de sistematicidade conceitual e de definição apriorística da justiça, no qual casos fáceis e difíceis não chegam a ser casos, porque permanecem alheados do mundo prático e aprisionados na ideia e no pensamento.

A teoria monista ou da unidade do ordenamento jurídico que unifica Direito e Estado, bem como direito material e processo, abriga a concepção do direito material como imagem que o processo dele projeta, impedindo sua realização e impondo o império da exceção, já que a lei (material) não tem força de lei. Sendo, assim, suprimida sua força imperativa, também é suprimido o poder transformador do direito, pois o processo dele dirá "qualquer coisa". É disso que decorre a afirmação de autoridade da lei processual em detrimento da lei material.

O paralelo com o estado de exceção parece ser inevitável. Embora a análise de Giorgio Agamben sobre o estado de exceção se refira à forma como esse novo paradigma de governo entrega ao executivo poderes para legislar no lugar do legislativo, bem como a forma como suspende o ordenamento jurídico, estabelecendo como normalidade aquilo que deveria perdurar apenas durante períodos de excepcionalidade, não há como não observar os reflexos dessa normalidade da exceção no campo da relação entre direito material e processo e, ainda, como a inexistência de uma compreensão autêntica a respeito coloca o direito material sob o jugo do processo, de modo a que, como afirmou Calmon de Passos, "antes de o produto condicionar o processo é o processo que condiciona o produto".[284]

O jurista, ademais, considera que:

> Falar em instrumentalidade do processo é incorrer-se, mesmo que inconsciente e involuntariamente, em um equívoco de graves conseqüências, porque indutor do falso e perigoso entendimento de que é possível dissociar-se o ser do direito do dizer sobre o direito, o ser do direito do processo de sua produção, o direito material do direito processual. Uma e outra coisa fazem um.[285]

Por esse motivo, é o que se pode razoavelmente concluir, o processualista, procurando uma alternativa à instrumentalidade, acaba incorrendo na mesma forma de pensar o processo que caracteriza a instrumentalidade.

Muito embora a teoria da instrumentalidade do processo afirme posição concernente à dualidade do ordenamento jurídico, ao optar, ao mesmo tempo, por afirmar a existência da "ação" como substituta da ação, ela unifica o ordenamento no campo processual que estaria, assim, autorizado a afirmar o direito material de modo abstrato, alterando o que ele é, no mundo prático, e acreditando que a melhor resposta possível é aquela dada pelo processo, cujo imperativo maior é a paz social, como antes explicitado. O direito concreto passa a ser o que abstratamente se construiu para ele.

Colaciona-se trecho da obra do eminente processualista Cândido Rangel Dinamarco:

> Negar que o juiz crie o direito do caso concreto vale simplesmente como afirmação de que as situações jurídico substanciais declaradas em sentença preexistem a ela. Tal é, em simplicidade, a teoria dualista do ordenamento jurídico, que se apóia rigorosamente no raciocínio dedutivo desenvolvido pelo intérprete a partir da premissa maior que é a norma abstrata contida no direito objetivo material; a premissa menor é a concreta situação de fato e a conclusão reside na afirmação do preceito concreto (nas sentenças judiciais, o *decisum*). Negar que de alguma forma o juiz concorra, em cada caso, a contribuir ou completar o preceito da lei (compondo a lide) não pressupõe o desconhecimento de sua inserção no universo axiológico da sociedade em que vive.[286]

O jurista, ao sustentar a instrumentalidade do processo, posiciona-se no sentido de reconhecer a existência de duas esferas – o direito material

---

[284] CALMON DE PASSOS, J. J. Instrumentalidade do processo e devido processo legal. In: *Revista de Processo*. São Paulo: Revista dos Tribunais, v. 102, 2001, p. 57.

[285] Ibid., p. 64

[286] DINAMARCO, Cândido Rangel. *Instrumentalidade do processo*. São Paulo: Malheiros, 2005, p. 48.

e o processo – optando pela chamada teoria dualista da ação. Todavia, essa dualidade prende-se à ideia de que não se justifica, segundo ele:

> Nessa quadra da ciência processual, pôr ao centro das investigações a polêmica em torno da natureza privada, concreta ou abstrata da ação; ou as sutis diferenças entre a jurisdição e as demais funções estatais; ou ainda a precisa configuração conceitual do *jus excepcionis* e sua suposta assimilação à idéia de ação.[287]

A obra clássica de Cândido Rangel Dinamarco, segundo se entende, ao engajar-se nas fileiras da defesa da teoria dualista, nega a existência de duas órbitas do ordenamento jurídico, justamente ao considerar sincretismo ultrapassado a sustentação de duas ações: "ação" e ação.

Esse posicionamento, então, filia-se à noção de superação da ação de direito material, por força do histórico pressuposto de que teria sido substituída pela "ação". Seu pressuposto é de que a crença de que a ação estaria no campo do direito material é uma "natural fragilidade metodológica e científica do direito processual",[288] fragilidade que, reconhecida a autonomia do Direito Processual, resta superada, como também a confusão entre as esferas, a ponto de situar-se a ação apenas no campo da "ação".

Por isso, o autor considera equívoco de Paula Baptista a afirmação de que "ação e exercício de ação exprimem noções distintas. A ação pertence ao direito civil ou comercial, conforme for a matéria de que se trate com relação à lei; o exercício da ação é demanda propriamente dita, a qual já então pertence ao regime judiciário".[289]

Ocorre que não se trata de confusão. Paula Baptista, no referido trecho, apenas reconhece o direito material e o processo como esferas distintas, o que resta comprometido com a afirmação da existência da "ação", apenas, porque, nisso se afirma somente a esfera do Direito Processual, o que resulta na integração da teoria exposta em "Instrumentalidade do Processo" ao campo monista, e não dualista.

Sempre que se nega, é o que se sustenta, aqui, o poder de o direito se impor por sua própria potencialidade, se desconhece a potência do Direito Material, o que equivale a desconhecer a própria órbita.

A teoria exposta por Calmon de Passos, que propõe um paradigma filosófico diferente, um novo prisma para compreender o processo, agora

---

[287] DINAMARCO, Cândido Rangel. *Instrumentalidade do processo*. São Paulo: Malheiros, 2005, p. 23.

[288] Ibid.

[289] Dinamarco cita a obra *Compêndio de teoria e prática do processo civil*. Rio de Janeiro: Garnier, 1907, § 5º, p. 12, de Francisco de Paula Baptista. DINAMARCO, Cândido Rangel. *Instrumentalidade do processo*. São Paulo: Malheiros, 2005.

como linguagem do direito material, em que ambos fazem um e em que o processo condiciona o produto, filia-se ao campo monista.

O que se pretende salientar é, no entanto, que esse caminho é o caminho de aniquilação da órbita do direito material. Está, aí, pressuposta a ideia de que o processo pode alterar o ser do direito material, condicionando-o e, para isso, obviamente, a força normativa do direito material deve ter sido previamente eliminada.

O que se perde no direito material, quando ingressa no processo, porque não se consumou espontaneamente, no entanto, é o que se perde porque a hermenêutica não abarca tudo, nunca recupera tudo, não porque o processo possa impor ao direito material um modo-de-ser, uma essência (aquilo que algo simplesmente é no mundo) que não é a sua. Para que esse ser não se perca, no entanto, é preciso fazer-se o resgate do mundo prático.

Ocorre que o positivismo alija do direito justamente o mundo prático.

Enquanto o direito material é mero conceito no mundo jurídico, e mero fato no plano dos fatos, a realidade não toca o sistema – "Normatividade e facticidade são 'planos inteiramente distintos' [...]"[290] – e o processo (concebido como instrumento ou linguagem) passa a ser uma coisa que se interpõe entre o sujeito da interpretação e o objeto dessa mesma interpretação, em que esse se transmuta em algo que não era, mas passa a ser: o processo que condiciona o produto, o processo que se põe em lugar do ser, como dissera Hannah Arendt.

A análise acerca dessa premissa de alteração de essências e aniquilação do direito material pelo processo, por meio da negação da ação de direito material foi objeto dos capítulos precedentes, mas é relevante lembrar, com Fábio Cardoso Machado, que:

> Àquilo que se chamava *actio* os modernos passaram a chamar pretensão, e desta forma o termo ação se via livre para ganhar novo significado, mesmo absolutamente diverso do significado originário, já que o termo pretensão tomou o seu lugar. E se pretensão designa o que se pode exigir de outro, o direito subjetivo perde definitivamente aquele aspecto dinâmico que implica a sua realização independentemente da vontade do sujeito passivo. Perde, quer dizer, a potencialidade de se fazer valer à força.[291]

Isso, acrescenta-se, porque a ação de direito material, *i.e.*, a ligação com o mundo prático, foi encaminhada ao exílio dos conceitos inúteis.

---

[290] SCHMITT, Carl. Sobre os três tipos do pensamento jurídico. In: MACEDO JÚNIOR, Ronaldo Porto. *Carl Schmitt e a fundamentação do direito*. São Paulo: Max Limonad, 2001, p. 172.

[291] MACHADO, Fábio Cardoso. "Ação" e ações: sobre a renovada polêmica em torno da ação de direito material. In: MACHADO, Fábio Cardoso; AMARAL, Guilherme Rizzo. (orgs.). *Polêmica sobre a ação:* a tutela jurisdicional na perspectiva das relações entre direito e processo. Porto Alegre: Livraria do Advogado, 2006, p. 143-144.

Nessa vertente, reconhece-se a entificação do direito, em que a lei, que, não por coincidência, é chamada dispositivo, (*Ge-Stell*), é acoplada ao fato sem maiores perquirições, como uma prótese, alterando-lhe a essência. Não se busca compreender. Na relação entre o direito material e o processo, essa atitude leva à submissão do direito material à sua técnica de realização, e a negação da ação de direito material traz consigo o pressuposto ideológico que permite que não se reconheça, no direito material, qualquer potência. Sua potência é dada pelo processo, o que permite dizer que já não há mais direito antes do processo. Sendo assim, o "'instrumento' torna-se senhor do objeto que lhe cumpria apenas tornar efetivo".[292] Trata-se de evidente manifestação do estado de exceção.

Reconhecer duas órbitas no ordenamento jurídico não se confunde com negar ao juiz atividade de construção da compreensão do sentido do direito, no caso concreto. É preciso, primeiro, reconhecer que o sentido não é uma criação do intérprete, nem se dá simplesmente a ele, de maneira pré-concebida, a partir de dados apriorísticos, abstratos. Conceber-se a busca pelo sentido a partir do método cartesiano: único e lógico matemático, e, por isso dedutivo, é jogar o intérprete na armadilha de: 1) negando a órbita do direito material, ao reduzi-lo à sociologia, ou mesmo reconhecendo o direito material, mas negando-lhe qualquer força normativa, ao subtrair a ação de direito material do mundo, onde se dá o sentido das coisas, postular a criação do direito material pelo processo, o que reduziria as correntes ao monismo tradicional; 2) reconhecer apenas o direito material, delegando ao juiz atividade meramente declarativa, o que conduziria o intérprete a um monismo de sinal trocado, porque reduz o processo à mera declaração do direito. Desse modo, assim como as expressões declaração e descoberta do direito carregam em si sentidos construídos por uma compreensão inautêntica da jurisdição, também as expressões constituição ou criação do direito têm vínculos que identificam determinadas correntes de pensamento.

Quando se concebe a jurisdição como atividade declaratória, de descoberta e afirmação do direito, não se pergunta por aquilo que ela realmente é, reproduzindo sentidos que a jurisdição expressou em momentos históricos em que as escolhas políticas e filosóficas refletiam situações anormais, no caso específico, o Iluminismo e as lutas revolucionárias do século XVIII. Da mesma forma, também a expressão constituição ou mesmo criação do direito estão ligadas a momentos de ruptura em que essa visão emprestou fundamento a sistemas revolucionários nos quais a democracia não consistia na escolha política do momento, como no caso

---

[292] SILVA, Ovídio Araújo Baptista da. Unidade do ordenamento e jurisdição declaratória. In: ——. *Jurisdição, direito material e processo*. Rio de Janeiro: Forense, 2008, p. 121.

dos sistemas jurisdicionais soviéticos. Os movimentos de crítica jurídica também – ainda que preocupados com a realização da justiça –, ao conceberem a possibilidade de um direito alternativo, retratam a desvinculação do intérprete a algo que o precede: o conjunto da tradição histórica.[293] Com efeito, se, de um lado, a atividade meramente declarativa do direito contém em si a afirmação de uma ideologia oculta, por outro, a expressão "criação" do direito não é despida de problemas, porque também pode identificar a atividade desvinculada da tradição e de criação do direito ao gosto do individualismo moderno, que permite a ausência de fundamentação do direito,[294] porque o intérprete não se encontra vinculado senão ao seu próprio entendimento a respeito do direito, o que delimita o campo do decisionismo, o qual, em atividade arbitrária, acaba produzindo o mesmo resultado da jurisdição declarativa: a ofensa aos limites impostos pelo neoconstitucionalismo, o que equivale à ofensa à limitação do direito às fontes que o legitimam, bem como a desvinculação com a justiça, porque não se pode admitir justiça onde há ausência de limites.[295] Trata-se de normativismo e de decisionismo que, na análise de Carl Schmitt, circunscrevem os limites do positivismo. Com efeito, cumpre perguntar: Há mais de um direito – um tradicional, outro alternativo – ou Direito só há onde a preocupação do intérprete se dá em direção à realização, em um Estado Democrático de Direito, a partir do texto e em direção a ele, passando pelos valores ditados por sua compreensão política, social, de justiça no caso concreto, sempre perguntando pela visão autêntica da jurisdição, que não aprisiona o intérprete na vontade da lei ou do legislador, de modo irresponsável, nem lhe solta as amarras em direção aos sistemas abertos em que o intérprete diz o que é o Direito, sem um limite de sentido? Perguntar pelo que é o direito não é substituir uma ideologia conservadora dos interesses das classes dominantes, por outra, ainda que evidente seja a nobreza do objetivo do empreendimento.

---

[293] PORTANOVA, Rui. *Motivações ideológicas da sentença*. Porto Alegre: Livraria do Advogado, 2003.

[294] Quando se fala em fundamentação, nos limites do presente estudo, a palavra se refere a mais do que a aplicação de discursos prévios, aplicáveis aos casos que se apresentam, como dados prévios e prontos para sua solução, ao modo do conceito, em que o caso é adequado ao conceito e não o contrário. Fundamentação prévia não é fundamentação. Colacionar precedentes, aplicar súmulas, decidir por amostragem (art. 453-C do CPC) ou por meio de decisões já prontas (art. 285-A, do CPC), não se confunde com fundamentação. Fundamentação exige contexto. A aplicação se dá concomitantemente à compreensão e à interpretação, no caso concreto, e é esse processo compreensão-interpretação-aplicação que deve ser explicitado na fundamentação. Quando se fala em ausência de fundamentação, ao longo do presente livro, pois, o que se quer explicitar é que operações lógicas de subsunção de verbetes de súmulas ou artigos de leis, ou similares, não se confunde com fundamentação, porque como os casos são irrepetíveis a fundamentação necessariamente também o será.

[295] No presente livro, a palavra "limites" tem o sentido heideggeriano de algo de onde começa o desdobramento do ser de um ente. É um limite também positivo, porque é de onde se parte e, no círculo hermenêutico, também onde se encontra o sentido.

O que se observa é, de um lado, a omissão acerca do mundo da vida, ditada por uma abstração que legitima a "vontade do legislador" seja ela qual for, limitando a atividade jurisdicional à declaração irresponsável e desvinculada da busca do justo para o caso concreto. De outro, uma atividade que reflete a autossuficiência do pensamento individualista moderno, que solta as amarras para possibilitar soluções não razoáveis, sem apoio na Constituição, na Lei, nos limites da tradição, em posição pragmatista e decisionista, fundamentada, muitas vezes, apenas nos valores do próprio intérprete que denomina sua tarefa de criadora do direito, atribuindo-se essa atividade a partir da constatação da insuficiência da lei.

Ocorre que, como afirma Zaccaria, o direito jurisdicional

> [...] configura senza dubbio un'attività produtiva di diritto (e questa considerazione certamente accresce la responsabilità del giurista interprete); ma è importante non dimenticare mai (per lê conseguenze político-ideologiche che una confusione su questo punto pottrebe avere) che la creazione di diritto rappresenta l'esito di un'attività riferita alle norme legislative e da esse derivata; e che non può pretendere di collocarsi in contrapposizione alla legge, quale fonte, con essa concorrente, di produzione del diritto.[296]

As duas expressões – declaração ou descoberta e criação ou constituição do direito – circunscrevem o campo de sentidos inautênticos acerca da jurisdição.

Trata-se de construir a compreensão do sentido do direito, sem descobertas ou criações. Construção sempre direcionada às situações da vida que são reguladas pelo direito. A expressão "construção da compreensão do sentido do direito", apesar de não ser livre de críticas, pode melhor circunscrever-se àquilo que se entende por tarefa da jurisdição, que não descobre – porque não há uma essência metafísica esperando para ser extraída do fato – mas também não cria, porque a tradição, como limite de sentido – retratada na Constituição, na prudência, nas leis, nos valores da sociedade, no tempo e nos fatos – não é algo que o intérprete crie para dar solução ao caso concreto.

O longo esclarecimento que se faz necessário, então, compreende a jurisdição como atividade construtiva que, por meio do material que lhe é fornecido pela tradição, da qual fazem parte as três categorias em vertical (direito, pretensão e ação, todas em sentido material), diante do caso concreto, compreende o sentido do direito, construindo a solução que é dada concretamente, não abstratamente, sem pressupor uma ordem superior de ideias, mas apenas projetando-se no mundo, ao qual, consoante se discorrerá, pertence a ação de direito material.

---

[296] ZACCARIA, Giuseppe. *L'arte dell'interpretazione:* saggi sull'ermeneutica giuridica contemporânea. Padova: Cedam, 1990, p. 56.

Ao contrário do que entende a doutrina tradicional, essa atividade construtiva não desconhece as fontes. Guia-se por elas, perguntando-se sobre o seu sentido autêntico, construindo a compreensão do ser do direito.

Com isso, pretende-se evitar a vinculação das ideias aqui trabalhadas com compreensões formalistas ou substancialistas, mas igualmente abstratas, da compreensão do direito, subscrevendo um modo de compreender a jurisdição a partir da hermenêutica filosófica, a qual, como afirma Zaccaria:

> Liquida simmetricamente da una parte la prospettiva del logicismo (per cui dalle premesse stabilite si giungerebbe alla decisione tramite passaggi logicamente coatti), dall'altra la prospettiva decisionistica (per cui l'applicazione giudiziale costituirebbe la sede di decisioni meramente creative da parte dell'interprete, con conseguente rifiuto totale della dommatica).[297]

4.4. UMA REFLEXÃO ENTRE A ANOMIA E A AUSÊNCIA DE ANOMIA: EXISTEM OS ESPAÇOS VAZIOS DE DIREITO?

Os espaços de anomia – claúsulas abertas e espaços em branco – são produzidos pela cisão entre discursos de fundamentação e discursos de aplicação e pela possibilidade de alternância entre aplicação e suspensão da norma, deixadas à conveniência do intérprete sempre que a norma tiver uma estrutura aberta ou quando sua aplicação demandar maior esforço de compreensão, para atender aos chamados casos difíceis, em que o discurso prévio de fundamentação falha ou abre a possibilidade de sua manipulação pelo intérprete.

No campo investigado, da relação entre direito material e processo, a existência de espaços de anomia e a suspensão da norma material (por meio da negação da força do direito material: a ação) representam a possibilidade de construção do direito processual de modo imponente e de forma a aprisionar o direito material não consumado nas estruturas processuais construídas pelos juristas do processo, às custas das características e das necessidades que o direito material apresenta.

Esses espaços de anomia, onde a lei não tem força de lei, e há, por outro lado, força de lei sem lei (por meio da atribuição de força normativa a decretos, medidas provisórias ou a súmulas, que se sobrepõem à Constituição e a todo o Direito), são reproduzidos no processo, em que o

---

[297] ZACCARIA, Giuseppe. *L'arte dell'interpretazione*: saggi sull'ermeneutica giuridica contemporânea. Padova: Cedam, 1990, p. 88.

direito material é suspenso para ganhar as características que o processo lhe atribuir, o que já foi abordado. Interessa, no entanto, ressaltar, nesse ponto, que isso só é possível em face da estrutura positivista antes relatada. No momento em que a lei material é suspensa, deixa de haver um limite para o processo interpretativo e, em seu lugar, não resta nada senão a escolha do intérprete sobre o que é o direito material. Desse modo, o processo pode dizer qualquer coisa sobre ele. Para isso, é necessário alijar o mundo prático, reforçar a força do conceito e desconsiderar a força normativa do direito material. A ação de direito material representa um grave empecilho, senão a extrema impossibilidade de realização dessa tarefa do positivismo. Afirmá-la impõe, por sua vez, recuperar o mundo prático, desmistificar o conceito e reconhecer a força normativa do direito material. Isso porque, sendo, por meio dela, compreensível a atividade que deve ser realizada para restaurar o direito material ou impedir sua violação, ela vincula o intérprete/julgador a uma atividade prática a ser atingida, e, por isso, aponta a compreensão da satisfatividade real que o direito deve perseguir. Sendo ela uma categoria que conduz ao modo-de--ser do direto, não pode ser aprisionada no conceito, porque esse é necessariamente atemporal e a-histórico e, por isso, prévio, sem dinamicidade. Reconduzindo ao mundo prático e insuscetível de aprisionamento pelo conceito, ela não tem lugar no sistema. Indica uma ideia de projeto de realização, concretização de valores e diretrizes constitucionais, o que conduz à sua compreensão como força do direito material (que não se confunde com direito privado e abarca, inclusive, os direitos constitucionais substantivos), que impede a transformação do direito material naquilo que ele não é. Isso porque ela introduz uma diferença irredutível entre direito material e processo e estabelece o reconhecimento de uma necessária relação entre eles.[298] Não permite, pois, que o processo diga qualquer coisa sobre o que é o direito material e tampouco permite que aquele seja estruturado em termos de satisfatividade normativa, porque exige a realização do direito material pelo processo, não apenas estabilização das relações (paz social ou coisa julgada).

Dessa forma, o panorama da relação entre direito material e processo, apresentado nos capítulos precedentes, se mostra como um produto dessa ausência de força impositiva do direito material quando ingressa no processo.

Com efeito, apenas retirando do mundo a ação de direito material e substituindo-a por uma categoria abstrata – a "ação" –, que, nesse paradigma, não tem relação com o mundo onde as coisas se dão (já que essa

---

[298] Esse modo de conceituar a diferença ontológica está em AGAMBEN, Giorgio. *Estado de exceção*. São Paulo: Boitempo, 2004, p. 68.

ligação é possível por meio da ação de direito material), poder-se-ia construir o processo à revelia do direito material, estabelecendo o conteúdo das sentenças a partir da classificação abstrata e declaradamente conceitual da "ação" processual – em que o uno e abstrato é transformado em três: ação declaratória, constitutiva ou condenatória, sem necessidade de voltar ao direito material concreto para questionar-lhe sobre o seu ser. Esse foi um dos pressupostos para que fosse atendida a garantia liberal da incoercibilidade das obrigações, que passou a converter os direitos em sua reparação pecuniária, para a qual parecia suficiente a construção da eficácia condenatória junto às tradicionais eficácias eminentemente normativas. Esse diagnóstico está em Luiz Guilherme Marinoni, quando afirma que:

> O CPC transformou o direito à reparação do dano em direito à obtenção de soma em dinheiro. Isso pelo motivo de que o modelo que foi por ele estruturado para o ressarcimento é completamente inidôneo para a prestação da tutela ressarcitória na forma específica, e assim para atender aos direitos que melhor se adaptam a essa forma de ressarcimento.[299]

Admitir, todavia, que o processo, porque não contém dispositivo específico, *i.e.*, cientificamente estruturado e previsto nas leis processuais, para tutela de um direito – inobstante seja norma constitucional a tutela dos direitos e princípio milenar que, onde há o direito, deve haver meio para sua proteção, sob pena de inocuidade de todo o ordenamento jurídico – possa alterar a essência do direito material, que seria entregue à sua inefetividade real ou, o que seria o mesmo, que o ser do direito material possa ser convertido em valor de troca, porque o processo assim o estruturou, retira toda a força impositiva do direito material, que é relegado à sociologia que se transforma em direito por força do processo. Não se pode admitir que a ausência de norma específica, prevendo o instrumento, impeça a realização do direito material – na forma específica – pelo processo. O que se pode admitir é que a leitura normativista do ordenamento jurídico, que pretende retirar o direito da norma, e não, a norma do direito, levou os juristas a pensarem que a ausência de previsão legal de um procedimento específico poderia impedir o juiz de construir os meios adequados para a realização do direito no caso concreto, com base na Constituição e na lei material e, além disso, no princípio de que, se a lei processual se omitiu, isso não representa um espaço de anomia, porque o direito é resultado da compreensão de múltiplos fatores, um deles, sem dúvida, o texto da lei material, cuja força impositiva não deriva do processo, embora possa necessitar dele para concretizar-se, por ter sido vedada a autotutela. Como já foi dito antes, o que foi vedado, para ser vedado, existia. O que foi vedado foi a ação privada do titular do direito – a reali-

---

[299] MARINONI. *Técnica processual e tutela dos direitos*. São Paulo: Revista dos Tribunais, 2004, p. 444.

zação da ação de direito material pela força do titular do direito, característica do período mais antigo do Direito Romano. No direito moderno, ao invés de ser realizada pelo próprio titular do direito, deverá, salvo casos excepcionais, ser alegada, no processo, na "ação", para, ao depois, ser concretizada por intermédio da atividade jurisdicional substitutiva. Ao ser alegada no processo, deverá ser o parâmetro da concretização das pretensões de direito material por intermédio dele, e imporá a realização do direito pelo que ele é, na forma específica. Isso tudo porque a técnica não pode mudar a essência das coisas. O direito material não pode ter impedido o acesso à sua realização porque a ciência e a legislação processual – às quais não se limita o direito – esqueceram, ou não quiseram, ou não puderam, prever o instrumento adequado.

Partindo da concepção paradigmática da relação entre direito material e processo, que, no presente processo, se pretende superar, o conteúdo abstrato dado previamente pela ciência é que responde à pergunta pelo ser já entificado do direito material, que entra no processo e já não é mais evidente ou não evidente, verossímil ou inverossímil, absoluto ou relativo, é apenas um produto que o processo condicionará. Assim, também foi possível construir e manter o processo ordinarizado, relegando formas de procedimento de cognição sumária às hipóteses elencadas pelo direito processual, sem necessidade de perguntar se o modo-de-ser do direito material requer tratamento diferenciado, por ser evidente, por exemplo, como seria o caso de direitos absolutos, que demandam defesa por ação materialmente sumária e, em decorrência, por procedimento de cognição sumária, com contraditório plenário eventual, justamente porque seu grau de evidência o diferencia de direitos relativos que demandam cognição plenária em procedimento que, por isso mesmo, será mais amplo.

Sendo o direito material, nos chamados *easy cases*, apenas um conceito que delimita a moldura da norma, ao qual o fato se amoldará, ou, sendo, nos chamados *hard cases*, uma criação que depende do processo, em ambos os casos, não há um direito para o caso concreto acerca do qual se buscará o significado, historicamente. Há, apenas, um espaço de anomia, em que o direito material necessariamente seria atuado abstratamente, para realizar o ordenamento jurídico ou, será suspenso, em caso de necessidade, compreendendo-se que, segundo Agamben, a "teoria da necessidade não é aqui outra coisa que uma teoria da exceção (dispensatio) em virtude da qual um caso particular escapa à obrigação da observância da Lei".[300]

---
[300] AGAMBEN, Giorgio. *Estado de exceção*. São Paulo: Boitempo, 2004, p. 40.

O paradigma que estabelece a exceção como normalidade – em que a suspensão do ordenamento jurídico, em face da necessidade que vai tomando conta do campo jurisdicional por força de suas insuficiências, retira da norma sua força impositiva para fazer prevalecer o que o intérprete pensa acerca do direito – faz com que a relação entre direito material e processo seja concebida ao sabor dos interesses dominantes. Não se pode esquecer de que o poder ideológico do mercado que, conforme Bercovici, que cita Atílio Boron, vota todos os dias,[301] interfere no modo como o processo atua o direito material, o que propicia algumas formas de tutela diferenciada – que, mesmo sendo, no entendimento da doutrina dominante, incompatíveis com as garantias constitucionais – são introduzidas no sistema, sem maiores óbices, como naturais, a fim de dar mobilidade ao mercado, como é o caso da executividade e abstração dos títulos cambiais, ou da executividade das certidões de dívida ativa. Quando se trata, todavia, de amoldar o procedimento às peculiaridades do direito material, segundo o caso concreto, as soluções diferenciadas – ainda que o fundamento da diferenciação da tutela seja o mesmo – são catalogadas como ofensivas às referidas garantias constitucionais e descartadas, o que se observa, como exemplo, do estudo de Rosemiro Pereira Leal, que considera que "a decisão judicial no direito moderno não se define pela *summaria cognitio*, a não ser nas tutelas de urgência (liminares e antecipadas) que, não mais se regendo pela interditalidade, seguem obediência ao devido processo legal, como direito-garantia no Estado democrático de direito".

Essa forma de conceber o direito é herdeira do nominalismo, do epicurismo e do relativismo, que, "persuadido de que está que as palavras são apenas signos, de que seu uso é convencional, de que os sentidos das palavras são relativos, que eles 'conotam' realidades diversas, segundo o ponto de vista do usuário",[302] está presente na concepção que se tem do direito e em todas as atitudes pragmático-estratégicas de sua aplicação. Esse imaginário, no qual a lei não tem força de lei e a Constituição não tem força de Constituição, cria (ao mesmo tempo em que é criada por ele) um espaço de vazio jurídico que abre a possibilidade da sustentação de que, nesse vazio, onde se encontra a necessidade, não há lei.

A suspensão do direito material se dá por sua impossibilidade de impor-se por sua força normativa: a ação direito material. Passa a ser apenas conceito estático, porque sua instância de força dinâmica foi cortada e substituída pela "ação" processual, isto é, pelo processo. Afinal, se não há

---

[301] BERCOVICI, Gilberto. *Constituição e estado de exceção permanente*: atualidade de Weimar. Rio de Janeiro: Azougue, 2004, p. 178.

[302] VILLEY, Michel. *A formação do pensamento jurídico moderno*. São Paulo: Martins Fontes, 2005, p. 273.

construção processual adequada para tutela, não há o direito, ou ele será transformado para se amoldar à técnica. Enquanto o direito material não tem capacidade para se impor, passa a ocorrer o que se apontou no capítulo precedente. O processo se impõe ao ser e o substitui. Pode-se dizer que, assim, o direito material, transmutado em algo que não é, porque foi mutilado em sua força, é imposto aos homens sem poder transformador. Parodiando Hesse, dir-se-ia, então, que seria como "se se pretendesse coser pétalas com linhas. O primeiro sol do meio-dia haveria de chamuscá-las".[303] Não há como haver justiça e paz social em um mundo em que o Direito se impõe pela força da coisa julgada, não pela justiça que constrói. Cada caso será um novo momento de insatisfação, porque o que se obtém com o processo, quando se obtém – já que a jurisdição tantas vezes para na sua tarefa de produzir satisfatividade normativa – é algo que o direito não é, em que o sujeito da interpretação e o objeto foram contrapostos por algo que impediu a compreensão (uma terceira coisa que entre eles se interpôs).

Dessa forma, é preciso restaurar a ligação do direito material e do processo com o mundo prático e buscar nele a força impositiva do direito material.

4.5. A AÇÃO DE DIREITO MATERIAL COMO FORÇA REALIZADORA DO DIREITO: UM RETORNO AO MUNDO PRÁTICO

A existência desses chamados espaços em branco, no direito material ou no processo – que autorizariam a suspensão do ordenamento e a vigência sem aplicação – não tem lugar onde o direito material se impõe por sua força impositiva, o que ocorre sempre que se reconhece, na ação de direito material, o elo de ligação entre o direito material e o processo, que retoma o mundo prático. Isso porque a ação de direito material, ao recuperar o direito material em suas características e necessidades, impõe sua realização pelo modo como ele se manifesta dinamicamente, na realidade, fundamentando e legitimando democraticamente a construção de tutelas diferenciadas para diferentes direitos, ainda que o processo não preveja meios específicos.

O paradigma – que se considera em crise e rumando em direção ao agravamento da crise – busca restaurar a ligação entre direito material e processo a partir de construções que se circunscrevem, ainda, na esfera

---

[303] HESSE, Konrad. *Força normativa da constituição*. Porto Alegre: Sergio Antonio Fabris, 1991, p. 17.

conceitual do processo e na negação da esfera impositiva do direito material. Desse modo, o reconhecimento da necessidade de superar a relação de alheamento entre direito material e processo é sempre tratada em um âmbito que limita a compreensão. Com efeito, como afirma, por exemplo, Andréa Proto Pisani, para que

> [...] sia assicurata la tutela giurisdizionale di una determinata situazione di vantaggio, non basta che a livello di diritto processuale sia predisposto un procedimento quale que sia, ma è necessário che il titolare della situazione di vantaggio violata (o di cui si minaccia la violazione) possa utilizzare un procedimento (o piú procedimenti) strutturato in modo tale da potergli fornire una tutela effettiva e non meramente formale o astratta del suo diritto.[304]

Todavia, o mesmo autor, logo após, diz que especificando

> [...] quindi, quanto detto poco fa, è possibile ora dire che il diritto sostanziale – sul piano della effettività, della giuridicità, non della sola declamazione contenuta nella carta stampata – esiste nella misura in cui il diritto processuale predispone procedimenti, forme di tutela giurisdizionale adeguate agli specifici bisogni di tutela delle singole situazioni di vantaggio affermate dalle norma sostanziali.[305]

Nessa visão, o direito material permanece dependente do processo. Sem que o processo forneça o arcabouço instrumental necessário para tutela dos direitos, não há realização concreta dos direitos que se remeta para além da satisfatividade normativa, que é a única que pode ser fornecida pelo tratamento apenas conceitual do arcabouço processual.

Proto Pisani, é necessário relembrar, reproduz Satta e com ele concorda ao dizer que os institutos processuais "nascem, por assim dizer, não apenas com o selo terreno, mas com aquele da eternidade, que lhes é aposto por seu próprio destino de garantir a realização da justiça".[306] A afirmativa revela o descompasso entre o direito processual, conceitual e, por isso, eterno, e o mundo prático, mutável, que não interfere, por suas características, no processo, que nasce com o selo da eternidade e, por isso, não tem por que se amoldar às necessidades cambiantes do direito material.

Essa relação de alheamento é constatada por Luiz Guilherme Marinoni, cuja teoria busca redimensionar essa relação. O autor apresenta sua teoria partindo do pressuposto de que não há como "deixar de perceber, hoje, que entre o processo e o direito material há uma relação de integra-

---

[304] PISANI, Andréa Proto. *Lezioni di diritto processuale civile*. Napoli: Eugenio Jovene, 1996, p. 6.
[305] Ibid.
[306] Andréa Proto Pisani é citado por SILVA, Ovídio A. Baptista da. *Processo e ideologia*: o paradigma racionalista. Rio de Janeiro: Forense, 2004, p. 9.

ção".[307] A afirmação desse elo de ligação, no entanto, não pode ser reduzida. O jurista refere que:

> A compreensão do direito de ação como direito fundamental confere ao intérprete luz suficiente para a complementação do direito material pelo processo e para a definição das linhas desse último na medida das necessidades do primeiro. Ou seja, a perspectiva do direito fundamental à efetividade da tutela jurisdicional permite que o campo da proteção processual seja alargado, de modo a atender a todas as situações carecedoras de tutela jurisdicional.[308]

É razoável refletir, no entanto, ao menos a partir da leitura hermenêutica que se pretende fazer da relação entre direito material e processo, no presente estudo, que, como o mundo prático foi descartado, considerar o direito fundamental à "ação" como fonte de irradiação suficiente para que o processo complemente o direito material pode levar à consolidação do paradigma que vê, no processo, uma técnica cuja essência substitui a essência da própria coisa, pressupondo-se que o direito material não detém força de realização, por si, sendo necessário que o processo forneça o conteúdo do direito material, e não, o contrário. O direito material, assim, não passará de um ente sem significado, sem poder gerador de transformação social, poder esse que lhe seria outorgado como "complementação" pelo processo, como um favor de Estado ao indivíduo titular do direito. O processo condiciona o produto. E tudo passa a depender do Estado totalizante, e o processo ganha o *status* de gerador de possibilidades para o ente, que não são o sentido do ser desse ente, o direito material, mas lhe são atribuídas artificialmente, pela técnica, que as substacializa, sem ter de investigar-lhe o sentido, aquilo que o direito é, que não é senão a forma como deve ser efetivado, respeitado e realizado por meio do processo. A metáfora de Heidegger do Reno e de sua usina, é a melhor ilustração para o problema: a usina, a técnica, passa a definir o sentido do ser do Rio, e já não há mais um Rio e, sim, uma usina, e o Rio é apenas a condição de possibilidade da usina. Assim, também o direito material é apenas condição de possibilidade do processo, quando a relação inversa deveria ser esperada.

Desse modo, no interior do paradigma do indivíduo racional e desvinculado, sem limites à tarefa de criação, a complementação do direito material é concebida por meio de um entendimento que permite que diga qualquer coisa sobre esse direito, justamente porque ele não vincula, não tem poder transformador. Como dito, seu vínculo com a realidade é conceitual e abstrato, uma imagem do direito material, projetada pela mente

---

[307] MARINONI, Luiz Guilherme. *Técnica processual e tutela dos direitos*. São Paulo: Revista dos Tribunais, 2004, p. 27.
[308] Ibid, p. 30.

do intérprete por meio do processo. Falar em complementação, a partir desse paradigma, aniquila o direito material.

A "ação", como garantia constitucional, viabiliza o acesso de todos ao judiciário, mas, para que a garantia constitucional opere em sua realidade transformadora, essa "ação", que deve ser abstrata (sob pena de não ser garantida a todos, mas apenas àqueles que têm direitos), deve restabelecer sua relação com o mundo prático. Esse restabelecimento só é viável se a força impositiva do direito material, esse direito em movimento, a ação de direito material, trouxer, ao campo conceitual do processo, seu poder transformador da realidade, buscando nele a complementação de que necessita. Essa complementação não é conteudística, no sentido que ao processo seja dado dizer o que é o direito material em uma postura em que a exceção – a anomia – é a realidade. Essa complementação deve ser compreendida como a busca do sentido do direito material, por meio da construção desse sentido, como faticidade e historicidade, e na realização/concretização da pretensão, que é aquele sentido que foi construído. Sob esse aspecto, a complementação é de efetividade por meio de atos jurisdicionais que transformem a realidade de acordo com o que a realização das pretensões demanda como atividade.

Imperioso, então, que se registre que a complementação do direito material pelo processo, defendida no interior do paradigma dominante, que opõe teoria e práxis, sujeito e objeto, fato e direito, não é a mesma complementação que é proposta, aqui, a partir da noção gadameriana, uma vez que tal compreensão do que seja a compreensão já está inserta em um novo paradigma de pensamento, em que a metafísica foi desconstruída e o ser-aí se compreende em intersubjetividade, o que significa dizer que há uma dimensão comunitária que pressupõe um direito que vincula todos na realização do bem comum, o que exige a retomada da faticidade e da historicidade, na dimensão da responsabilidade, que envolve o cuidado e a consciência da história efeitual, não sendo, pois, cabível, um direito que se autoexcepciona ao sabor da escolha do intérprete. Afirma Gadamer, ao examinar o direito,

> [...] que o modelo da hermenêutica jurídica mostrou-se, pois, efetivamente fecundo. Quando se sabe autorizado a realizar a complementação do direito, dentro da função judicial e frente ao sentido original de um texto legal, o que faz o jurista é exatamente aquilo que ocorre em qualquer tipo de compreensão. *A velha unidade das disciplinas hermenêuticas recupera seu direito se se reconhece a consciência da história efeitual em toda prática hermenêutica, tanto na do filólogo quanto na do historiador.* [309]

E, continua, dizendo:

---

[309] GADAMER, Hans-Georg. *Verdade e método*. Petrópolis: Vozes; Bragança Paulista: Universitária São Francisco, 1997. v. 1, p. 446-447. (Os itálicos pertencem ao original).

Assim, fica claro o sentido da aplicação que já está de antemão em toda forma de compreensão. A aplicação não é o emprego posterior de algo universal, compreendido primeiro em si mesmo, e depois aplicado a um caso concreto. É, antes, a verdadeira compreensão do próprio universal que todo texto representa para nós. A compreensão é uma forma de efeito, e se sabe a si mesma com tal efeito.[310]

Sob essa ótica, o que se refuta não é a complementação como tarefa da hermenêutica, mas a complementação que pressupõe espaços de anomia onde eles não existem, que nega o ser do direito, para substituí-lo pelo ser do processo, o que ocorre quando se nega instância impositiva ao direito material, negando a ação de direito material, seu modo-de-ser-no-mundo. Se o intérprete estiver autorizado a complementar o direito material, porque esse não tem força impositiva, o paradigma da era da técnica, que tudo transforma, não será superado. Ao contrário, compreendendo-se a complementação como tarefa da hermenêutica, que se dá não por haver um espaço de anomia, mas porque a compreensão é um existencial daquele que compreende, aí já terá sido encontrada a compreensão de que essa complementação se dá no âmbito concreto, não para agregar-lhe conteúdo, o que nega sua força impositiva, mas para fazê-lo realizar-se em seu ser, cujo sentido deve ser construído "porque qualquer parâmetro que se adote para a interpretação de normas jurídicas deve ser construído historicamente, tendo em vista as peculiaridades do caso e das pessoas concretas nele envolvidas".[311]

Normas abertas, termos vagos, opções de concretização do direito material, ausência de procedimento processual específico ou de técnica adequada não são espaços de anomia, desde que se mantenha o vínculo com o mundo prático. Ao contrário, mantendo-se o direito no padrão conceitualizado da sistemática de autonomia das ciências vigentes a partir do séc. XIX, em maior ou menor grau, mas distanciado do mundo da vida, constituem-se anomias a serem preenchidas ao gosto do intérprete.[312]

---

[310] GADAMER, Hans-Georg. *Verdade e método*. Petrópolis: Vozes; Bragança Paulista: Universitária São Francisco, 1997. v. 1, p. 446-447.

[311] SILVA FILHO, José Carlos Moreira da; ALMEIDA, Lara Oleques; ORIGUELLA. Daniela. O princípio da boa-fé objetiva no direito contratual e o problema do homem médio: da jurisprudência dos valores à hermenêutica filosófica. In: *Constituição, sistemas sociais e hermenêutica*: Programa de Pós-Graduação em Direito da UNISINOS. Porto Alegre: Livraria do Advogado, p. 87, 2005.

[312] Acerca disso, a análise que Bernardo Ferreira faz da crítica ao individualismo, elaborada por Carl Schmitt, é elucidativa: "A prioridade e a anterioridade do indivíduo no pensamento liberal se traduzem, segundo Schmitt, na constituição de múltiplas esferas autônomas e, em última análise, equivalentes entre si, no interior das quais a independência individual se realiza. [...] O fato de que essas diferentes esferas sejam concebidas como fundamentalmente separadas entre si seria uma conseqüência do princípio da liberdade individual e, ao mesmo tempo, a sua condição. O isolamento de uma esfera em relação à outra torna possível que cada uma delas permaneça fechada na sua própria lógica. No interior de cada uma destas esferas, a liberdade do indivíduo se concretiza sob a forma da liberdade de conhecimento, da liberdade de criação artística, da liberdade de juízo moral, da liberdade econômica, e assim por diante. Caso cada um desses campos se apresentasse como hierarquica-

Dessa análise resulta que, restabelecida a relação entre direito material e processo, por meio do retorno ao mundo prático, não há espaços de anomia, mas necessidade de compreensão da norma (em sua diferença ontológica em que a norma é buscada no direito, e não, reduzida à lei), no caso, que não é nem fácil, nem difícil, apenas um caso, entregue à interpretação de seu sentido no mundo. Esse sentido no mundo deve ter um parâmetro. Esse parâmetro é a ação de direito material.

O que se propõe, aqui, então, é algo bastante distanciado da concepção de que o direito processual e suas construções conceituais seriam suficientes para alcançar a efetividade perseguida do processo. A complementação do direito material pelo processo é concebida por meio da noção de compreensão da necessidade de o processo, como técnica, que busca a possibilidade de realizar o direito material do modo mais próximo possível de seu conteúdo, construir sentidos, reconhecendo, no entanto, que, "na hermenêutica nunca recuperamos tudo",[313] e agregar o que o direito material não logrou alcançar sozinho: efetividade, concretização.

Essa forma de ser do processo aliaria o reconhecimento da força do direito material na imposição do seu conteúdo, em que sua complementação, que se dá no processo, se circunscreve à busca de realização do direito material, sem acoplamento ou criação de seu conteúdo, mas de construção do sentido do direito, no caso concreto, ao qual será agregada satisfatividade real, ou seja, concretização. Para tanto, há necessidade de romper com o pensamento dominante, e o paradoxo está em que o que se propõe é justamente uma viravolta em direção ao que é considerado inoportuno e ultrapassado.

Como afirma, com razão, Fábio Cardoso Machado:

> A ação de direito material, sob a perspectiva da dogmática jurídica, é a razão de ser da "ação" processual. Mas, lamentavelmente, a doutrina baniu do seu horizonte a ação de direito material, e assim encobriu o "sol do sistema", rompendo o vínculo do processo com o direito material: o escopo jurídico do processo é a realização da ação de direito material, e sem ter em vista este escopo, o processo perdeu o rumo, como o instrumento que não sabe a que fim serve.[314]

---

mente superior em relação a outro isso significaria, na perspectiva liberal, um constrangimento sobre o indivíduo e um cerceamento da liberdade de decisão e escolha. Isso porque, nos diz Schmitt, para o liberalismo, é inconcebível uma liberdade "em que um outro que não o próprio sujeito livre (der Freie selbst) decida sobre o seu conteúdo e a sua medida (Ma β)" (BP, 70)." FERREIRA, Bernardo. *O risco do político*: crítica ao liberalismo e teoria política no pensamento de Carl Schmitt. Belo Horizonte: UFMG, 2004, p. 52-53.

[313] STEIN. Ernildo. *Aproximações sobre hermenêutica*. Porto Alegre: EdiPUCRS, 2004, p. 69.

[314] MACHADO, Fábio Cardoso. "Ação" e ações: sobre a renovada polêmica em torno da ação de direito material. In: MACHADO, Fábio Cardoso; AMARAL, Guilherme Rizzo. (orgs.). *Polêmica sobre a ação:* a tutela jurisdicional na perspectiva das relações entre direito e processo. Porto Alegre: Livraria do Advogado, 2006, p. 147.

Retomando Pontes de Miranda, pretende-se reconhecer que "os direitos subjetivos são cheios e cercados de poderes. Sempre que, do outro lado, alguém pode ter de sofrê-lo, o poder é pretensão; sempre que se pode exercer para efetivar-se, estatalmente, essa sujeição – é ação".[315]

Dessa afirmação se pode extrair a conclusão de que Pontes de Miranda concebia uma relação entre direito material e processo, em que o primeiro não fosse refém do segundo. É essa visão que se pretende resgatar do grande jurista. Certo é que dessa concepção se pode visualizar que Pontes, ao considerar o processo como meio de atuação do direito objetivo,[316] reconhecia, precipuamente, que essa realização só poderia dar-se com a impositividade do direito material, de modo que só se pode considerar realizado o ordenamento jurídico quando houver adequada (e, portanto, justa) solução para o caso concreto.

A superação passa pela transposição de um paradigma que contrapõe sujeito-objeto, para um novo modo de compreender o mundo, junto dele e dos outros, um paradigma que pode ser reconhecido na fenomenologia hermenêutica, que recupera o mundo prático e, com ele, a intersubjetividade e a responsabilidade.

---

[315] PONTES DE MIRANDA, Francisco Cavalcanti. *Tratado das ações*. Campinas: Bookseller, 1999. v. 1, p. 183.

[316] Como quando diz: "O processo não defende só direitos subjetivos ou pretensões. Se bem que muitas vezes os suponha, o destino do processo é a atuação da lei, a realização do direito objetivo. Hoje, só secundariamente é que protege os direitos subjetivos.". Ou quando diz que "o fim precípuo do processo é a realização do direito objetivo." PONTES DE MIRANDA, Francisco Cavalcanti. *Tratado das ações*. Campinas: Bookseller, 1999. v. 1, p. 140 e 284.

5. A compreensão hermenêutica: da ideologia à autenticidade na compreensão da relação entre direito material e processo

A concepção da análise da ideologia à autenticidade comporta dois momentos: 1) a noção de que, "estritamente falando, é incorreto dizer-lhe que um indivíduo isoladamente pensa. Antes, é mais correto insistir em que êle participa no pensar acrescentando-se ao que outros homens pensaram antes dêle";[317] sendo assim, a inserção do indivíduo no horizonte de sentidos, que lhe lega a tradição, está eivada de sentidos não questionados, pois "a ontologia transmitida pela tradição obstrui novos desenvolvimentos, particularmente nos modos básicos de pensamento";[318] 2) desvelar os sentidos inautênticos, produzindo o choque hermenêutico com o que é familiar e, por isso, permanece não questionado, permite a transposição de um universo de compreensão representativa do mundo, dotada de métodos e confiança no domínio da natureza e da vida, pela ciência, em direção a uma nova compreensão do mundo, fundada em uma forma autêntica de inserção do homem no mundo em sua relação com as coisas e com os outros.

Ricardo Timm de Souza, no ensaio intitulado "Alteridade & Pós-modernidade – Sobre os difíceis termos de uma questão fundamental",[319] apresenta esse projeto como uma passagem entre três momentos ou formas de interpretação do que ele prefere chamar de pós-modernidade. O autor demonstra uma relação sucessiva não linear entre o pós-modernismo hegemônico e o pós-modernismo desesperado, como formas de caracterizar as cores do individualismo da modernidade como "tempo tragicamente corroído por uma autocompreensão e autovalidação insu-

---

[317] MANNHEIM, Karl. *Ideologia e utopia*. Rio de Janeiro: Guanabara, 1986, p. 31.

[318] Ibid., p. 115.

[319] SOUZA, Ricardo Timm. Alteridade & pós-modernidade: sobre os difíceis termos de uma questão fundamental. In: ——. *Sentido e alteridade*: dez ensaios sobre o pensamento de Emmanuel Levinas. Porto Alegre: EdiPUCRS, 2000.

ficientes",³²⁰ em direção a um pós-modernismo desviante que caracteriza uma espécie de "aposta paradoxal",³²¹ que pretende "descobrir o sentido onde, muito provavelmente, segundo todos os indicativos de uma totalidade de sentido, ele não se encontrará".³²²

Da ideologia à autenticidade, então, é um caminho a ser trilhado em busca de uma aposta paradoxal, uma aposta em uma categoria considerada pela doutrina majoritária como mero *slogan*, cujo valor prático ou mesmo teórico é por ela considerado inexistente: a ação de direito material. Essa categoria, paradoxalmente, é aqui compreendida como condição de possibilidade de recuperar o sentido. Um sentido que está no mundo e que precisa ser desvelado, numa expressão de redescoberta do sentido do ser do processo e do direito material em sua relação de diferença, que é ontológica, no sentido heideggeriano, como identidade e diferença, porque, na medida em que não podem ser separados, também não podem ser confundidos, unificados.

O presente estudo tem por objetivo realizar a tarefa de explicitar o embasamento de uma compreensão da relação entre direito material e processo, a qual representa uma virada da ideologia, na qual os pré-juízos não são questionados, à autenticidade, na qual a ação de direito material ocupa um lugar cimeiro, justamente porque recupera o mundo prático e transforma toda interpretação em *applicatio*.

O desvelamento da história da relação entre direito material e processo, a visualização de que, modernamente, o processo, encarado como técnica, modifica a essência do direito material e lhe retira a força impositiva, condicionando a forma como (não) se realiza concretamente, em face da visão normativa que se tem do direito, permite que se reconheça que o resgate da relação entre direito material e processo não se dará por meio de novas criações científicas. Os conceitos dados de antemão e formulados como ideias perfeitas do que é a coisa-direito ou a coisa-processo se interpõem entre o sujeito da interpretação e o objeto a ser interpretado e isolam a aplicação como um momento normativo.

A forma de tratamento do direito, a partir de teorias gerais, que serviriam para abarcar as dificuldades dos intérpretes e dar soluções aprioríticas para as dificuldades interpretativas são evidentemente insuficientes para realizar um direito como saber prático, que resgata o mundo da vida

---

[320] SOUZA, Ricardo Timm. Alteridade & pós-modernidade: sobre os difíceis termos de uma questão fundamental. In: ——. *Sentido e alteridade*: dez ensaios sobre o pensamento de Emmanuel Levinas. Porto Alegre: EdiPUCRS, 2000, p. 151.

[321] Ibid., p. 165.

[322] Ibid.

como compreensão-interpretação-aplicação em um único movimento circular que se pergunta pelo sentido no caso, e não, *a priori*.

Como afirma Bourie:

> La irreflexión tradicional de la dogmática y de los prácticos del derecho acerca de sus supuestos cognoscitivos conlleva el peligro de una ideologización del derecho, en que opiniones son presentadas como verdades, amparadas por la ciencia, y decisiones cargadas de intencionalidad como actos aplicadores de normas generales en que no interviene elemento alguno que no sea cognoscitivo.[323]

No campo do direito, a relação opositiva entre sujeito e objeto, que objetifica o ente e lhe confere um significado único, impedindo a autenticidade na compreensão que o homem tem de si mesmo e do mundo, atinge o direito impedindo-o de realizar seu escopo de constante significação. Aprisionado o direito na concepção científica, a irrepetibilidade dos fatos e a diferença entre os direitos que se dão no mundo da vida restam obscurecidas e permitem a manipulação do sentido.

O que se propõe é um novo rumo de pensamento, um novo paradigma afeto à hermenêutica, em que ao mesmo tempo, "o processo interpretativo deixa de ser reprodutivo (Auslegung) e passa a ser produtivo (Sinngebung)".[324] A superação do positivismo e dos neo e pós-positivismos – os quais, afirmando o sentido unívoco da lei, buscam a manutenção do *habitus* do campo jurídico, baseado na reprodução de sentidos e na firme convicção de que a segurança jurídica pode ser viabilizada pela ideia de um Poder Judiciário que apenas subsume, num processo dedutivo, o fato à norma – é imperiosa.

A estrutura do pensamento, que remete a formas universais, aproxima, como diz Kaufmann,[325] dois adversários tão declarados como o direito natural racionalista e o positivismo jurídico. Esse pensamento subtrai o mundo da vida, o ser-no-mundo, da compreensão e interpretação do direito e permite a manutenção de discursos de reprodução de sentidos no seio da dogmática jurídica.

Resgatar o mundo da vida é o primeiro passo, então, na construção de uma dimensão autêntica entre o direito material e o processo, de modo a que aquele possa acontecer em seu ser, no processo. A tarefa da hermenêutica, ou como preferiu dizer Gadamer, a tarefa da interpretação (que

---

[323] BOURIE, Enrique Barros. La moderna ciencia juridica alemana y la obra de Arthur Kaufmann. In: KAUFMANN, Arthur. *Analogia y "naturaleza de la cosa"*: hácia una teoria de la comprension juridica. Santiago: Editorial Jurídica de Chile, 1976, p. 19.

[324] STRECK, Lenio Luiz. *Jurisdição constitucional e hermenêutica*: uma nova crítica do direito. Rio de Janeiro: Forense, 2004, p. 197.

[325] KAUFMANN, Arthur. *Analogia y "naturaleza de la cosa"*: hácia una teoria de la comprension juridica. Santiago: Editorial Jurídica de Chile, 1976, p. 53.

pressupõe a compreensão da qual é a explicitação) "consiste em *concretizar a lei* em cada caso, ou seja, é a tarefa da *aplicação*".[326] O ser de um ente é, no movimento que une compreensão-interpretação-aplicação, não sendo, portanto, possível que o sentido seja previamente dado, porque ele não prescinde do mundo prático. O ser de um ente "é", sempre, pois, no mundo. Citando, novamente, Gadamer, em pergunta e resposta:

> Por que será que o que Aristóteles designa como a forma jurídica da *phronesis* (*dikastiké fronésis*) não é uma *technè*? [...] Aristóteles mostra que toda lei é geral e não pode conter em si a realidade prática em toda a sua concreção, na medida em que se encontra numa tensão necessária com relação ao concreto da ação. [...] Fica claro que o problema da hermenêutica encontra aqui seu verdadeiro lugar".[327]

Na hermenêutica jurídica, entendida, aqui, a partir da filosofia hermenêutica (Heidegger) e da hermenêutica filosófica (Gadamer), não há separação entre mundo dos fatos e mundo do direito. Sempre se parte de um texto, que tem um sentido na inserção fática e histórica em que está o intérprete: sua situação hermenêutica. Essa situação hermenêutica parte da tradição na qual sempre se está inserido, que nos lega pré-compreensões e permite que o sentido do texto seja mediado pela distância temporal que dá condições, pelo tensionamento que provoca entre o texto e a historicidade e faticidade do intérprete, de distinguir, como diz Gadamer, "os verdadeiros preconceitos, sob os quais compreendemos, dos falsos preconceitos que produzem mal-entendidos".[328] Distingui-los permite o acesso a compreensão, porque querer "evitar os próprios conceitos na interpretação não só é impossível como também um absurdo evidente. Interpretar significa justamente colocar em jogo os próprios conceitos prévios, para com isso trazer realmente à fala a opinião do texto".[329]

Interpretar, portanto, exige que se interpele a tradição a partir da própria situação hermenêutica, buscando suspender os falsos preconceitos, ou os pré-juízos inautênticos, possibilitando a autenticidade da compreensão, de modo que o sentido do texto, no caso do direito, a norma, surja, como sentido do ser do ente. Explico: É preciso buscar a história da relação entre direito material e processo, no curso da história – o que se fez no Capítulo I – não por preciosismo teórico ou atraso científico – mas para perguntar porque compreeendemos essa relação de uma ou de outra forma, pois é certo que a compreensão não se forma *ex novo*, ela sempre carrega consigo os sentidos transmitidos, muitas vezes inquestionados.

---

[326] GADAMER, Hans-Georg. *Verdade e método*. Petrópolis: Vozes; Bragança Paulista: Universitária São Francisco, 1997. v. 1, p. 432.

[327] Ibid., p. 418-419.

[328] Ibid., p. 295.

[329] Ibid., p. 514.

Essa pergunta, então, viabiliza que sejam enfrentados esses questionamentos, desvelando o que é realmente o ser do direito material e o ser do processo (aquilo que eles realmente são), para diferenciá-los do que foi imposto por posturas dogmáticas, ligadas a ideologias várias, cujo objetivo não é o objetivo que, hoje, se impõe ao processo: concretizar o direito material.

Desse modo, como o que a tradição tornou desnecessário foi a preocupação com o mundo prático, já que a ciência se fundamenta sobre seus conceitos, que são abstratos e puros e, por isso, prescindem do mundo, o que há é a necessidade de retomar o mundo prático, suspendendo pré-conceitos, para viabilizar a compreensão autêntica do *ser* (dos entes direito material e processo).

A relação do homem com as coisas é mediada pelo mundo, que se manifesta pela linguagem, que deixa de ser um instrumento. Nesse paradigma, linguagem é mundo, no sentido de que, retomando-a como condição de possibilidade da compreensão, recupera-se o mundo prático. A compreensão não se dá por meio de instrumentos, algo a ser utilizado como ferramenta, mas pela linguagem, algo que acontece e simplesmente viabiliza a compreensão, não alguma coisa que se interpõe entre ele, sujeito, e a coisa (ente) a ser interpretada.

Para que se dê a superação da linguagem como instrumento, que alija sujeito e objeto no universo interpretativo, é preciso, primeiro, compreender que a história da humanidade em direção à formação do pensamento jurídico da modernidade tem seus primórdios, segundo Hans-Georg Gadamer, na superação da "íntima unidade de palavra e coisa"[330] que, nos tempos primitivos, era "algo tão natural que o nome verdadeiro era experimentado como parte do portador desse nome, quando não como se o representasse por procuração".[331] Segundo ele, de certo modo, "a filosofia grega se inicia precisamente com o conhecimento de que a palavra é somente nome, isto é, não representa (*vertritt*) o verdadeiro ser".[332] Para Platão, deve-se conhecer o ente sem as palavras. Essa concepção faz da palavra uma terceira coisa que se interpõe entre o sujeito e o objeto, em que a "palavra mantém uma relação inteiramente secundária com a coisa. É um mero instrumento de comunicação".[333]

Essa concepção da linguagem como instrumento, como se o mundo das ideias não dependesse da linguagem, e o pensamento já não fosse

---

[330] GADAMER, Hans-Georg. *Verdade e método*. Petrópolis: Vozes; Bragança Paulista: Universitária São Francisco, 1997. v. 1, p. 524.
[331] Idem.
[332] Idem.
[333] Ibid., p. 535.

linguagem, marca a concepção da filosofia grega e medieval, como também a filosofia cartesiana, inspiradora do pensamento iluminista da era da razão.

Como afirma Lenio Luiz Streck:

> Não é temerário afirmar que, no campo jurídico brasileiro, a linguagem ainda tem um caráter secundário, como terceira coisa que se interpõe entre sujeito e objeto, ou seja, uma espécie de instrumento ou veículo condutor de essências e corretas exegeses de textos legais.[334]

A linguagem como instrumento não tem relação com a coisa em questão, e o mundo, nesse modo-de-ver as coisas, é normatizado, porque passa a ser um conceito abstrato, no qual o ser concreto não mais importa. Por isso, a multiplicidade de fatos deve se ajustar à moldura da norma, ao conceito, que dita a interpretação, aprioristicamente. Assim, os manuais trazem exegeses de textos sem que fatos diferentes sejam capazes de alterar a interpretação, ditada desde já como vontade da lei e do legislador. Com isso, é possível embasar decisões em verbetes jurisprudenciais, sem necessidade de análise dos fatos que embasaram a decisão paradigma e dos fatos que moldam o caso em julgamento. É possível, ainda, a imposição de súmulas, vinculantes, já equiparadas, ou até mesmo superiores, à lei, que dão possibilidade a julgamentos múltiplos em que apenas o direito é analisado. Com isso, se abre a possibilidade, então, de o caso receber um tratamento que desconsidera totalmente o fato e em que muitas vezes o texto da lei (expressão aqui utilizada como abrangente de todo o ordenamento jurídico positivo, inclusive da Constituição) é desconsiderado. Trata-se do predomínio da exceção, em que a lei não tem mais força de lei e há força de lei sem lei. A superação desse modelo, em direção à retomada do mundo prático – porque o mundo prático vincula a interpretação, impedindo que os fatos sejam esquecidos/normatizados, substituídos por nomes (conceitos) e em que a lei é limite de sentido (círculo hermenêutico – limite positivo e negativo) – exige a mudança do eixo do pensamento metafísico, objetificador.[335] Nessa nova forma de compreender, a linguagem não será mais abordada como instrumento, ou como terceira coisa que se interpõe entre o sujeito e o objeto. A linguagem passa a ser condição de possibilidade do próprio *ser-no-mundo*, porque, na linguagem, sempre vem a tradição, que precisa ser desvelada em sua autenticidade. A mediação da linguagem é o único modo de acesso ao ser dos

---

[334] STRECK, Lenio Luiz. *Hermenêutica jurídica e(m) crise*. Porto Alegre: Livraria do Advogado, 2005, p. 62.
[335] Representado no imaginário jurídico pelo positivismo e suas variantes.

entes, pois a linguagem passa a ser o modo como tudo se dá, por isso não há modo-de-ser fora da linguagem.[336]

A fenomenologia hermenêutica, então,[337] introduz um novo conceito de fundamentação. Não é uma fundamentação objetivista (da tradição clássica), nem subjetivista (como a moderna), mas uma fundamentação que já sempre existe quando compreendemos a nós mesmos e que instaura uma circularidade entre a pré-compreensão, que vem com a tradição, e a pergunta pelo sentido, que não prescinde do fato; ao contrário, só se dá no fato.

Assim, o esquema sujeito-objeto é superado, pois não é mais o método que, numa estrutura linear, se encontra com o sentido, mas uma compreensão do sentido que instaura a compreensão como faticidade, isto é, em que não é possível compreensão sem aplicação, trazendo ao Direito o mundo da vida em que o ser é sempre o ser de um ente, viabilizando a retomada da diferença, em que não há casos fáceis ou difíceis; há casos em que a dimensão ética da vida requer uma solução que é constitucionalmente correta e, por isso, há sempre um limite, no sentido positivo, de desdobramento do ser de um ente. O direito não resta reduzido à lei. A lei, ao contrário, é o início do desdobramento do significado, que não é pré-dado (na dupla dimensão da palavra, utilizando a expressão de Streck), nem arbitrário. Não há lugar para decisionismos e arbitrariedades semânticas ou pretensamente hermenêuticas.

A percepção de que "há uma ambigüidade fundamental no homem e por haver essa ambigüidade fundamental é que estamos condenados à hermenêutica".[338] permite a percepção de que a metodologia própria das ciências racionais deve ser superada, pois é insuficiente, para que seja possível pensar na questão do conhecimento e da relação do homem com o mundo como diálogo com a tradição, já que não é possível mais sustentar uma razão humana passível de apreensão pelos métodos das ciências naturais.

No campo do Direito, essa percepção marca a possibilidade de transformação social. De um direito de essências prontas, de subsunções de normas aos fatos, de dedução, em que a aplicação da lei é dada por um

---

[336] Sempre "falamos de dentro da linguagem sobre a linguagem" (STEIN, Ernildo. *Aproximações sobre Hermenêutica*. Porto Alegre: EdiPUCRS, 2004, p. 27); por isso, a filosofia hermenêutica trata do mundo como linguagem, e Martin Heidegger dirá que a "linguagem é a morada do ser." (HEIDEGGER, Martin. *Ser e tempo*. Petrópolis: Vozes; Bragança Paulista: Universitária São Francisco, 2006), o que Hans-Georg Gadamer tomará como base para sua hermenêutica filosófica, na qual "ser que pode ser compreendido é linguagem" (GADAMER, Hans-Georg. *Verdade e método*. Petrópolis: Vozes; Bragança Paulista: Universitária São Francisco, 1997. v. 1).

[337] Martin Heidegger critica a metafísica acusando-a de ser fundamentalista, ao dizer que ela pretende um *fundamentum inconcussum*, um fundamento firme e objetificador.

[338] STEIN, Ernildo. *Aproximações sobre hermenêutica*. Porto Alegre: EdiPUCRS, 2004, p. 23.

raciocínio causal explicativo e em que a justiça é encontrável pela mera aplicação de uma norma abstrata a um fato que se amolda a ela (e não o contrário) passa-se à possibilidade de um direito do acontecer de objetivos concretizadores de justiça social.

Da ideia de suficiência ôntica da norma, em que se reproduzem sentidos, à compreensão de que os fatos não se repetem e, em sua diversidade, devem ser regulados pelo direito que, compreendendo a diferença, compreende o sentido do ser desse direito, o direito material, o ser concreto, o direito jogado no mundo prático, que sofre a influência do texto, da história, do tempo etc., não podendo ser aprisionado no conceito, atemporal, desligado da história, que, por isso, se confunde com o que o intérprete pensa do texto, seja para desconsiderá-lo, seja para reconhecer nele suficiência ôntica (univocidade de sentido).

Do (conceito) universal propriedade, em direção à compreensão de que a propriedade exerce uma função na sociedade – pois assim foi "constituída" pela Constituição – não apenas em alguns casos, já normatizados pela interpretação ligada ao esquema sujeito-objeto, em que o intérprete, munido de uma ferramenta (o método), aplica o conceito "social" em um caso já previamente interpretado, sem que aos fatos, que diferenciam os casos, seja dada a primazia no processo interpretativo. O caso deve ser compreendido em suas especificidades, sem que tal concepção se subtraia ao valor social que haverá de, em todos os casos, viabilizar a construção de um sentido diferente, porque o fato é irrepetível.

Da ideia de um processo, universal e, por isso, ordinarizado e normativo – aplicado, ora em decorrência de um processo subsuntivo (em que a disciplina processual trata o direito material como mero conceito abstrato e, por isso invariável, subtraindo-lhe a riqueza do mundo prático, desconsiderando o que o direito material é), ora por meio de interpretações flexibilizadoras da norma processual, que, desconsiderando, ainda, o direito material (como se direito, positivo, não fosse), constrói soluções inovadoras, sem que o texto da lei, quer processual, quer material (reconhecendo que a Constituição também é um texto, de direito material e de direito processual, superior, que confere validade aos demais), e os fatos que dão vida a ele, sejam a medida e o parâmetro –, em direção à ideia de que o processo se destina a realizar o acontecer dos direitos materiais (no plural, porque se trata dos direitos concretos e não do conceito abstrato de direito material). Resgatar o mundo prático, pois, buscando os diferentes sentidos do ser desse ente, que, a cada aplicação, é o direito material no processo, essa é a tarefa da hermenêutica, que busca a superação da ideologia a caminho da autenticidade.

A ação de direito material, então, não é retomada como ferramenta, nem pretende entificar o ser do direito material em categorizações abstratas e *a priori* de como deve ser moldado o processo. Ao contrário, é buscada como fonte de constante vigilância hermenêutica na efetivação dos direitos – sem mudar sua essência, respeitando seu modo-de-ser – por meio do resgate do mundo prático para a constante releitura dos institutos processuais a partir do direito posto em causa, e não, de necessidade de sistematização de soluções catalogadas para cada conjunto de casos. Isso já existe, e está provado que não funciona. Não, ao menos, com a leitura abstrata de que o processo pode transformar o direito no que ele não é, ou teria autorização para tanto, quando o mundo prático dita solução consentânea com as coisas mesmas (e, utilizando as palavras de Streck, não as mesmas coisas!).[339]

Ocorre que o direito, legado pela tradição, o *a priori* compartilhado que se põe diante de nós como pré-compreensão do mundo é de um direito material cuja genética é construída pela compreensão desontologizada do mundo, preso no *intellecto* do sujeito, pela Revolução Liberal-Burguesa e pela pandectística dos séculos XVIII e XIX, que culminaram com a elaboração do Código Civil Francês, em uma tradição em que o sujeito individual é o sujeito autônomo-proprietário, sendo esse o detentor dos direitos, em que o sujeito excluído não tem direitos, mas tem deveres, e em que a necessidade de construção sistemático-científica reduz a natureza das coisas à universalização dos valores liberais.

O nascedouro da noção de direito subjetivo, como afirma Michel Villey, está centrada na tríplice compreensão propriedade-autonomia-reparabilidade dos danos.[340] Nesse contexto, os meios jurisdicionais não resguardam os direitos a partir de atitudes positivas, mas essencialmente por meio da atitude negativa de não permitir a intromissão na esfera jurídica alheia. Essa visão da autonomia individual reformula os direitos, a partir do ingresso no processo, em direitos obrigacionais incoercíveis, para o que se retorna à *actio* e à *obligatio* (procedimento privado do período formulário destinado a regular direitos relativos e cuja universalização começa com o Direito Justinianeo), e exige a incoercibilidade das obrigações que, registre-se, não foi regra nos sistemas jurídicos europeus do medievo. Conforme assevera Chiarloni, é, assim, iniciada

> [...] una costruzione delle obbligazioni di fare per cui l'attività personale del debitore non è in obligatione, ma solo in solutione: l'obbligazione di fare ha "un oggetto giuridicamente impossibile"; essa é, come l'obbligazione naturale, "giuridicamente non obbligatoria"; e pertanto, sotto il profilo costruttivo, si tratta non già, almeno, di un'obbligazione alternativa (il fatto o i danni-interessi) ma, addirittura, di una semplice obbligazione facoltativa per il debitore, che deve i danni a titolo principale e ha la facoltà di liberarsi prestando il facere (97).[341]

---

[339] Nesse sentido, as obras do autor indicadas entre as obras consultadas.

[340] VILLEY, Michel. *A formação do pensamento jurídico moderno*. São Paulo: Martins Fontes, 2005.

[341] CHIARLONI, Sergio. *Misure coercitive e tutela dei diritti*. Milano: Dott. A. Giuffrè, 1980, p. 83.

No campo da relação entre direito material e processo, a relevância da investigação é a de que a incompreensão do direito material, que resta objetificado por sua constante significação como direito subjetivo, relativo e obrigacional, apaga as diferenças, impedindo o processo de buscar, nas características das diferentes pretensões e ações alegadas, o modo de proceder e, também, o modo de realizá-las. Não há diferenciação. Há apenas um significado para cada significante. Não há, por exemplo, como conferir maior relevância a direitos fundamentais, que restam identificados com direitos decorrentes de relações obrigacionais (relativos). Os direitos não se impõem em sua diferença, em sua relevância, em sua primariedade. No campo do processo, a incompreensão acerca do sentido do ser do direito material, que lhe é legada por essa realidade, retira-lhe força, ao negar o seu modo-de-ser, a ação de direito material, e impede que o processo opere satisfatoriamente, obstaculizando, ainda, o reconhecimento de seu verdadeiro papel, a concretização de direitos carentes de efetividade, o que foi enfrentado nos capítulos precedentes.

Tal resultado é visível e suas raízes históricas exigem esse incessante confronto com a tradição, de modo a que sempre seja refeita a pergunta sobre o sentido da relação entre direito material e processo no caso concreto. Isso no intuito de desvelar seu significado e permitir a compreensão autêntica dessa relação, permitindo a recuperação da ação de direito material como categoria que permite a retomada do mundo prático e a constante busca e o encontro com o significado, um significado autêntico, de constante busca pela diferença dos sentidos, que estão no mundo.

Concebe-se, no paradigma dominante, a jurisdição como atividade de acertamento, a qual não é dado atuar no mundo dos fatos, relegado à atividade administrativa do juiz, que perde sua imperatividade e se restringe a uma atuação meramente normativa, pois a intervenção no mundo prático – além de não ser jurisdicional e também limitada à tipicidade especificada na lei processual – limita o tratamento diferenciado a exceções para dar efetividade aos valores máximos: a propriedade e o mercado.

Esse direito subjetivo, assentado sobre as bases do individualismo e da autossuficiência da razão humana, é um direito que não permite o encontro com diferentes sentidos dos direitos – fundamentais, absolutos (reais ou pessoais), relativos etc. – inviabilizando a compreensão de sua diferença, que se dá no mundo prático, como se fosse preciso superar a própria cadeia genética (o DNA) dessa noção para que a autêntica compreensão do direito possa acontecer, superando a noção dada, e não, discutida de direito que, quando ingressa no processo, assume a feição universalizada que lhe dava a *actio*. Uma noção que ideologicamente se impõe à compreensão, que não faz mais do que inviabilizar a concretização do direito material – como pretensão e ação – impondo um modo-de-ser (entificado, cristalizado pelo conceito) que é construído pelo processo sem qualquer vinculação com o mundo prático. Essa superação exige a construção de um significado em que a relação entre sujeito e objeto (a relação de significação) se dê como encontro não provocado, um encontro como acontecer em que o sujeito que compreende se pergunta pelo objeto e constrói os sentidos em uma inserção fática, histórica, na dimensão do cuidado, consigo e com os outros, em uma dimensão de responsabilidade pela alteridade do Outro.

Compreensão e interpretação se dão na aplicação, e isso torna sugestivo lembrar, com Gadamer, que, "em língua alemã, compreensão (Verstehen) designa também um saber fazer prático [...]".[342] Essa dimensão prática precisa ser resgatada, pois não basta que, no pensamento do juiz, a técnica esteja adequada à coisa. A exigência é, pois, de retorno ao mundo prático. Enfim, trocamos o mundo pelo método e é necessário inverter essa escolha.

De nada adianta uma teoria constitucional adequada aos novos tempos se, no processo – no presente caso, no processo civil –, esses valores não têm ingresso, pois, enquanto o mandamento constitucional determina a concretização dos direitos, o processo segue tematizado, por respeitada doutrina, com escopos que consideram que neste "quadrante da História do direito, já não teria sequer sentido cogitar da tutela dos direitos como escopo do processo [...]",[343] produzindo, com isso, uma teoria processual que legitima a atividade jurisdicional meramente normativa, em que a atividade (e responsabilidade) do juiz vai até a declaração do direito e a concretização das pretensões no mundo social (satisfatividade social) é um *posterius*.

5.1. A AÇÃO DE DIREITO MATERIAL: A PARTIR DA TRADIÇÃO EM DIREÇÃO A UMA NOVA POSSIBILIDADE DE SENTIDO

O esforço empreendido nos próximos itens busca apresentar a ação de direito material como *aletheia*,[344] que permite o encontro com o sentido

---

[342] GADAMER, Hans-Georg. *Verdade e método*. Petrópolis: Vozes; Bragança Paulista: Universitária São Francisco, 1997, p. 348.

[343] DINAMARCO, Cândido Rangel. *Instrumentalidade do processo*. São Paulo: Malheiros, 2005, p. 216.

[344] *Aletheia*, nos gregos, segundo Ernildo Stein, é "o elemento primeiro e original que fecunda a meditação". STEIN, Ernildo. *Compreensão e finitude*. Ijuí: Unijuí, 2001 p. 53.

do direito material pelo processo, ao resgatar o fenômeno em um sentido privilegiado, em que *logos* e fenômeno se unem na ação de direito material que, por resgatar o mundo prático, fala ao processo, como linguagem que é, do direito material. Com isso, o método é dimensionado como projeto, a partir do parâmetro que é a ação de direito material.

A ação de direito material é tematizada, no presente estudo, não como um *doppione* da "ação", nem concorre com ela no plano do direito processual. É uma categoria do direito material enquanto ser concreto (aplicação), que, na concepção que se sustenta, é a medida e o parâmetro para construção das formas processuais, o que impediria a Ciência Processual de construir o processo de modo puramente abstrato, em que a disciplina procedimental desconsidera o ser que deve concretizar: o direito material, alterando-o, modificando-o, aprisionando-o no conceito. Como parte da natureza, como fenômeno, que está no mundo, a ação de direito material é o elo de ligação entre o direito material e o processo, que impede a conceitualização e a construção arbitrária de ambos.

É razoável pensar que o repúdio da doutrina, que se opõe ao que denomina de compreensão da relação entre direito material e processo em termos de ação de direito material, tem por fundamento inquestionado a compreensão de que tal categoria remete o homem ao mundo e inviabiliza a univocidade de sentidos. A determinação de um sentido *a priori* restaria inviabilizada e, com isso, a concepção do processo como ciência ao modo da modernidade.

Ocorre que os sentidos estão no mundo e são-ou-não-são-no-mundo, a partir do acontecimento. Para o positivismo, o mundo não é mundo, é mera representação dual – sensível e suprassensível, natureza e Estado. A retomada da ação de direito material pretende recuperar esses sentidos, que estão no mundo prático, para viabilizar uma relação construtiva entre direito material e processo a partir do mundo prático, não das certezas científicas.

Quando se fala em mundo, a partir da viravolta heideggeriana, pensa-se num mundo constituído pela linguagem. A linguagem, em Heidegger, é a morada do ser. É mundo. A ação de direito material é compreendida, aqui, como linguagem do direito material, que não se realiza espontaneamente e, por isso, não prescinde do processo. É importante, então, reconhecer que o processo, como técnica, não tem conteúdo *a priori*, donde deriva a abstração da "ação". Sem esse reconhecimento, não se poderia reconhecer a ação processual como categoria abstrata, no que se compartilha da afirmação de Daniel Francisco Mitidiero de que "o direito à tutela jurídica, a pretensão à tutela jurídica e a 'ação' processual são entes abstratos, com o que, evidentemente, não podem carregar um conteúdo diferente nessa ou naquela situação".[345]

Se a técnica não carrega, *a priori*, seu conteúdo, o que, de fato, impediria (impede) o acesso ao sentido do ser do direito material? Como se dá esse sentido no mundo? Em um exemplo: Quem ou o que informa o juiz sobre a escolha a fazer quando se depara com a necessidade de compreensão-aplicação do art. 461 do Código de Processo Civil? É sua livre escolha, como indivíduo, autossuficiente, dotado de razão e apto a escolher segundo sua livre determinação? Não há um limite de sentido? Há, sim, um limite de sentido, no sentido heideggeriano do termo, em que o "limite não é aquilo onde algo deixa de ser, mas como os gregos o reconheceram, o limite é aquilo a partir de onde algo começa o desdobramento de seu ser".[346] Esse limite, como possibilidade de ser é o sentido do ser da ação de direito material. As cargas eficaciais estão no mundo, na ação de direito material, não no processo, ao qual incumbe a tarefa de garantir-lhe meios de realização, não de existência.

A partir dessa categoria – a ação de direito material –, unem-se o *logos*, a palavra, e o fenômeno, que permite que, do fenômeno no sentido vulgar, surja o fenômeno no sentido privilegiado, o sentido encoberto do ente – o direito – que se mantém oculto pela precedência do que não é questionado. Dizendo de outro modo: o senso comum teórico define aprioristicamente o que é o direito material e como se dá o processo. O que se propõe, aqui, é uma constante tarefa de vigilância e, portanto, de questionamento do ser desse ente, que se vela nas atribuições apressadas de sentido, reconhecendo que, se o sentido não é único, o modo de acesso a ele não pode ser dado *a priori*. O acesso ao ser dos entes não pode ser pré-dado (na dupla significação da expressão) pelo método: o processo. Também não pode ser buscado no ente, porque o ente pelo ente é a forma como o ser permanece aprisionado no conceito. Sendo assim, busca-se o acesso ao ser do ente por meio da compreensão desse modo de ser do direito material que é trazido e possibilitado pela ação de direito material, como categoria, no mundo. A ação de direito material não é resgatada como categoria histórica, até mesmo porque, no decorrer na história, como se viu no Capítulo 1, ela foi, paulatinamente, sendo aprisionada em conceito e, por fim, negada. Também não é o fenômeno vulgar da ação de direito material que se quer resgatar, como atividade entregue ao su-

---

[345] MITIDIERO. Daniel Francisco. Polêmica sobre a teoria dualista da ação (ação de direito material – "ação" processual): uma resposta a Guilherme Rizzo Amaral. In: MACHADO, Fábio Cardoso; AMARAL, Guilherme Rizzo. (orgs.). *Polêmica sobre a ação*. Porto Alegre: Livraria do Advogado, 2006, p. 135.

[346] STEIN, Ernildo. *Compreensão e finitude*. Ijuí: Unijuí, 2001, p. 124. Stein, nesse trecho, cita e traduz o próprio Heidegger a partir do original *Vorträge und Aufsätze*.

jeito para que a exerça, repristinando o período mais antigo do Direito Romano, em que o processo – pelo procedimento da *legis actio sacramento* – apenas tratava de legitimar uma conduta imposta pela força privada de um dos adversários. A proposta de tratá-la como categoria hermenêutica desenvolve essa categoria como fenômeno privilegiado que traz à dimensão da fala o que não foi pensado, como se compreende um direito material, qual sua dimensão caracterizadora, no caso, diante do fenômeno da aplicação.

Nessa visão, não se trata de dispensar a técnica, mas, ao contrário, de reconhecê-la em sua ambivalência, positiva e negativa, recuperando-a positivamente. Isso quer dizer que a técnica é revitalizada em sua essência, pelo que ela realmente é, não podendo, por isso, inverter a essência do direito material, nem sua própria essência. Sob essa ótica, o direito material traz em si a força normativa e a diretriz de sua realização, e o processo, como técnica, é construído para viabilizar a realização do direito material, sem negar essas características e visando a potencializá-las por meio de suas próprias construções.

Considerando que a forma de realização dos direitos obrigacionais, por exemplo, ante o reconhecimento de direitos fundamentais, como a tutela à esfera patrimonial e extrapatrimonial do devedor, deve ser compreendida em sua dimensão temporal e que há casos em que não podem, ou não poderiam, *a priori*, ser tutelados por nenhuma das cargas eficaciais oriundas do direito material, casos de prestações em pecúnia, por exemplo, nasce a necessidade de construção de técnicas, pelo processo: é o caso da ação condenatória, construção meramente processual, no que se concorda com Ovídio Araújo Baptista da Silva,[347] para se discordar, com ele, de Pontes de Miranda.[348] A construção da técnica condenatória, restrita às hipóteses obrigacionais que se constituem em direitos à prestação em pecúnia, é um *prius* necessário à posterior realização executiva do direito material, executividade essa que está no campo do direito material, mas que necessita, dada a peculiaridade da pretensão a ser realizada, da construção técnica da condenação, sob pena de não se poder realizar a ação de direito material a qual tem direito o credor. Em sentido inverso, há a necessidade de impor ao processo as características do direito material, que, em seu modo-de-ser, é dinâmico, porque a compreensão envolve sempre um processo de aplicação – do que, como exemplo, se poderia apontar o reconhecimento de sumariedade da cognição como decorrência do modo-de-ser do direito material, agregada à técnica processual do con-

---

[347] SILVA, Ovídio Araújo Baptista da. A ação condenatória como categoria processual. In: ——. *Da sentença liminar à nulidade da sentença*. Rio de Janeiro: Forense, 2002, p. 233-252.

[348] PONTES DE MIRANDA, Francisco Cavalcanti. *Tratado das ações*. Campinas: Bookseller, 1999. v. 3.

traditório invertido, posterior e eventual, construída para atender àquela especificidade do direito material, que, por ser evidente, exige tratamento diferenciado, que vem sendo tematizado por Ovídio Araújo Baptista da Silva, como forma de estabelecer uma "correlação inversamente proporcional entre o grau de evidência do direito e a complexidade do respectivo procedimento".[349]

Uma releitura do papel da ação de direito material neste contexto é condição de possibilidade dessa visão. A ideia que se sustenta é uma ideia que encontra similar na compreensão autêntica dos princípios no Direito.

5.2. UM PROJETO EM LUGAR DE UM MÉTODO: DA SUPERAÇÃO DA IDEIA DE MÉTODO CIENTÍFICO E ÚNICO EM DIREÇÃO À DIFERENÇA PROJETADA PELO SENTIDO RECUPERADO NO MUNDO PRÁTICO

Compreender, segundo Heidegger,[350] é projetar possibilidades, e interpretar é elaborar tais possibilidades. Esse compreender – cuja estrutura significante é aberta – abre as possibilidades do sentido e necessita da vigilância constante acerca das posições prévias, visões prévias e concepções prévias.[351] A partir disso, Gadamer dirá que:

> A compreensão só alcança sua verdadeira possibilidade quando as opiniões prévias com as quais inicia não forem arbitrárias. Por isso, faz sentido que o intérprete não se dirija diretamente aos textos a partir da opinião prévia que lhe é própria, mas examine expressamente essas opiniões quanto à sua legitimação, ou seja, quanto à sua origem e validez.[352]

Compreender e interpretar são projeto, no sentido de que o intérprete necessita projetar-se no mundo prático, e exigem constante vigilância do sentido, sempre cambiante, pois jogado na faticidade e na historicidade do intérprete que sempre é parte de uma tradição, a qual precisa ser questionada, para evitar a inautenticidade de opiniões, concepções e visões prévias, inquestionadas, pois tomadas por verdadeiras. A abertura de sentido que se dá no projeto, no entanto, – em face do modelo

---

[349] SILVA, Ovídio Araújo Baptista da. *Curso de processo civil*. Porto Alegre: Sergio Antonio Fabris. v. 3, p. 47. O autor cita D. Barrios de Angelis em notas de aula mimeografadas.

[350] HEIDEGGER, Martin. *Ser e tempo*. Petrópolis: Vozes; Bragança Paulista: Universitária São Francisco, 2006, p. 209.

[351] Ibid., p. 211.

[352] GADAMER, Hans-Georg. *Verdade e método*. Petrópolis: Vozes; Bragança Paulista: Universitária São Francisco, 1997, p. 356.

cartesiano, que substituiu o mundo pelo *intellecto* e que mantém a marca platônica das dualidades fundamentais, entre sensível e suprassensível, em que a mera aparência, o fenômeno, não tem valor, e em que o valor, o belo, está no suprassensível, no mundo das ideias, de essências que estão dadas neste espaço ideal e que se impõem sobre a compreensão humana de modo imutável – foi abandonada em nome do sistema.[353] Compondo-se dessa forma, a modernidade concebe a verdade a partir da razão, por intermédio do método, em que tudo que não é pensamento, tudo que está no mundo, é duvidoso e, pois, imperfeito. O ideal de sistema atende aos anseios dessa nova forma de ver o mundo. Projetar-se, abrir a compreensão à multiplicidade de sentidos que se dão no mundo e, no que nos interessa, no momento da aplicação (do caso concreto em sua singularidade irrepetível), não é compatível como ideal de suficiência da razão, da imperfeição de tudo o que não é racional e da busca por clareza e ordem por intermédio do método. Prevalece, então, o sistema e se perde a noção de projeto.

Os entes são subtraídos ao tempo, à faticidade, à historicidade, ao cuidado. Não são mais em seu ser. Essa história de esquecimento do ser dos entes é, então, a história do esquecimento do sentido. Não há necessidade de pensar o ser dos entes em sua dimensão fenomenológica. Os entes como entes bastam porque estão à mão, não precisam ser pensados, poupam um esforço de compreensão, pois seu significado já está dado pela sistematização, é apenas um – um significado para cada significante – sentido unívoco ao gosto do positivismo e paradoxalmente adaptado às suas variantes legalista e pragmático-estratégica.

---

[353] A interpretação e os fundamentos da filosofia cartesiana "levaram a que se saltasse por cima do fenômeno do mundo, bem como do ser dos entes intramundanos que estão imediatamente à mão." HEIDEGGER, Martin. *Ser e tempo*. Petrópolis: Vozes; Bragança Paulista: Universitária São Francisco, 2006, p. 147. Efetivamente, a compreensão moderna do mundo e da inserção do homem no mundo "salta por cima do fenômeno do mundo", porque o mundo moderno passa a ser a imagem representada pelo sujeito. O mundo, ou seja, o "ente en su totalidad se entiende de tal manera que solo es y puede ser desde el momento en que es puesto por el hombre que representa y produce. [...] Se busca y encuentra el ser de lo ente en la representabilidad de lo ente." (HEIDEGGER, Martin. La epoca de la imagen del mundo. In: ——. *Caminos de bosque*. Madrid: Alianza, 1996 Disponível em: <http:www.heideggeriana.com.ar>. Acesso em: jun. 2007). Para a concepção do mundo, legada pela modernidade, o mundo é a representação que decorre da abstração do sujeito que se compreende no mundo o que constitui a base da interpretação das relações humanas e, como não poderia deixar de ser, do Direito. Esse reconhecimento permite que se observe porque o ideal de sistematização do mundo e, especialmente do direito, na modernidade, se torna a tarefa fundamental. "A la esencia de la imagen le corresponde la cohesión, el sistema." (Ibid). O individualismo, como fonte, produz um mundo abstrato, de representações (imagens projetadas pelo sujeito que conhece), ao que corresponde, ainda, a possibilidade de sistematização que aparece, segundo Heidegger, "cuando falta la fuerza originaria del proyecto." (Ibid.). É necessário reconhecer, com Heidegger, que a estrutura da compreensão "possui a estrutura existencial do que chamamos projeto (N52)" (HEIDEGGER, op. cit., p. 205) em que o "projeto é a constituição ontológico-existencial do espaço de articulação do poder-ser fático." (Ibid., p. 205)

A prevalência da ideia de sistema sobre a ideia de projeto, no momento em que a modernidade organizava o Estado emergente e sua técnica, o Direito, se solidifica no séc. XIX e, no assunto que ocupa a presente investigação, aprisiona a relação entre processo e direito material nos institutos que foram objeto da sistematização do direito especialmente pela Escola História. Daí o motivo da já apontada submissão da relação entre direito material e processo ao ideal de autonomia e daí o legado da classificação dos direitos segundo critérios uniformes que universalizam no instituto da *actio* e, por decorrência, do correlato instituto da *obligatio*. Todo o fenômeno processual indica um único sentido e, por isso, uma única estrutura essencial para a realização da jurisdição que, desligada da abertura de sentido dada pelo projeto, fica presa nos sentidos previamente estabelecidos pela sistematização do direito. Por isso, se vê, na manutenção da ideia de sistema, ligado à contraposição S-O, a impossibilidade de os sentidos ocorrerem no mundo e na impossibilidade de, fora dos limites da técnica, admitir-se a capacidade impositiva do direito material em seu sentido no mundo (ação de direito material), o que imporia multiplicidade de sentidos (em atenção às coisas elas mesmas, e não, às mesmas coisas) e potencialidade transformadora da jurisdição para além da imposição da incapacidade de transformação pelo direito, em que a exceção é a regra.

Toda a presente abordagem da tradição em direção à viravolta – do sistema ao projeto (que, como projetar-se, resgata o mundo prático) – pretende desenvolver uma possibilidade de questionamento desvelador. Mas, como Heidegger, em *Ser e Tempo*, é preciso evidenciar que:

> Se entende essa tarefa como destruição do acervo da antiga ontologia, legado pela tradição. Deve-se efetuar essa destruição seguindo-se o fio condutor da questão do ser até chegar às experiências originárias em que foram obtidas as primeiras determinações de ser que, desde então, tornaram-se decisivas. [...]. Em todo caso, a destruição não se propõe a sepultar o passado em um nada negativo, tendo uma intenção positiva.[354]

Essa tarefa desconstrutiva da ontologia da tradição, em um sentido positivo, é condição de possibilidade de uma nova visão das relações humanas e do Direito, como técnica destinada a regular essas relações. Sem essa desconstrução, a tradição permanecerá ditando, a partir de compreensões inautênticas, porque não questionadas, sentidos universalizados que servem ao compreender a-histórico, atemporal, desvinculado do mundo e dos outros, representativo do mundo, que estabelece sentidos unívocos, especificamente no âmbito da relação do direito material e do processo, em nome de certezas artificiais, segurança fictícia, liberdades

---

[354] HEIDEGGER, Martin. *Ser e tempo*. Petrópolis: Vozes; Bragança Paulista: Universitária São Francisco, 2006, p. 61.

vãs, inexistência de vínculos, ordem modificadora de essências em nome de representações seguras, sistemas em lugar de projetos, tudo em nome da supremacia do indivíduo e da perpetuação da era da técnica e do valor de troca.

O direito material e o processo, servindo a essa realidade, mantêm uma relação de instrumentalidade abstrata. Presentes a dualidade platônica e a substância aristotélica na forma do *cogito*. Faz-se direito pensando abstratamente o mundo das ideias e – na relação que se estabelece no âmbito do processo, para o qual rumam as relações que não lograram satisfação espontânea e, portanto, necessitam da intervenção da técnica – a abstração desconhece os reflexos dessa atuação na vida não só das pessoas envolvidas – autor e réu, litisconsortes, assistentes –, mas de toda a comunidade. Essa abstração produz o mau-uso da técnica e, por meio dela, altera a essência de tudo, construindo representações. A substância então, passa a ser a representação que fazemos da coisa e não a coisa mesma.

As pretensões e ações de direito material, ao serem alegadas na "ação" processual, perdem sua essência, em nome da manutenção de um legado de certezas e seguranças impensáveis na era da modernidade técnica em que as relações são marcadas pela liquidez, como afirma Bauman em que tudo é fluido, tudo é passageiro, em que tempo e espaço se confundem, em que a dimensão da esfera da fala é substituída, paulatinamente, pelas coisas passíveis de serem consumidas e o homem paulatinamente não se relaciona com outros homens, porque lhe basta as relações com as coisas, sendo esta a "versão liquefeita da condição humana".[355]

A negação da ação de direito material permanece nos limites da metafísica (clássica/moderna) que busca os sentidos na coisa e na mente, deixando de lado o mundo prático e apresentando um discurso que coaduna o processo ao direito material, previamente. Essa negação contém em si a escolha pelo método e o alijamento do mundo.

5.3. A tarefa hermenêutica da ação de direito material

Todo o empreendimento reflexivo até aqui esposado visa, essencialmente, a projetar a tarefa da hermenêutica, especificamente, no campo da relação de identidade e diferença entre direito material e processo.

A projeção dessa tarefa, longe de buscar a formulação de um conceito ou de uma sistematização, o que negaria tudo o que se abordou até

---

[355] BAUMAN, Zygmunt. *Modernidade líquida*. Rio de Janeiro: Jorge Zahar, 2001, p. 59.

aqui, procura projetar uma nova forma de compreender essa relação, condição de possibilidade primeira de qualquer empreendimento que pretenda recuperar a efetividade do processo, e, por isso, a concretização das pretensões e ações de direito material por meio dele.

A tarefa da fenomenologia,

> [...] às "coisas elas mesmas!" – por oposição às construções soltas no ar, às descobertas acidentais, à admissão de conceitos só aparentemente verificados, por oposição às pseudo-questões que se apresentam, muitas vezes, como "problemas", ao longo de muitas gerações.[356]

É a tarefa aqui empreendida para buscar as possibilidades da compreensão do direito material em sua relação com o processo que intervém na vida.

Quando o direito material entra no processo, todos esperam o cumprimento de um rito que se não é, acabará sendo o rito comum ordinário, de passos previamente agendados e lentos, prevendo, aqui e ali, modificações que visam à alteração dessa realidade, no plano meramente apofântico, sem que se investigue o que está nas profundezas dessas concepções arraigadas ao método, caminho sempre igual para destinos diferentes. O caminho traçado pelo processo civil brasileiro tem, à sua base, o que já foi analisado no capítulo II e no capítulo III (sobre a questão da técnica e a análise da exceção), uma concepção de autonomia e abstração que lhe alteram a essência. É certo que a técnica é vazia, mas dizer vazia, porque não tem conteúdo *a priori*, não quer dizer que não encontre seu conteúdo quando é chamada à atuação. O que se quer dizer é que ela não contém, em si, o conteúdo e que também não pode criar desenraizadamente o conteúdo para acoplá-lo à realidade que está fora dela. Não é possível deixar os negócios humanos, a dimensão da fala, da linguagem e da compreensão, que exigem que o intérprete esteja projetado no mundo, para acomodar-se no mundo das ideias, resguardando a dimensão da segurança que serve, inclusive, ao ideário da distinção na era da técnica: que supõe a existência mecanizada de um dispositivo, instrumento a ser acoplado à coisa, que asseguraria a resolução dos problemas. Essa técnica abstrata preenchida pelo acoplamento de uma substância artificialmente criada pelo intelecto e, portanto, universalizada, não esconde seu poder dominador do mundo, convertido à imagem de constância de sentidos.

No processo, esses fatores são visíveis quando a vigilância hermenêutica convida a pensar o que antes era tido por inquestionável. Todos os passos, predeterminados, criam a segurança de um resultado que será

---

[356] HEIDEGGER, Martin. *Ser e tempo*. Petrópolis: Vozes; Bragança Paulista: Universitária São Francisco, 2006, p. 66.

alcançado com o cumprimento do rito. Esse senso comum teórico – que não é, senão, o que diz a tradição impensada – subtrai a capacidade de questionamento e imortaliza práticas mecanizadas. A essência da técnica, o que ela verdadeiramente é, perde sua dimensão de possibilidade e passa a ser o seu inverso. Para esse fim, serve a negação da existência, utilidade, da ação de direito material na discussão de sua relação com o processo. Para o senso comum, herdeiro da tradição, é mero anacronismo, e sua retomada, falar sobre ela, um desperdício. Ora, o que essa corrente vela é o fenômeno, ele mesmo, "o que se revela, o que se mostra em si mesmo" e que é recuperado pela ação de direito material, categoria hermenêutica, que é o modo-de-ser desse ente que é o direito material e, por decorrência, da técnica destinada a concretizá-lo.

O senso comum pensa o processo a partir da necessidade de intervenção judicial em dada causa e a necessidade de, por meio do método – que se não for o procedimento comum ordinário, acabará sendo – que é único. Pressupõe-se que vencido esse ritual, método bem construído, a resposta dada é a que é a justa, a correta. Nesse método, a relação entre direito material e processo é concebida como instrumentalização abstrata, que não olha a essência do ser do direito material posto em causa, para, a partir de seus imperativos, investigar, de maneira libertadora (para usar uma expressão de Heidegger), quais são os passos a serem dados em direção a esse projeto que envolve a busca do sentido autêntico do que se discute, envolve o questionamento dos pré-juízos, envolve a retomada da dimensão da responsabilidade e o encontro com o sentido do direito naquele caso, porque não há um sentido *a priori* a ser declarado pelo juiz boca-da-lei, nem um sentido a ser arbitrariamente criado, por um sujeito que não encontra na lei um limite, quer positivo, de possibilidades, quer negativo, como freio ao arbítrio. O acontecer do direito material no processo com a busca fundamentada, do sentido do ser do direito material traz consigo a revelação da insegurança, própria dessa nova quadra da história, em que a complexidade e a pluralidade não convivem com sentidos unívocos e métodos unificados, porque não há um método *a priori* com o qual se assegurar. Prefere-se, então, a pura aparência da realização do direito material, à busca incerta e cheia de percalços que representa o abandono ao método cartesiano, unívoco, universal e previamente dado, comprometendo, assim, o sentido do direito material que, em sua dimensão autêntica, não é unívoco, universal ou previamente dado.

Buscando superar o senso comum teórico que, a todo tempo, reforma a lei, sem conseguir modificar seu modo de tratar com ela, a recuperação da ação de direito material, como categoria hermenêutica, desveladora da pluralidade de sentidos que estão no mundo, tem por fim retomar o encontro com um processo que exige cuidado e que – por não poder ser um método demarcado e uniforme – é menos cômodo aos operadores, já que se depara com incertezas e inseguranças, porque não está previamente dado e exige responsabilidade e atuação concreta. Esse é o único modo de o processo ser capaz de realizar seu escopo que é único, realizar o direito material que, em um sentido autêntico é o Direito, em suas dimensões social, política, jurídica, indissociáveis porque integrantes de um sentido que é dado para o caso, não havendo um escopo social, político ou jurídico dissociados dessa compreensão, porque a tradição não é acessível em fatias e porque não há compreensão sem aplicação. Ambas se dão onde há o caso, a relação de vida que é regulada pelo Direito. Concepções generalizantes de escopos e ideários para o processo, longe do mundo da vida são projeções abstratas e inautênticas de um sentido universal que vela as possibilidades de transformação social pelo Direito.

As tentativas de dar efetividade ao processo, permitindo que possa dar tratamento diferenciado à multiplicidade de relações jurídicas diferenciadas, em constante mutação, inclusive no curso do processo – que exigem responsabilidade (o que envolve fundamentação, *i.e.*, explicitação da compreensão no caso) por respostas e intervenções urgentes na vida das partes e até de terceiros (cujo caso mais emblemático são as intervenções por medidas executivas, sejam elas provisórias, temporárias ou definitivas) –, encontram imensas dificuldades de real efetivação na imensa maioria dos casos (o que atesta estarmos falando da generalidade, e não, da unanimidade dos casos), em face do modo como se compreende o direito material no processo. O senso comum teórico permanece pensando o processo a partir do procedimento ordinário e da dicotomia conhecimento-execução, que o caracteriza (já que essa dicotomia, ainda que tenha sido suprimida legislativamente, permanece, em todos os casos, oculta no senso comum teórico dos juristas, impedindo o acesso ao verdadeiro sentido dessas mudanças), o que acaba ordinarizando as formas diferenciadas de tutela e submetendo-as àquela dicotomia. Vigente, há vários anos, o artigo 461[357] do Código de Processo Civil – que dispensa a propositura de ação de execução, antes regulada no Livro II do Código de Processo Civil, em casos de obrigações de fazer e de não fazer, sempre que não estiverem consubstanciadas em título executivo extrajudicial (caso em que permanecem reguladas pelo Livro II do CPC) – os juízes continuavam a intimar as partes para propor ações de execução com base no art. 632[358] do Código de Processo Civil, desconsiderando, completa-

---

[357] Art. 461. Na ação que tenha por objeto o cumprimento de obrigação de fazer ou não fazer, o juiz concederá a tutela específica da obrigação ou, se procedente o pedido, determinará providências que assegurem o resultado prático equivalente ao adimplemento. [...]

[358] Art. 632. Quando o objeto da execução for obrigação de fazer, o devedor será citado para satisfazê-la no prazo que o juiz lhe assinar, se outro não estiver determinado no título executivo.

mente, o que dispunha a nova sistemática. Nesses casos, mesmo que a sentença não fosse condenatória, era tratada como tal. Assim, mesmo que o modo-de-ser do direito material, a ação de direito material fosse mandamental ou executiva, o processo as convertia em condenatória. Trata-se de um arraigamento aos pré-juízos inquestionados, que impede a tarefa da compreensão autêntica, porque se olha "o novo com os olhos do velho".[359] Para realmente ver o novo, é preciso, pois, compreender o que está velado e, segundo Heidegger, o que se vela é o que está mais próximo. O que está mais próximo nesse sentido e, pois, mais comumente velado pela necessidade do método do que a própria realidade do fenômeno em sua concreção?

A ação de direito material é modo-de-ser do direito material, um momento dinâmico do direito material em ação. Disso deriva sua importância como categoria hermenêutica, porque ela traz o mundo prático ao processo e permite, pela força impositiva que dela deriva, o desvelamento das necessidades que emanam dos fatos, fornecendo o arcabouço para que o processo possa concretizar as pretensões materiais carentes de realização espontânea. Desse resgate do mundo prático que a ação de direito material representa, é que deriva, ainda, sua negação pelo senso comum teórico. Com efeito, é justamente o mundo prático que é suplantado, velado e negado pelo processo, cuja autonomia científica recusa a essência do direito material em nome da certeza metodológica da ciência moderna e, pois, em nome da inscrição no rol das ciências. Como afirma Agamben, em um certo sentido "a expropriação da experiência estava 'implícita' no projeto fundamental da ciência moderna".[360] Assim, "a ciência moderna nasce de uma desconfiança sem precedentes em relação à experiência como era tradicionalmente entendida [...]".[361] A negação da ação de direito material expropria a experiência e remete ao experimento, que é sempre o lugar do método. Cumprido o trajeto metodológico, nada há a fazer e, mesmo quando está em curso, não há como se livrar dele.

A presente proposta procura a liberação das amarras desse método asfixiante da ciência moderna, por meio da concretização da força normativa da lei e da Constituição. Esse resgate, já anunciado como tarefa a ser cumprida por meio da ação de direito material, representa o limite de sentido, por meio do texto da lei material. Imprescindível lembrar, nesse momento, que, para a fenomenologia existencial – que embasa a presente busca pela compreensão da relação entre direito material e processo e

---

[359] STRECK, Lenio Luiz. *Jurisdição constitucional e hermenêutica*: uma nova crítica do direito. Rio de Janeiro: Forense, 2004, p. 17.

[360] AGAMBEN, Giorgio. *Infância e história*. Belo Horizonte: UFMG, 2005, p. 25.

[361] Idem.

pelo verdadeiro e imprescindível lugar da ação de direito material nesse contexto – o limite, a finitude, é a dimensão, a partir da qual se constrói a possibilidade, o "limite não é aquilo onde algo deixa de ser, mas como os gregos o reconheceram, o limite é aquilo a partir de onde algo começa o desdobramento de seu ser."[362]

5.3.1. A ação de direito material como categoria hermenêutica

O desvelamento de sentidos que se propõe, aqui, a partir da compreensão da ação de direito material, parte da reflexão sobre o seguinte questionamento de Ovídio Araújo Baptista da Silva:

> As ações são outorgadas pelos Códigos de Processo, ou estes apenas se limitam a regular-lhes o conteúdo da matéria a ser objeto da controvérsia? Poderá o legislador do processo suprimir algumas ações que hoje se reconhecem como existentes no sistema jurídico brasileiro, por este outorgadas ao comprador, ou ao vendedor, ou ao proprietário, ou ao condômino, ou ao locador, sem invadir o direito material e modificá-lo?[363]

Ao se responder a essa pergunta, estar-se-á respondendo, também, à pergunta sobre a questão de a técnica poder modificar a essência do ser do ente sobre o qual ela é aplicada. Evidentemente que não, assim como não se pode admitir a possibilidade de que o legislador do processo possa suprimir ações, deixando o direito material sem potência e força alguma, o que seria atitude evidentemente manipuladora e destrutiva do direito, porque como dito alhures, citando Ovídio A. Baptista da Silva, direito "(pretensão) sem ação é poesia, certamente de má qualidade".[364]

A recusa da existência de duas ações, uma no campo do processo, outra no campo do direito material, amputa o direito material de toda a sua potência e força, deixando, ao direito processual, à técnica, a escolha sobre sua realização no mundo da vida. Não se trata de confundir os dois planos, o direito material e o processo, nem mesmo de "atribuição de natureza privatística ao fenômeno".[365] Ao contrário, a negação da ação de direito material é a posição que retira toda a força do direito material, privilegiando o domínio do processo, dos espaços de anomia e viabili-

---

[362] Stein, nesse trecho, cita e traduz o próprio Heidegger a partir do original "Vorträge und Aufsätze". STEIN, Ernildo. *Compreensão e finitude*. Ijuí: Unijuí, 2001, p. 124..

[363] SILVA, Ovídio A Baptista da. *Ação de imissão de posse*. São Paulo: Revista dos Tribunais, 1997. v. 1, p. 115.

[364] Conforme SILVA, Ovídio Araújo Baptista da. Ações e sentenças executivas. In: *Jurisdição, direito material e processo*. Rio de Janeiro: Forense, 2008, p. 253.

[365] OLIVEIRA, Carlos Alberto Alvaro de. Direito material, processo e tutela jurisdicional. In: MACHADO, Fábio Cardoso; AMARAL, Guilherme Rizzo (orgs.). *Polêmica sobre a ação*: a tutela jurisdicional na perspectiva das relações entre direito e processo. Porto Alegre: Livraria do Advogado, 2006, p. 295.

za, à técnica, a possibilidade de alterar o direito material, atribuindo um modo-de-ser que não é o seu, pois, sendo alegada na "ação", a ação, ainda que em expectativa, exige meios de realização compatíveis com o que nela se contém. É óbvio que não se trata de reprodução de categorias, sendo a ação um *dopione* da "ação" ou vice-versa, mas de reconhecer que a ação é um modo de ser do direito, não sendo a "ação" (processual) um espaço em branco que o juiz preencherá sem se preocupar, para utilizar uma expressão de Alvaro de Oliveira, diretamente com o "direito material pretendido".[366] Isso porque, obviamente, se retiro a ação e fico com a "ação", o escopo não precisa ser o direito material pretendido, já que, essa compreensão pressupõe o que afirmou José Carlos Barbosa Moreira: "O compromisso primeiro de todo processualista é com o direito processual".[367]

Veja-se que toda a teoria processual civil trata de instrumentalidade, de adequação da resposta jurisdicional ao direito da parte, mas, negando a ação de direito material, o fazem no campo abstrato, porque negam a relação entre o saber teórico que sustentam com a realidade do que se produz por meio da atividade jurisdicional, de modo que aquela atuação das eficácias sentenciais se dá, em adequação ao direito material, apenas em teoria. Permite-se o acoplamento de uma eficácia sentencial que, segundo o pensamento do intérprete – conduzido pela forma de pensar a jurisdição presente no imaginário jurídico (declaração, constituição e condenação) – melhor se adapte ao caso. Não haverá, todavia, um limite de sentido, na dupla direção aqui apontada? De onde vem essa escolha? Não haverá, em um Estado Democrático de Direito, um limite para se dizer, agora utilizando a conhecida expressão de Streck, "qualquer coisa sobre qualquer coisa"? Será possível que a eficácia sentencial ou antecipatória não esteja em parte alguma, apenas na mente solipsista do julgador, como decorrência de um discurso de fundamentação prévio? Será que o art. 5º, XXXV,[368] da Constituição Federal não indica o caminho hermenêutico? E, se indica, qual é o caminho?

Tratando-se da pura dimensão da *techné*, não haverá jamais esse questionamento. Esse, todavia, é o questionamento, talvez, mais importante a ser feito, porque desvela os sentidos buscados até aqui e permite

---

[366] OLIVEIRA, Carlos Alberto Alvaro de. O problema da eficácia da sentença. In: MACHADO, Fábio Cardoso; AMARAL, Guilherme Rizzo (orgs.). *Polêmica sobre a ação*: a tutela jurisdicional na perspectiva das relações entre direito e processo. Porto Alegre: Livraria do Advogado, 2006, p. 49.

[367] MOREIRA, José Carlos Barbosa. Efetividade do processo e técnica processual. In: ——. *Temas de direito processual*. São Paulo: Saravia, 1997, p. 28.

[368] Art. 5º. Todos são iguais perante a lei, sem distinção de qualquer natureza, garantindo-se aos brasileiros e aos estrangeiros residentes no País a inviolabilidade do direito à vida, à liberdade, à igualdade, à segurança e a propriedade, nos termos seguintes: [...] XXXV – A lei não excluirá da apreciação do Poder Judiciário lesão ou ameaça a direito; [...]

um limite, ambivalente, para a atuação jurisdicional, que não aprisiona o juiz como boca-da-lei, nem lhe solta totalmente as amarras, já que, em ambos os casos, ocorre a fuga à responsabilidade pelo resultado, na atribuição, positivista, convencional ou pragmático-estratégica, para utilizar a terminologia de Dworkin,[369] do apelo à vontade da lei e do legislador. Conforme assinala Streck,

> [...] a invasão da filosofia pela linguagem, ao proporcionar a superação do esquema sujeito-objeto, coloca a linguagem como condição de possibilidade, sendo vedado utilizá-la – sob pena de um paradoxo de cunho paradigmático – como um instrumento, enfim, como uma terceira coisa que proporcione a hipostasiação de discursos (no caso, de discursos fundamentados previamente, contrafáticos) e uma procedimentalização argumentativa, que deixa em segundo plano o desiderato final da norma: a aplicação (que, repita-se, só ingressa "no jogo" após estar resolvido o problema da fundamentação).[370]

Assim,

> [...] cindidos, os discursos de fundamentação, por serem prévios, têm a função de servirem, contrafaticamente, de categorias para o enquadramento (adequação) das situações concretas, que, assim, podem ser vistas como fatos (faticidade) "ainda sem sentido", à espera do devido acoplamento.[371]

A dicotomia entre aplicação e fundamentação, inviável no paradigma hermenêutico filosófico, permite aplicação sem fatos. É pertinente trazer a pergunta de Streck, que tratando dos discursos prévios de fundamentação e da verificação de que, por serem prévios, não se referem a situações concretas, indaga: "Afinal, se eles se dão previamente, seria possível, por exemplo, falar sobre a validade do princípio da dignidade da pessoa sem se referir a uma determinada situação de aplicação?".[372]

No que concerne às teorias substancialistas ainda ligadas ao esquema metafísico – mesmo que se reconheça em algumas delas a valorosa intenção de dar efetividade ao processo, a utilização da instrumentalidade como terceira coisa a se interpor entre o sujeito e o objeto reconduz à conceitualização e abstratalização do mundo prático em que o método[373] permanece sendo o meio para alcançar o justo, e a lei permanece tendo uma vontade – que se destacou da vontade do legislador e foi entregue

---

[369] DWORKIN, Ronald. *O império do direito*. São Paulo: Maritns Fontes, 2003.

[370] STRECK, Lenio Luiz. *Verdade e consenso*. Rio de Janeiro: Lumen Juris, 2006, p. 35.

[371] Ibid., p. 36.

[372] Ibid., p. 53.

[373] Na expressão de Rui Portanova, que pôde ser lida antes em Cândido Dinamarco, quando diz que "fixar diretrizes é publicizar uma unidade de método, o que nem de longe implica homogeneizar soluções." PORTANOVA, Rui. *Motivações ideológicas da sentença*. Porto Alegre: Livraria do Advogado, 2003, p. 149.

ao intérprete-juiz – como se afirma com base no que se encontra na construção de Rui Portanova:

> Feita a lei, ela se destaca da vontade do legislador e vai adquirir seu próprio espírito [...]. Aqui, a imparcialidade do juiz é vista juntamente com a completa independência a ponto de não ficar sujeito, no julgamento, a nenhuma autoridade superior.[374]

O desvelamento dos sentidos ocultos nessas premissas permite que o intérprete – ao se deparar com a compreensão de que os sentidos não estão mais nas coisas, nem na mente e que as teorias ligadas ao esquema S-O, ao apresentarem previamente o fundamento de sua própria efetividade, não vão às coisas mesmas, não viabilizam a validade da compreensão, mas apenas a adequação a esquemas *a priori* – desvele a necessidade de algo que o ligue ao mundo.

A retomada da ação de direito material permite o desvelamento do significado em que toda compreensão já é aplicação. Nessa tarefa, que é una, a busca pelo sentido reúne interpretação, compreensão e aplicação e, portanto, une a tarefa teórica à tarefa da aplicação que indicará um sentido "para o caso", e não, para todos os casos. Sem dúvida, como afirma Ovídio Araújo Baptista da Silva, o "direito nasce do fato, mas com ele não se confunde. As proposições mais simples e que poderiam parecer óbvias, dependendo do respectivo contexto, poderão ter 'significados' diversos e até antagônicos",[375] e a relevância disso é que em última análise "o que se busca no processo é o 'significado' a ser atribuído aos fatos. O juiz não labora com a simples descrição empírica dos fatos. Ele deve interpretar tanto a norma legal quanto atribuir aos fatos significados que haverão de ser qualificados como jurídicos".[376]

Esse religar-se ao mundo prático, todavia, não se dará por meio do mundo dos conceitos, em que princípios são criados teoricamente, à moda científica.

5.3.2. A compreensão da ação de direito material e uma analogia, identidade-diferença, com o princípio

A retomada da ação de direito material, em que o agir prático, demandado pelo direito que exige concretização, é compreendido analogicamente como princípio que não deixa que o intérprete se liberte do

---

[374] PORTANOVA, Rui. *Motivações ideológicas da sentença*. Porto Alegre: Livraria do Advogado, 2003, p. 120 e 123.

[375] SILVA, Ovídio A Baptista da. Verdade e significado. In: *Constituição, sistemas sociais e hermenêutica*: Programa de Pós-Graduação em Direito da UNISINOS. Porto Alegre: Livraria do Advogado, p. 269, 2005.

[376] Ibid, p. 242.

mundo prático, onde as coisas acontecem, permite a realização daqueles dois escopos referidos por Streck:[377] a concretização de direitos e a prevenção contra discursos decisionistas e arbitrariedades interpretativas na relação entre direito material e processo, em que o procedimento não tem o condão de legitimar, por si só, o resultado, e no qual o intérprete não está autorizado a unificar sentidos ou a atribuí-los sem que haja vinculação a nenhuma autoridade.

Essa retomada atende aos anseios que derivam do novo papel da Constituição, que deve ser compreendido da seguinte forma:

> Com efeito, se a Constituição altera (substacialmente) a teoria das fontes que sustentava o positivismo e os princípios vêm a propiciar uma nova teoria da norma (atrás de cada regra há, agora, um princípio que não a deixa se "desvencilhar" do mundo prático), é porque também o modelo de conhecimento subsuntivo, próprio do esquema sujeito-objeto, tinha que ceder lugar a um novo paradigma interpretativo.[378]

Esse não se deixar desvencilhar do mundo prático não será realizado por um princípio artificialmente construído, como a instrumentalidade, ou instrumentalidade moderna, ou qualquer outro nome que se dê a ele, ou, ainda, por qualquer noção que eleja o procedimento como meio de legitimação. É preciso buscar, no mundo prático, esse parâmetro hermenêutico-interpretativo. A eleição de princípios artificialmente construídos como ferramentas a conferir efetividade ao processo, como já se disse anteriormente, traz consigo a possibilidade de mau uso da técnica, porque tudo dependerá do que o sujeito-intérprete entender ser o escopo ou função da jurisdição. Não há uma diferenciação no modo-de-fazer direito. Muda o rótulo. Assim, embora se reconheça que a processualística, de modo geral, vem tentando buscar uma saída para a crise da efetividade da jurisdição, o que se afirma aqui é que novos instrumentos dentro do mesmo paradigma não têm o condão de alterar o estado de coisas, porque as construções continuam sendo artificialmente propostas sem que o senso comum teórico seja realmente afetado.

Tal principiologia proposta para o processo, por ser artificial, permite a abertura para diferences propostas, inautênticas ou não, sobre o que é o escopo do processo. Essa multiplicidade de possibilidades sobre o que é o processo, qual o seu escopo, como se chega a ele, permite um sem número de posições a serem "escolhidas" pelo intérprete, que se distanciam da leitura autêntica da Constituição, cuja força transformadora impõe concretização de direitos, o que faz inconstitucionais as posições que sustentam um escopo primeiro de satisfatividade normativa, ou que

---

[377] STRECK, Lenio Luiz. *Verdade e consenso*. Rio de Janeiro: Lumen Juris, 2006, p. 9.

[378] Ibid., p. 6.

consideram que o procedimento legitima o resultado (ambas abstraindo o mundo dos fatos).

O que é um instrumento? Para que serve? Adequar-se a que, precisamente, e como, em que circunstâncias? Qual o momento da adequação? Após dar-se a adequação, há algo a fazer, pode haver readequação? Quem responde a isso? Como se pode encontrar ou criar a matéria a partir da forma? Como se pode encontrar conteúdo simplesmente pela intervenção do procedimento? Instrumentalidade e adequação, para citar apenas aqueles que diretamente dizem respeito ao tema tratado e que mais influência exercem no imaginário dos juristas, são criações artificiais que subtraem a ligação com o mundo prático que seria dado aos princípios trazer para a compreensão do Direito. Isso porque se pode instrumentalizar conceitos e fazer adequação a eles, o que acaba sendo o objetivo da doutrina processual: instrumentalidade referida à adequação dos direitos previstos abstratamente (sem fatos).

Uma resposta adequada à Constituição, como já dito, exige concretização de direitos. Para isso, há necessidade de resgatar o mundo prático, e não há como fazer isso sem retornar a ele. O que se propõe, aqui, é que o parâmetro para que esse retorno seja possibilitado é a ação de direito material, uma aposta no modo-de-ser do direito material, em sua expressão dinâmica, como forma de resgatar a dimensão prática perdida e permitir a ontologização da relação entre direito material e processo, procurando fazer do último a condição de possibilidade para que o ser do direito material se dê, concretizando pretensões. Isso porque compreender o direito material a partir de seu modo-de-ser no mundo, a ação de direito material, permite projetar as possibilidades e os componentes de sentido desse ser, que são explicitadas e manifestadas na tarefa interpretativa, no mesmo momento em que se dá a aplicação. Afinal, como se pode dizer o que é efetividade da jurisdição, *in abstrato*, paz social? Em que consiste a declaração do direito e a solução da lide no plano normativo? Efetividade a partir de um parâmetro normativo é coisa julgada, a partir de um parâmetro que busca na realidade o modo como as coisas se dão, e já-são-junto-do-mundo é outra coisa, muito distanciada da efetividade normativa. Exige concretização de direitos, o mais próximo possível do que esse direito seria se não necessitasse do processo, porque a hermenêutica nunca abarca tudo. Esse modo-de-ser é a ação de direito material.

No campo da hermenêutica filosófica, como sustenta Streck, os princípios não são regras de otimização, e as regras não colidem em abstrato, como também princípios não colidem em abstrato. Os princípios inviabilizam a atribuição de respostas à escolha do intérprete, de modo solipsita. Considerando que a regra é abertura, enquanto fecham o sistema, os princípios, operando no caso concreto, propiciam a compreensão da resposta adequada para aquele caso, naquela conjuntura fática, naquele momento histórico, naquele caso, cuja análise lhe é posta e que é irrepetível. É como se pretende, analogicamente, operar a ação de direito material como linguagem do direito material que se dá no processo. Não há lacunas ou espaços de anomia porque, por trás de cada regra, há um princípio que só pode ser avaliado em um caso, na sua aplicação. É o que ocorre quando se pensa na ação de direito material (forma de imposição e realização do direito material em sua aplicação), que deve ser respeitada de modo a que o processo possa chegar o mais perto possível do que adviria se o ordenamento jurídico houvesse sido respeitado e se a força transformadora (e não, meramente normativa) da Constituição e de todo o ordenamento houvesse atuado.

A ação de direito material não é um conceito, é um evento, um modo-de-ser-no-mundo do direito material que precisa ser recuperado, na medida do possível, em sua dimensão fática, para dar ao processo a possibilidade de atuar o direito, não como ente objetificado em que o texto que o garante é a norma a ser aplicada pelo julgador, que lhe atribui qualquer sentido porque realiza um conceito, garantindo a paz social (coisa julgada), "satisfação" normativa. Por isso, é trazida em uma perspectiva em que a hermenêutica filosófica a recupera aproximando-a da tarefa dos princípios (não mandatos de otimização ou como abertura do sistema, como diz Streck), mas para indicar o sentido do caso e o caminho a ser percorrido em direção à realização da justiça. Veja-se que "a condição de possibilidade de interpretação da regra é a existência do princípio instituidor".[379] Uma "regra não subsiste isoladamente, se assim fosse o princípio não cumpriria a função de introduzir a razão prática no direito".[380]

Com isso, deve-se lembrar que fundamentação requer aplicação. Só está fundamentada uma decisão que, na vida das pessoas, atua de forma a realizar o direito material, pois "o que está em jogo é o acontecer daquilo que resulta do princípio, que pressupõe uma espécie de ponto de partida, que é um processo compreensivo".[381]

5.3.3. O processo como método: a necessidade de fundamentação da técnica no mundo prático

Reconstruir o ideário que é a base da negação da ação de direito material e os desvios de rumos que estão contidos nas chamadas visões

---

[379] STRECK, Lenio Luiz. *Verdade e consenso*. Rio de Janeiro: Lumen Juris, 2006, p. 167.
[380] Ibid., p. 168.
[381] Ibid., p. 151.

tradicionais, instrumentais ou processuais-procedimentais do processo – apenas para citar a temática enfrentada no presente estudo – conduz o intérprete a uma situação hermenêutica capaz de levá-lo à efetiva superação desses momentos ideológicos que velam a compreensão da ligação entre direito material e processo. Com efeito, a maioria das correntes acabam desenvolvendo método que se dirige à unicidade, embora a teoria instrumental sustente que unificar o método não significa homogeneizar soluções.[382]

No lugar do método único, impõe-se reconhecer a necessidade de buscar, no mundo, a diretriz da forma adequada de se proceder em direção à solução de um conflito trazido à apreciação do Poder Judiciário por meio do processo. A afirmação da ação de direito material como categoria hermenêutica, de forma análoga ao princípio, busca a superação das visões filosófico-analíticas da ligação entre direito material e processo, em direção ao fenômeno privilegiado, capaz de realizar o desvelamento do ser do direito material no processo.

A aplicação do direito se dá a todo o instante e, como expressão da normalidade, não é trazida à análise. Essa aplicação nos atos da vida social, do direito, se dá por meio das ações de direito material. Por meio dela os direitos se impõem e, normalmente não encontram oposição no mundo social. É o que ocorre toda vez que alguém paga uma dívida, restitui um bem comodado etc. O momento do conflito traduzido no campo que interessa à presente pesquisa, na necessidade de o direito material realizar-se por meio do processo, é o momento dos atos processuais, que, é necessário dizer, não se podem totalmente desvincular do método. O procedimento é um método, por excelência, e o problema é utilizá-lo como ferramenta, dada aprioristicamente, sem necessidade de constante revisão na aplicação de sua possibilidade de realizar o direito concretamente.

A ação de direito material, como modo-de-ser do direito material, analogamente ao princípio, que subjaz à regra processual, permite a constante revisão do método para adequá-lo às características e necessidades do direito material que deve ser realizado.[383] Sua compreensão permite desvelar os sentidos inautênticos, presentes nas correntes que reconhecem, no processo, atividade declarativa ou constitutiva do direito, em que o método único, cartesiano, tem sido o responsável pela entificação do ser

---

[382] Consoante já citado, essa posição é propugnada por DINAMARCO, Cândido Rangel. *Instrumentalidade do Processo*. São Paulo: Malheiros, 2005, cujas razões e conclusões são esposadas por Rui Portanova em suas Motivações Ideológicas da Sentença. PORTANOVA, Rui. *Motivações ideológicas da sentença*. Porto Alegre: Livraria do Advogado, 2003, p. 149.

[383] E isso não significa concretizar a ação processual, porque procedência e improcedência referem-se à ação de direito material alegada no processo. A ação processual processou-se, não sendo caso de improcedência ou procedência.

do direito material. Como ente, o direito material perde sua orientação histórica, fática, projetada no mundo, para ser sempre observado em uma visão estática e abstrata, na qual os fatos são um apêndice no processo silogístico. É o que ocorre quando se nega a dimensão do direito material projetada no mundo (dinâmica), a ação de direito material. À visão estática e abstrata de uma coisa, adapta-se uma visão abstrata do instrumento. Na realidade e dinâmica da vida, no entanto, é que poderiam ser descobertas as insuficiências desse instrumento.

A ação de direito material, representando essa dinâmica projetada no mundo, que conduz à retomada da força do direito material, capaz de se realizar e projetar o instrumento que a ele se adapte, como projeção da força normativa e transformadora da Constituição (pois é ela que atribui direitos e os qualifica por sua força impositiva, também por ela resguardada, como antes se referiu), está em constante revisão e permite a fundamentação dessa constante revisão. Essa projeção, revisão, fundamentação, se dá, é o que se quer propor aqui, por meio da ação de direito material, que se projeta no processo, impõe sua revisão sempre renovada e fundamentada, nos valores constitucionais (porque o direito material é sempre o ser de um ente cujo sentido é projetado pela tradição consubstanciada na Constituição).

As palavras de Stein, transportadas para o campo do processo e do direito material, são esclarecedoras, pois desvelam o sentido que se quer projetar. Diz ele que

> [...] método e objeto vão se corrigindo constantemente na medida em que os objetos do universo filosófico e do universo das ciências humanas são altamente fluídos, altamente imprecisos na sua verificação. De tal maneira que eles nos convocam, que nós somos obrigados a readaptar o método e redescrever constantemente o objeto. Atrás disto está uma espécie de circularidade. Sempre dispomos de um método provisório para chegar ao objeto. Mas na medida em que vamos desenvolvendo o objeto, podemos ir corrigindo nosso método.[384]

No campo do processo, modernamente, sempre há um mesmo método para se chegar ao objeto. Tal método é representado pelo procedimento ordinário, ao qual sempre se retorna, seja porque os procedimentos especiais, em determinada fase do procedimento, acabam nele desembocando, seja porque o procedimento cautelar ou sumário acaba sendo nele inspirado,[385] seja no modo de sua concepção legislativa, seja

---

[384] STEIN, Ernildo. *Aproximações sobre hermenêutica*. Porto Alegre: EdiPUCRS, 2004, p. 58.

[385] Não apenas na estrutura do procedimento, mas também no que se refere à cognição, pois quantas vezes a cognição no processo cautelar, que deveria ser sumária, é investigada de forma, não apenas plenária, mas exauriente, especialmente quando há julgamento final conjunto entre o processo de conhecimento e o cautelar, em que esse é negado com base na mesma fundamentação pela qual o juiz nega a procedência da "ação" principal.

em face da mentalidade dos operadores do direito, cuja atuação ritualizada acaba ordinarizando e formalizando sempre mais o procedimento, em praxes mentais como, apenas para citar exemplos mais conhecidos: 1) exigir execução pelo art. 632 do Código de Processo Civil, em caso de aplicação do art. 461 do mesmo Código; 2) menoscabar o despacho saneador, que poderia dar celeridade e democratizar o processo, dando às partes informações fundamentadas sobre quais os pontos em que deve ser produzida a prova e acerca da higidez do procedimento (quanto aos pressupostos processuais, não quanto às condições da ação – de direito material – que pertencem ao mérito), permitindo um andar processual direcionado a um objetivo comum entre as partes e não um complexo e desnorteado andar em que o juiz subtrai das partes não apenas o direito à fundamentação, como também à decisão; 3) de sempre seguir o mesmo caminho rumo à intimação para apresentação de réplica, em processos em que ela não seria necessária. Trata-se de manifestações do método único. Adequar o processo ao direito material é muito mais do que redirecionar o juiz para analisar os escopos sociais-políticos-jurídicos cindidos como discursos prévios de fundamentação. A compreensão autêntica do direito material exige a compreensão do fenômeno jurídico em que aplicar o direito é compreender o direito material, no caso concreto, em todas essas dimensões apontadas pela instrumentalidade, sem as quais não há direito. Não há um direito bom e um mau, um justo e um injusto. Há apenas visões autênticas e inautênticas sobre o que é o direito e, assim, um direito e um não direito. É o direito que deve ser realizado, no processo, como direito material, e direito material não é qualquer coisa que se diga sobre ele, mas o que a compreensão a partir do fio condutor da Constituição o impele a ser, em prol da realização de seus objetivos, o que faz com que a visão instrumental do processo (incluindo-se as variantes moderna, alternativa, e outras ligadas ao esquema S-O) abarque apenas a questão primária do problema, de maneira insuficiente, porque propugnam que o juiz deve preocupar-se com a visão social e política, antes da jurídica, como se pudesse haver essa compartimentalização, como se o processo hermenêutico ocorresse em fatias.

A concepção do método, naquelas visões, permanece sendo única, e as proposições apresentadas, como, por exemplo, de relativização da coisa julgada e do sistema de preclusões, de maiores poderes instrutórios ao juiz, de ampliação do acesso à justiça, dentre outros, são insuficientes porque ditadas por uma compreensão de que é do processo que devem partir as soluções. Ora, o instrumento não dita as necessidades do objeto. Não é ao processo que se deve perguntar sobre as necessidades do direito material quando dinamizado por sua potência e força, mas a essa, à ação de direito material, à qual deve se adaptar o instrumento, não abstratamente e *a priori*, mas em função de constante revisão.

A ação de direito material, como modo-de-ser do direito material e linguagem que fala ao processo, não apenas informa as necessidades para sua realização, como exige sua realização e fundamenta – sem discrepar da necessidade de respeito ao texto constitucional e ao texto das leis infraconstitucionais, que são o limite da formulação da norma para o caso concreto, mas que, com ela, não se confundem, em sua diferença, que é ontológica – essa constante revisão do método, do procedimento, que não é novidade entre os juristas, pois Vittorio Denti sustenta, em seu *Un Progetto per la Giustizia Civile*, que se fala

> [...] di "decodificazione" a proposito della esigenza di guardare alla realtà del diritto al di là degli schemi del codice: una analoga esigenza, espressa nella proposta di creare forme differenziate di tutela, sta alla base della idea di un codice processuale che non presenti un modello único e generalizzato di tutela, ma adegui i procedimenti alla realtà delle situazioni tutelate.[386]

Nesse contexto, é possível pensar em eficácias sentenciais plúrimas, como afirmou Pontes, mas a partir de uma releitura concreta de sua constante quinze, que descartando o modo matemático de análise da questão, permita visualizar um direito material que, durante o processo, esteja em constante mutação, porque os fatos não congelam com o ajuizamento da demanda, permitindo a constante revisão do procedimento em atendimento à necessidade de realização do direito no caso concreto, sem discrepar das necessidades de respeito ao contraditório (os direitos materiais de natureza processual). Considerando-se a "ação" abstrata, como técnica destinada à efetivação de direitos e também a ação, concreta, destinada a realizar de forma viva a ligação entre o direito material e o processo, para que o último se movimente de acordo com essas necessidades, é possível reconhecer, ao lado das formulações, abstratas, eminentemente processuais,[387] o estabelecimento de meios de revisão constante da forma procedimental, do que já seriam sinais os artigos 273[388] e 461 do Código de Processo Civil, não fosse o senso comum teórico, que lhes retira a plena potencialidade de aplicação.

Fundamentado na ação de direito material, como momento ativo do direito, a adequação do procedimento não se afasta da legalidade; ao con-

---

[386] DENTI, Vittorio. *Un progetto per la giustizia civile*. Bologna: Società Editrice il Mulino, 1982, p. 15.

[387] Como as questões relativas a prazos, requisitos da petição inicial, exceções processuais (suspeição, impedimento, incompetência), distribuição do ônus da prova, apenas para citar alguns exemplos.

[388] Art. 273. O juiz poderá, a requerimento da parte, antecipar, total ou parcialmente, os efeitos da tutela pretendida no pedido inicial, desde que, existindo prova inequívoca, se convença da verossimilhança da alegação e: I – haja fundado receio dano irreparável ou de difícil reparação; ou II – fique caracterizado o abuso de direito de defesa ou o manifesto propósito protelatório do réu.[...]

trário, viabiliza a realização do direito material, compreendido a partir do paradigma constitucional, que não se coaduna com a previsão de direitos, que não tem potencialidade de realização, porque o que dita tal adequação é justamente o direito. Também não se afasta do contraditório, quer porque o direito, em toda a sua realidade dinâmica, é alegado e contra ele o réu se defende, quer porque essa adequação do procedimento é feita com sua participação e fiscalização. Na verdade, é isso que fundamenta a possibilidade de o juiz optar por modo de execução não cogitado pelo autor, sem ferir o princípio da demanda, o que já é realidade quando o artigo 461 do Código de Processo Civil é corretamente aplicado – sem falar nas medidas análogas previstas no Código de Defesa do Consumidor, por exemplo – sem que isso corresponda à violação da congruência entre pedido e decisão (*ne eat iudex ultra vel extra petita partium*). Também é esse o fundamento da possibilidade de recurso para alterar um modo de execução inadequado, proclamado em decisão judicial. Como se faz a avaliação de tal adequação, de modo autêntico? Buscando, na ação de direito material (no mundo prático, onde o direito material exigível e violado ou ameaçado de violação adquire dinamicidade), sua força impositiva, o modo como o direito deveria ter se concretizado se houvesse se realizado espontaneamente, sem intervenção do processo. É o único modo de realizar tutela específica, com todas as vicissitudes do processo e da vida, que não desconhece que, na hermenêutica, nunca se recupera tudo.

A visão do processo a partir da ação de direito material permite o reconhecimento, o que ainda sofre resistências, da eficácia executiva, o que remete à existência de uma ação executiva no direito material e permite o estabelecimento de procedimentos diferenciados, sem necessidade de previsão pelo legislador do processo, porque pertencente ao conteúdo do direito material e, por isso, previsto na lei material. O direito material concreto contém, em si, a fórmula e a força de sua realização. Sendo a demanda executiva, a outorga de outra providência, como a condenação à entrega de coisa ou a ordem para entrega sob o abrigo das *astreintes* conduz à ofensa ao direito material. O processo não pode inviabilizar a adequação da medida ao caso e essa adequação não é escolha do juiz, segundo o que ele entende seja melhor solução para as partes, mas porque o direito determina que seja de determinada maneira, porque o direito material posto em causa, em sua atuação, a ação, que é alegada e poderá ser reconhecida no processo, tem essa eficácia, e não, outra à escolha do juiz. Esse é o sentido autêntico do princípio da congruência.

O mesmo ocorre com a conversão de demandas sumárias em plenárias, ou o inverso. Ovídio Araújo Baptista da Silva mostra a hipótese relativa às ações de imissão de posse, convertidas em reivindicatória ou em ações de esbulho, quando diz que:

Uma coisa é certa, quando se medita seriamente sobre essas questões: nenhuma conversão de uma demanda em outra se faz impunemente. Ou essa suposta conversão não passa de simples correção do *nomen iuris* equivocadamente indicado pelo autor, que a doutrina tem como perfeitamente admissível (g. Giannozzi, La modificazione della domanda nel processo civile, 1958, p. 69), caso em que a suposta ação de imissão de posse já vinha na própria inicial, com todos os elementos identificadores da outra ação em que ela se deva "converter"; ou o juiz realmente modifica a demanda, pondo em seu lugar outra não proposta pela parte.[389]

Com efeito, reconhecendo-se o valor hermenêutico da ligação entre direito material e processo, em que a ação de direito material é reconhecida como ponto de aproximação – em que se dá a identidade e a diferença – entre ambos, é possível buscar uma nova forma de compreender o processo, que permita vê-lo em sua realização continuada de busca da realização do direito material, sem alterar sua essência, pelas vicissitudes do procedimento como método lógico-dedutivo ou indutivo, recompondo, a cada passo do procedimento, o compromisso do juiz e das partes com a realização do direito material, em prol da efetiva realização do direito em sua dimensão transformadora da realidade e restabelecendo a confiança no Poder Judiciário, que ocupa lugar cimeiro nessa quadra da história em que do Estado se exige – e esse é o conteúdo da atual Constituição – prestações positivas, de transformação em prol da realização dos objetivos constitucionais. Não é possível realizar isso sem revisar o método, de acordo com o direto material que deve ser concretizado. E isso se dá, de inúmeras formas, sem ferir a legalidade e os direitos fundamentais à defesa. Fundamentadamente, reportando-se às necessidades dos direitos – invocados por ambas as partes: na inicial, na contestação, na reconvenção e nos demais incidentes –, introduzir no procedimento momentos destinados a colher sumariamente prova (vistas como argumentos) antes da abertura da instrução, por exemplo, quando reconheça necessidade de tal providência para decidir acerca da concessão ou não de pedidos liminares antecipatórios ou cautelares, para além do que autoriza o art. 342 do Código de Processo Civil, que prevê o chamamento das partes, a qualquer tempo, para ouvi-las, e fora das hipóteses do art. 847, I e II, do mesmo diploma. É claro, dir-se-á, há casos em que isso ocorre. Raros, primeiramente, porque não há previsão da lei processual a respeito, e, em virtude disso, porque o estabelecimento do procedimento ordinário, com fases estanques, autoriza o juiz a esconder-se atrás do procedimento e do número de processos, denegando requerimentos de antecipação de tutela, por exemplo, quando a colheita de elementos de convicção, para o fim da verificação dos requisitos, sumariamente, poderia alterar sua decisão,

---

[389] SILVA, Ovídio A. Baptista da. *Ação de imissão de posse*. São Paulo: Revista dos Tribunais, 1997, p. 114.

permitindo a realização de direito, cuja verossimilhança não tem como ser demonstrada, senão com tal providência, mas cuja ameaça de lesão ou agravamento da lesão é real. O que ocorre é que a visão do procedimento, como elemento necessário a ser vencido para a obtenção da sentença, retira a possibilidade de efetividade real do processo, por meio do uso de tais providências, simples – tantas vezes positivadas, como no caso do art. 928 do CPC –, mas sem relevância na prática dos operadores, porque a visão que tem do processo é de abstração, cuja adequação ao direito material – e suas vicissitudes cambiantes durante o procedimento – é dada *a priori* pela lei processual civil.

Essa revisão do procedimento, em atenção ao que se depreende do que indica a ação de direito material, não trata senão de reconhecer a constitucionalização do processo a partir do paradigma da concretização de direitos (pretensões).

5.3.4. O problema da certeza e da definitividade como limite negativo à tarefa hermenêutica que se dá no processo

O apego à certeza e à segurança que caracteriza a modernidade é denunciado por Gadamer:

> Assim como a investigação moderna da natureza não considera a natureza como um todo compreensível mas como um acontecimento estranho ao eu, em cujo decurso ela introduz uma luz limitada, mas confiável, possibilitando assim sua dominação, da mesma forma o espírito humano, que procura proteção e certeza, deve opor à "insondabilidade" da vida, a esse "semblante terrível", a capacidade da compreensão formada pela ciência. Esta deve revelar a vida em sua realidade sócio-histórica de uma forma tão ampla que, apesar da insondabilidade da vida, o saber garanta proteção e certeza.

Com efeito, acerca desse fenômeno que acompanha a compreensão das ciências na modernidade, novamente, diz Gadamer:

> A certeza científica sempre tem uma feição cartesiana. É o resultado de uma metodologia crítica, que procura deixar valer somente o que for indubitável. Essa certeza portanto não surge da dúvida e de sua superação, mas já se subtrai de antemão à possibilidade de sucumbir à dúvida. Assim como na famosa meditação sobre a dúvida, Descartes se propõe uma dúvida artificial e hiperbólica – como um experimento – que conduz ao *fundamentum inconcussum* – da autoconsciência, a ciência metodológica põe em dúvida, fundamentalmente, tudo aquilo sobre o que é possível duvidar, com o fim de chegar, deste modo, a resultados seguros. [...] Em Dilthey, a necessidade de algo sólido tem o caráter de uma necessidade expressa de proteção frente às realidades assustadoras da vida. Mas ele espera alcançar a vitória sobre a incerteza e insegurança da vida muito mais através da ciência do que através da estabilização proporcionada pela inserção na sociedade e a experiência de vida.[390]

---

[390] GADAMER, Hans-Georg. *Verdade e método*. Petrópolis: Vozes; Bragança Paulista: Universitária São Francisco, 1997. v. 1, p. 321-322.

A certeza, paradigma sobre o qual está alicerçada a ciência moderna, aliada à concepção de justiça nominalista em Hobbes[391] justifica a jurisdição plenária e normativa (que não vai aos fatos).

A procura pela superação da insondabilidade da vida resultou, pela ontologia cartesiana, na escolha pelo método e, pois, justamente, onde a certeza e a segurança não poderiam ser encontradas. Subjaz essa concepção a ideia de o método não aceitar nada que seja duvidoso e que possa não ser confirmado pela investigação rigorosamente científica. Ovídio Araújo Baptista da Silva vem alertando, no decorrer de sua obra, sobre essa ilusão que é surpreendida nos teóricos do processo e que desemboca na necessidade de regulação normativa dos litígios como tarefa da jurisdição, o que leva à afirmação da coisa julgada (certeza) como elemento diferenciador da atividade jurisdicional e, acrescente-se, à afirmação de que o escopo fundamental da jurisdição é a asseguração da paz social (satisfatividade normativa), e não a concretização de direitos (pretensões).

Tal raciocínio, como dito, busca no processo algo que ele não pode dar: segurança na imutabilidade das relações sociais e segurança de que a intervenção jurisdicional só ocorrerá depois de afirmada a certeza. Isso leva à afirmação da jurisdição como atividade declaratória. Entre todos os que comungam dessa ideia, pode-se citar Celso Neves, para quem a atividade jurisdicional é atividade de mera declaração, catalogando todas as demais atividades do Poder Judiciário em neologismos que seriam atividades do juiz, mas não propriamente jurisdicionais: jurissatisfação, júris-acautelamento, júris-integração, que correspondem às atividades executória, cautelar e de jurisdição voluntária, as quais não compõem o que o referido autor chama de jurisdição.[392] Novamente se encontram cindidas jurisdição e satisfação dos direitos. Isso porque, cartesianamente falando, tudo o que não é conceito, tudo o que não parte do *intellecto* não é verdadeiro. Isso, todavia, não se reflete apenas no escopo perseguido, mas no modo-de-fazer e compreender o direito no campo do processo, e não se diz nenhuma novidade quando se afirma que, por isso, execução liminar e acautelamento não são considerados jurisdição e porque a forma como são apreciadas postulações como essas sempre envolve profunda desconfiança do julgador que reproduz lugares-comuns, para deferir

---

[391] Essa última denunciada por Cassirer, o qual, ao comentar a obra de Hobbes, diz que, para esse autor, "a verdade não radica nas coisas, mas nas palavras, livremente criadas pelos homens (veritas in dicto, non in re consistit) [...]", lembra a cisão entre a palavra e a coisa, em que a linguagem é uma terceira coisa que se interpõe entre o sujeito e o objeto. Citado por SILVA, Ovídio A. Baptista da. *Jurisdição e execução na tradição jurídica romano-canônica.* Rio de Janeiro: Forense, 2007, p. 101. Em Hobbes, observa-se a concepção de Hermógenes, sustentada contra Crátilo. PLATÃO. *Crátilo.* Lisboa: Instituto Piaget, 2001.

[392] NEVES, Celso. *Estrutura fundamental do processo civil:* tutela jurídica processual, ação, processo e procedimento. Rio de Janeiro: Forense, 1995.

ou indeferir, sem verdadeiramente fundamentar, como quando diz (in) defiro porque (não) estão presentes os requisitos da antecipação de tutela ou da medida cautelar. Por que é tão difícil determinar medidas ou realizar providências ou dar ordens às partes (vale lembrar que Liebman não admitia essa possibilidade) quando o caso ou as medidas requeridas, por qualquer das partes (porque antecipação de tutela e cautelaridade estão à disposição de ambas) fogem ao que costumeiramente acontece, mesmo que os prejudicados exponham argumentos convincentes e demonstrem a verossimilhança ou a probabilidade de seu direito (mas não a certeza)? Nesse caso, como alerta Ovídio Araújo Baptista da Silva, quando negada a uma das partes, medida de sinal contrário é deferida àquela contra quem a medida foi inicialmente requerida.

Não se pode esquecer de que ser é tempo e que, sendo assim, o que se propõe, aqui, a partir do ser do direito material, a ação de direito material, é que ela está jogada no horizonte do tempo e, portanto, não fala ao processo como um ente objetificado que determina, *a priori*, o que é o direito material posto em causa, mas, no horizonte da temporalidade, permanece falando, como linguagem que é, ao processo, o modo como deve realizar-se o direito material que, no processo, não se liberta do tempo; ao contrário, reconhece-se nele. Durante o processo, que, como caminho, travessia, tem um destino – a concretização de direitos (pretensões) –, esse ser, entregue ao tempo, exige ação, sempre renovada, de vigilância contra a perda de seu objeto. E isso exige ação presente e diante de simples verossimilhança ou probabilidade, em face de dano ainda não ocorrido, mas que prudentemente se verifica possa vir a ocorrer, ou mesmo em casos em que se visa à remoção ou prevenção do ilícito, tão somente, sem que o dano seja fator determinante para a possibilidade de intervenção concreta da jurisdição.[393] Necessário superar o limite imposto pela universalização dos direitos no modelo obrigacional aliado à incoercibilidade das obrigações e à conversão em pecúnia dos direitos quando ingressam no processo que não os vê em sua essência (o que eles são), mas como algo a ser transformado.

O modelo da *litiscontestatio* compõe, inquestionado, o arcabouço teórico que pretende, encontrar certeza e segurança, metodologicamente, por meio do instrumento normativo, que garantiria paz social. Esse é o modelo do método único, o procedimento ordinário, de cognição plena e exauriente, em que estabilizada a instância (o que, hoje, corresponderia a

---

[393] A possibilidade de tutela contra o mero ilícito, no Brasil, é defendida por Luiz Guilherme Marinoni, em sua obra *Tutela inibitória*, precipuamente. Colaciona-se: "Da mesma forma que se pode pedir a cessação de um ilícito, sem aludir a dano, é possível requerer que um ilícito não seja praticado sem a demonstração de um dano futuro." MARINONI, Luiz Guilherme. *Tutela inibitória*. São Paulo: Revista dos Tribunais, 2003, p. 46.

litiscontestatio), ao fim da fase postulatória, haveria novação dos direitos (pois a pandectística legou à modernidade a ideia de *litiscontestatio* como novação do direito), que transforma o processo em um instrumento que poderá alterar a essência do direito material, já que, novados, tais direitos assumiriam o significado que lhes dá o processo, pois não há um liame entre direito material e processo que resgate o mundo prático. Na compreensão exposta, aqui, esse liame é a ação de direito material, pois, como linguagem do direito material que fala ao processo, viabiliza a compreensão de que, no processo, os direitos não são novados, mas concretizados em seu ser, aquilo que são, no mundo prático.

A negação da ação de direito material e a afirmação de sua substituição pela ação processual despontecializa o direito material e impede a visão de que as eficácias das sentenças não estão à disposição do juiz, nem tampouco sua compreensão acerca delas pode ser atribuída, irresponsavelmente, à vontade objetificada da lei e do legislador, como disciplina meramente processual, como se esses entes, também objetificados, pudessem responder pela diversidade da vida.

Dispositivos como o art. 461 ou 273 do Código de Processo Civil não abrem, arbitrariamente, ao juiz sua possibilidade de atribuição de significado a um fato e, por isso, a escolha da carga eficacial mais adequada, ou a adequação procedimental, segundo as simples normas do processo. A existência da ação de direito material o impede. O processo não pode "inventar mil esquemas variáveis de arrumação, sem que isso resulte conseqüência alguma no plano dos atos".[394]

Cargas eficaciais, natureza do direito posto em causa, adequação procedimental não são escolha desvinculada do juiz, o que é impensável em um Estado Democrático de Direito, em que a Constituição e, por decorrência de sua compreensão, as leis, não apenas processuais, têm força normativa, força normativa cujo conteúdo é compreendido como aplicação. Essa potência eficacial está na ação de direito material, e a negação dessa não é mais do que um modo de dominação do direito material pelo processo, em que se torna possível a desvinculação do juiz de suas responsabilidades, já que, ao negar a existência da ação de direito material, cuja principal tarefa é resgatar o mundo prático, o julgador reconhece apenas a responsabilidade do legislador ao afirmar a vontade da lei e do legislador e os métodos de interpretação do texto, ditados por ele, perma-

---

[394] A possibilidade de mil "arrumações" é defendida pelo processualista brasileiro José Carlos Barbosa Moreira. MOREIRA, José Carlos Barbosa. Sentença Executiva In: *Revista de Processo*, n. 114, p. 152. Esse artigo foi respondido por Ovídio Araújo Baptista da Silva em seu ensaio SILVA, Ovídio Araújo Baptista da. Ações e sentenças executivas. In: *Jurisdição, direito material e processo*. Rio de Janeiro: Forense, 2008.

necendo no campo abstrato da norma, sem vinculação aos resultados de sua atividade no campo social.

Esse modo de conceber a relação entre direito material e processo, que não resgata o mundo prático, permanecendo no campo fechado das ideias de como o processo deve disciplinar o direito material abstrato, é o parâmetro para regulação do processo e das concepções processuais que regulamentam essa técnica que o processo é.

Não há, pois, como reconhecer força normativa ao direito material sem reconhecer que uma visão autêntica do processo impede a possibilidade de atribuição de sentidos unívocos pelo legislador do processo e pelo juiz e que a possibilidade de compreensão de cada causa, em sua diferença, tem, na ação de direito material, a possibilidade compreensiva de desdobramento do ser do direito material não realizado espontaneamente. Do contrário, a ausência de estranhamento diante da injustiça de um processo que chega ao fim sem garantir nada ao vencedor – a não ser uma vitória simbólica, em face da imutabilidade (jurídico-normativa) da decisão, que não chega sequer a ser uma vitória moral porque outra empresa tão ou mais fastigiosa é necessária para que algo se altere na situação da relação entre as partes – impedirá a visão de que à jurisdição, por meio do processo, uma tarefa concreta foi outorgada. Sendo assim, a familiaridade com os resultados inautênticos do processo e a responsabilização do excesso de processos ou da sistemática de recursos continuará impedindo a visão de que novos projetos e reformas, no campo do processo, fundados sobre as mesmas bases da autonomia e instrumentalidade abstratas e substancializadas pelo solipsismo do sujeito, ou que pretendem encontrar conteúdo no método, sempre restarão inócuas, inúteis e reproduzirão os mesmos sentidos inautênticos.

5.3.5. Limites da disciplina processual: um percurso por concepções que transformam o direito material em produto do processo

Dizendo-se, de forma resumida: o que se propõe é uma nova visão da relação entre direito material e processo em que a ação de direito material, modo-de-ser desse direito, se projete como linguagem do direito material no processo. Isso se dá, segundo se pretende afirmar, reconhecendo uma analogia entre o papel da ação de direito material e os princípios, procurando liberar o modo-de-fazer direito de princípios meramente conceituais que não têm o condão de trazer o mundo prático ao processo.

Esse modo de trazer o mundo prático de volta ao direito permite que, atrás de cada regra processual, a ação de direito material projete os sentidos autênticos, possibilitando que o direito material se realize de acordo com sua essência, sem novações, ou possibilidade de o processo condicionar o produto. É um novo modo de pensar o processo, em que os institutos processuais sejam compreendidos de modo a permitir que o direito material possa se concretizar, de acordo com suas características. Isso se refletiria na possibilidade de os objetivos e a forma de manejo dos institutos processuais serem compreendidos de modo a que o procedimento e a atividade do juiz – não meramente de acertamento ou normativa, mas de transformação do mundo de acordo com o parâmetro constitucional – pudessem ser impregnados pelo ser do direito material, em que universalizações não teriam mais lugar e em que o processo não teria o condão de impedir que os direitos se realizem, contrariando sua essência ou negando sua potencialidade de imposição. O parâmetro, então, deixaria de ser a busca da certeza e da definitividade, que caracterizam a satisfatividade normativa (coisa julgada) e passariam a ser a concretização dos direitos, segundo suas necessidades, tendo em vista a forma como deveriam ter se realizado no mundo prático. Afinal, essa é a tarefa da hermenêutica: traçar possibilidades de uma nova dimensão, ontologizada, de sentido, e não dizer o que se deve fazer para esse ou aquele caso, o que contraria a própria proposta de reconhecer o direito tal qual é, também quando se realiza por meio do processo.

Essa visão deve ser trabalhada na compreensão da relação entre direito material e processo, partindo da compreensão tradicional dos institutos processuais em direção a uma visão concretizadora de direitos. É o que se pretende empreender, a partir de agora, com relação a alguns institutos cuja compreensão, para o processo, é determinante.

5.3.5.1. O processo cautelar e a pretensão (de direito material) à segurança

As ações cautelares parecem ser os exemplos mais marcantes do que a eficácia simbólica do instituído senso comum teórico produz.

A tutela cautelar é construída como forma processual destinada a assegurar um processo principal[395] (ou o resultado útil do processo princi-

---

[395] É o que alerta Ovídio Araújo Baptista da Silva, segundo o qual: "Em geral, entende-se, a partir de CHIOVENDA, que a tutela cautelar não seja um direito da parte, e sim um 'direito do Estado' (Instituições, v. I, nº 82) em preservar o *imperium iudicis*, de modo que a seriedade e a eficiência da função jurisdicional não se transforme numa simples ilusão (CALAMANDREI, *Introduzione...*, p. 144). Segundo essas premissas, a tutela cautelar desempenharia uma função de proteção do processo, e não do direito, caracterizando-se como 'instrumento do instrumento'. Como depois dissera DINAMARCO, a tutela cautelar, além de representar um instrumento de proteção do processo, 'não vai ao direito material'. Para essa doutrina, é fenômeno que nasce e morre com o processo principal, do qual é sempre acessório e dependente." (SILVA, Ovídio Araújo Baptista da. *Curso de processo civil*: processo cautelar (tutela de urgência). Rio de Janeiro: Forense, 2007. v. 2, p. 37). Como exemplo do posicionamento referido, primeiramente, colaciona-se a afirmação de GRINOVER, DINAMARCO, CINTRA:

pal). É, então, concebida como processo acessório e dependente de outro (principal) quer seja anterior (cautelar preparatória), quer seja concomitante (cautelar incidental). Sua vocação é conferir tutela de urgência, motivo pelo qual a doutrina não duvida que o processo cautelar, além de se desenvolver em sumária cognição (corte horizontal, pois a cognição poderá ser plena, abordar todos os aspectos do direito material em causa, a fim de demonstrar a presença de verossimilhança e de perigo de dano, mas não será exauriente), também contém em si estrutura híbrida, porque engendra, ao mesmo tempo, cognição e execução. A tutela cautelar é, então, concebida como construção instrumental. É uma técnica, construída pela Direito Processual. Não haveria um direito (pretensão) material à prevenção a ser defendido por meio de uma ação cautelar veiculada por meio da "ação". O que é tutelado, assim, segundo a concepção majoritária, é o processo propriamente dito, o que inviabiliza construção de efetiva tutela preventiva autônoma. Nega-se que esteja no direito material a pretensão à segurança. Sendo assim, não é a parte quem tem direito à asseguração de seu direito, mas o Estado quem detém o direito de assegurar o resultado prático do processo (de conhecimento ou de execução). Corta-se, pois, o vínculo entre o direito material e o processo quando se trata de asseguração cautelar de direitos (em virtude de perigo de dano),[396] possibilitando ao processo construir a tutela cautelar de modo absolutamente abstrato, e

---

"Por essa razão, acrescenta-se ao conhecimento e à execução – pelos quais a jurisdição cumpre o ciclo de suas funções principais – uma terceira atividade, auxiliar e subsidiária, que visa a assegurar o êxito das duas primeiras: trata-se da atividade cautelar, desenvolvida através do processo que toma o mesmo nome. Seu resultado específico é um provimento acautelatório." (CINTRA, Antonio Carlos de Araújo; GRINOVER, Ada Pellegrini; DINAMARCO, Cândido Rangel. *Teoria geral do processo*. São Paulo: Revista dos Tribunais, 1991, p. 282. A respeito, diz Barbosa Moreira: "A ambos (falava do processo de conhecimento e de execução) se contrapõe, em tal perspectiva, o processo cautelar, cuja finalidade consiste apenas em assegurar, na medida do possível, a eficácia prática de providências quer cognitivas, quer executivas. Tem ele, assim, a função meramente instrumental em relação as outras duas espécies de processo, e por seu intermédio exerce o Estado um tutela jurisdicional mediata." (MOREIRA, José Carlos Barbosa. *O novo processo civil brasileiro*. Rio de Janeiro: Forense, 1993, p. 369). Já Celso Neves assim se posiciona: "Com isso, apenas procurávamos situar, no plano da classificação das ações, a ação cautelar, cujas particularidades – ainda que em traços amplos – devemos, agora, ponderar. A primeira delas está no pressuposto do *periculum in mora*, a que se condiciona o *fumus boni iuris*. A segunda reside no caráter acessório do processo e sua função instrumental, provisória. Não se trata, pois, de ação autônoma. Funda-se ela em pretensão que nasce da necessidade de assegurar: a) ou prova, ou a efetividade do eventus de processo de declaração (lembro que o autor assim denomina o processo de conhecimento); b) a obtenção do objeto da prestação, no processo de execução. Por isso não dispõe de autonomia, tendo função instrumental provisória." (NEVES, Celso. *Estrutura fundamental do processo civil*: Tutela Jurídica, Processual, Ação, Processo e Procedimento. Rio de Janeiro: Forense, 1995, p. 42.).

[396] Adota-se, aqui, a posição de Ovídio Araújo Baptista da Silva, no sentido de que o risco de dano é pressuposto da cautelaridade, enquanto o perigo na demora é pressuposto das medidas antecipatórias, ambas espécies do gênero medidas de urgência, diferenciadas porque a primeira tem o fim de acautelamento, enquanto as segundas são caracterizadas pela satisfatividade. A respeito: (SILVA, Ovídio Araújo Baptista da. *Curso de processo civil*: processo cautelar (tutela de urgência). Rio de Janeiro: Forense, 2007. v. 2, p. 37).

permitindo que os meios de cautela sejam limitados pelo Código. Dois fenômenos são, então, reconhecidos em doutrina: o primeiro, em que parcela da doutrina colhe, da interpretação da norma processual, a inexistência de cautelaridade atípica, porque o art. 798 do Código de Processo Civil,[397] que, confessadamente, tratava de medidas antecipatórias, não cautelares, não tem mais razão de ser, desde o advento do art. 273 do Estatuto Processual Civil. De outro lado, a concepção que, admitindo a cautelaridade atípica, ainda derivada do que está contido no art. 798 do Código de Processo Civil, a limita às hipóteses em que não há cautelar específica (típica) disciplinada pelo Código.[398] Desconsideram, assim, o direito material e a pretensão à segurança, como oriundos do direito à prevenção contra a ameaça a direito, acolhida constitucionalmente pelo art. 5º, XXXV da Constituição Federal. Isso quer dizer que se o Código de Processo não prevê instrumento cautelar para uma dada hipótese que requer cautela, em face da ameaça de dano, não há direito à prevenção, que se resume às hipóteses tipificadas no Capítulo II do Livro III do Código. Assim, uma

---

[397] "Art. 798. Além dos procedimentos cautelares específicos, que este Código regula no capítulo II deste Livro, poderá o juiz determinar as medidas provisórias que julgar adequadas, quando houver fundado receio de que uma parte, antes do julgamento da lide, cause ao direito de outra lesão grave e de difícil reparação". Com efeito, o dispositivo trata, confessadamente, além das cautelares específicas previstas no Capítulo II do Livro III do Código (dentre as quais muitos procedimentos especiais não cautelares, que permitiam a antecipação da tutela de mérito, como é o caso, apenas como exemplo, do procedimento relativo aos alimentos provisionais, regulado nos artigos 852 e 853 do Código), de provimentos antecipatórios, já que a própria lei os trata como provisórios e, consoante ensina Ovídio Araújo Baptista da Silva, enquanto a antecipação da tutela de mérito é caracterizada pela provisoriedade da medida que há de ser substituída por um provimento definitivo, a cautelaridade se caracteriza pela temporariedade (o temporário é destinado a cumprir sua função durante um determinado período de tempo, o provisório é o que aguarda ser substituído pelo que é feito para ser definitivo). Interessante a metáfora de Lopes da Costa, trazida por Ovídio Araújo Baptista da Silva: "Os andaimes, diz Lopes da Costa, são temporários, mas não são provisórios. Eles devem permanecer até que o trabalho exterior de construção seja ultimado. 'São porém, definitivos, no sentido de que nada virá substituí-los'. Esta *temporariedade*, no entanto, difere do modo como o desbravador do sertão se serve da barraca onde acampa, até que possa construir uma habitação definitiva. A barraca, neste caso, desempenha uma função *provisória*, dado que seu uso estará limitado ao tempo necessário à construção da habitação definitiva que a substituirá. 'O provisório é sempre *trocado por um definitivo.*' [...] Ao contrário da *provisoriedade* existente na utilização da barraca pelo desbravador do sertão – empregada como habitação provisória, até que a habitação possa *substituí-la* – será o uso que ele mesmo fizer da barraca, levando-a para servir-lhe de habitação durante a temporada de férias que vier a gozar, numa estação de veraneio. Nesse caso, como no antecedente, a barraca não será algo definitivo, mas, ao contrário de sua função anterior, aqui o uso não estará limitado pela superveniência de alguma coisa definitiva *que a substitua*". (SILVA, Ovídio Araújo Baptista da. *Curso de processo civil*. Porto Alegre: Sergio Antonio Fabris, 1993. v. 3, p. 38-39) Os destaques pertencem ao original.

[398] É a posição, sustentada por Araken de Assis, no trabalho, cujo trecho segue transcrito: "Na medida em que o legislador brasileiro dispôs, generosamente, várias medidas de urgência típicas – arresto, seqüestro, caução, busca e apreensão, exibição, asseguração de provas e arrolamento de bens –, superpostas em algumas hipóteses, e para cada uma delas, erigiu severos requisitos de admissibilidade, admitir-se-á a alguém, eventualmente impedido de pleitear a medida atípica, em virtude do obstáculo criado por algum requisito, pleiteá-la sob forma atípica, invocando a proteção dos arts. 798 e 273? [...] Eventual resposta positiva à pergunta implicará a apreciável desvantagem de tornar letra morta, na prática, o regulamento das medidas típicas." ASSIS, Araken de. *Fungibilidade das medidas inominadas cautelares e satisfativas*. Porto Alegre: Síntese (S.I:, s.n, 19--).

situação concreta que exija cautela não prevista tipicamente pelo Código, na primeira posição, não restará assegurada, pois a cautelaridade, segundo tal posição, estaria limitada à tipicidade das formas. No segundo caso, a situação concreta que exigiria tutela mediante arresto, por exemplo, se não estiverem presentes os requisitos especificamente mencionados no art. 813, embora esteja demonstrada, sumariamente, a necessidade de acautelamento, não será tutelada, porque não estão satisfeitos os requisitos específicos.[399] A negativa de reconhecimento do direito e da pretensão (de direito material) à segurança inviabilizam a possibilidade de se reconhecer, que a cautelaridade não é defesa do processo, mas do direito material, olvidando-se, por completo, que a enumeração legal não pode ser exaustiva em face da necessidade de intervenção jurisdicional diante de toda ameaça à lesão a direito. Anula-se o direito à prevenção da ameaça de dano ao direito, limitando-se a garantia constitucional prevista no art. 5º, XXXV, da Constituição Federal, o que a legislação infraconstitucional não pode fazer, em face da necessidade de compatibilidade material com a norma constitucional e, inclusive, em face do que está contido no art. 60, § 4º, IV, da Constituição Federal, sede constitucional do princípio da proibição do retrocesso social.

A própria noção de tutela cautelar, concebida como instrumento para assegurar a efetividade da tutela final de um processo, que, como disse Cândido Dinamarco, citado por Ovídio A. Baptista da Silva, "além de representar um instrumento de proteção do processo, 'não vai ao direito material'",[400] demanda uma releitura a partir da compreensão hermenêutica da ação de direito material. A pretensão, se necessário assegurá-la, impõe uma ação preventiva, e essa não é gerada pela necessidade de proteção à efetividade do processo. É gerada pela própria força imanente ao direito material que sempre tem potencialidade (exigibilidade) de defender-se de possíveis agressões. Isso porque todo direito tem pretensão à sua própria higidez, de modo a fazer-se atuar contra ameaças à realização futura de seu objeto. Essa pretensão, surgida da ameaça que grava o bem, objeto do direito, gera ação de direito material à asseguração da realização futura do direito. Gera, portanto, direito material, pretensão e ação de direito material à cautela, à asseguração do direito material. Esse direito material à cautela independe da necessidade ou possibilidade de um futuro processo de conhecimento ou de execução futura. Disso resulta a imperatividade do reconhecimento de que as exigências de indicação da

---

[399] "Art. 813. O arresto tem lugar: [...] Art. 814. Para a concessão do arresto é essencial: I – prova literal da dívida líquida e certa; II – prova documental ou justificação de algum dos casos mencionados no artigo antecedente. Parágrafo único [...]."

[400] SILVA, Ovídio A. Baptista da. *Curso de processo civil*: Processo cautelar (tutela de urgência.). Rio de Janeiro: Forense, 2007. v. 2, p. 37.

demanda futura, como pressuposto processual do processo cautelar, bem como a compreensão do processo cautelar como tendente à asseguração do processo principal não passam de, respectivamente, exigência ilegítima e inversão do sentido do ser do direito material pelo processo que desvia seu escopo de transformação social em prol de uma asseguração normativa de si mesmo, como se o processo fosse um fim em si, um bem que deve ser assegurado à revelia e sobre os escombros do direito material. Essa doutrina está adequada à afirmação de escopos abstratos para o processo: Paz social? Educação? Como se garante isso, se não houver a realização dos direitos materiais (que não se reduzem a direitos privados ou subjetivos) por meio do processo? Que paz social, se os direitos não se realizam, e aqueles que buscam a tutela de seu direito – sujeitos passivos ou ativos – certamente não podem se contentar com a imutabilidade da controvérsia, sem que o seu direito, no mundo dos fatos, seja realizado?

A existência de um direito substancial à cautela, sustentada por Ovídio Araújo Baptista da Silva, em seu *Curso de Processo Civil*, desde 1983 (1ª edição) e em obras anteriores, e a necessária inversão do contraditório que traz consigo, vem sendo objeto de resistência pela doutrina, porque, essencialmente, não estaria prevista no ordenamento processual e, acrescenta-se, porque representa efetiva atuação no mundo prático, antes, mas principalmente, independentemente de um acertamento final. Com efeito, é razoável concluir que a limitação às formas típicas de cautela previstas na legislação processual, é produto do aprisionamento do direito material ao conceito, pois aí se pode pressupor que o processo prevê todas as hipóteses de acautelamento necessárias ao direito material abstrato. Todavia, retomando-se o mundo prático, a riqueza dos fatos não se deixa aprisionar no conceito e a limitação, por qualquer forma, da cautelaridade, deixa a prevenção à lesão ou ameaça de lesão ao direito material sem proteção jurisdicional, o que é descabido. Ovídio Araújo Baptista da Silva sustenta, há muitos anos, a necessidade de se reconhecer a existência de um direito material à cautela e, por consequência, a existência de uma ação (de direito material) cautelar autônoma, a partir da qual o processo seria estruturado de forma independente, a partir da inversão e do caráter eventual do contraditório. São as palavras do autor da proposta, em 1983:

> O segundo ponto a esclarecer diz respeito a nosso modo de conceber uma ação cautelar autônoma, enquanto não dependente de um processo principal. O conceito de autonomia da ação cautelar prende-se apenas à suficiência da tutela cautelar, a dispensar o litigante que a obtenha de ajuizar a ação principal, onde o provimento cautelar venha a ser confirmado ou revogado. Isto, porém, não impede que o réu da ação cautelar demande, como autor, em ação satisfativa a cassação dos efeitos da medida cautelar. A autonomia da ação

cautelar, quando ela ocorra, deve ser entendida simplesmente como dispensa para o requerente de ajuizar uma ação satisfativa.[401]

Ocorre que, segundo se sustenta, aqui, a necessidade de que tal forma de tutelar os direitos seja admitida não se impõe pela construção da ciência do processo ou pela previsão legislativa processual, mas pela compreensão do ser do direito material, proposta aqui por meio da recuperação da ação de direito material, que também é direito legislado, mas não se limita a ele. Necessariamente, quem dita as necessidades de sua realização é a própria ação de direito material em que o ente, o direito material, é revelado em seu significado, no tempo, seu modo-de-ser no mundo. Olha-se, portanto, o mundo prático para verificar de que modo a proteção ou concretização dos direitos (pretensões) deve se dar, e o parâmetro para isso é a forma como teria se realizado se não houvesse objeção. A tarefa da hermenêutica é recuperar isso fazendo do processo a condição de possibilidade dessa realização, que é um projetar as possibilidades de o direito ser acautelado de modo a que seja concretizado com o menor prejuízo possível, isto é, com o menor grau possível de perda de seu conteúdo.

Basta perguntar: Suprimido todo o Livro III e a previsão do art. 273, § 7°, do Código de Processo Civil, sucumbiria o direito à cautela? Evidentemente que não. O direito substancial ao acautelamento dos direitos é direito material e independente do processo, e sua essência exige análise sumária, em face da natureza temporária e urgente de que se reveste a providência que dele decorrerá. O reconhecimento do direito material e da pretensão de direito material à segurança, independentemente de vinculação instrumental a um processo principal, viabilizaria o acontecer do direito fundamental à prevenção (à tutela de urgência) previsto no art. 5°, XXXV, da Constituição Federal. A inclusão da possibilidade de contraditório invertido e eventual responderia à necessidade de defesa da outra parte e evitaria demandas desnecessárias, caso esta, reconhecendo o direito daquele a quem foi deferida a tutela em procedimento de cognição sumária, preferisse não levar ao judiciário o julgamento plenário da questão. Essa forma de evitar demandas desnecessárias é certamente legítima, qualidade de que o art. 285-A não é portador. Isso porque aquela solução é ditada pelo direito material, em seu modo dinâmico – a ação de direito material –, enquanto essa é construída pelo processo que faz mil arrumações sem tocar nos fatos.[402]

---

[401] SILVA, Ovídio A. Baptista da. *Curso de processo civil*. Porto Alegre: Fabris, 1993. v. 3, p. 56.

[402] A proposta, que vem sendo defendida por Ovídio Araújo Baptista da Silva, em suas obras, com base na doutrina de Pontes de Miranda, não é uma novidade na sistemática processual civil, já que a defesa por Embargos, em ações de execução de título extrajudicial, fundadas no Livro II do Código de Processo Civil, é exemplo de contraditório invertido e eventual.

5.3.5.2. A concepção do procedimento a partir do direito material posto em causa

Como a disciplina procedimental – regulada, exclusivamente, pelo processo, segundo a doutrina tradicional – é considerada o parâmetro superior a que o direito material deve se submeter, quando ingressa no processo, por não ter se realizado espontaneamente, o direito material não se impõe por seu sentido concreto. Quando a técnica é assim concebida, o direito material passa a ter o sentido que lhe é atribuído pelo processo, e o tratamento procedimental altera a essência do direito material (o que ele é). Sendo assim o que se realiza no processo não é a concretização de pretensões de direito material, pois com satisfação normativa o processo alcança o objetivo a que visa segundo essa visão: assegurar paz social, por meio da produção de coisa julgada. Veja-se que se o direito material, enquanto parâmetro concreto, não é observado para construção do procedimento, possibilitando que a essência do direito material se perca pela regulação procedimental. A satisfação alcançada pelo direito material, por meio do processo, terá o sentido que lhe deu o processo. Veja-se que tanto as ações (sem aspas) indenizatórias, por exemplo (nas quais não ocorra a demonstração de verossimilhança e que não apresentem qualquer espécie de prova documental ou pré-constituída, exigindo colheita da prova, e/ou não demandam intervenção de urgência); como as ações materialmente sumárias, do que é exemplo a imissão de posse (que exigem, no mais das vezes, tomada de posição e tutela frente à simples verosssimilhança), são tratadas, no decorrer do procedimento, como manifestações de um mesmo ser do direito material e ritualizadas com a mesma parcimônia, sem que medidas efetivas (o que envolve a responsabilidade do juiz após a concessão da medida em sua realização, e não apenas no momento da concessão) de urgência exigidas no caso da ação de imissão de posse sejam tomadas para a defesa do direito que se apresente verossímil. As ações de imissão de posse, materialmente sumárias, são ordinarizadas, e sua cognição plenarizada e tida por exauriente, porque o processo, ao não lhes dar tratamento especial, as teria feito ordinárias (o procedimento comum ordinário é tido como regra geral sempre que não houver procedimento específico regulamentado, como se contata dos artigos 271, 272 e 275 do Código de Processo Civil). Ações tão diversas como a ação indenizatória, que veicula obrigação, quanto a ação de imissão de posse, que não trata da existência de uma obrigação, mas do direito à coisa, são igualadas pelo procedimento. Direitos tão diversos em suas características como o direito relativo (obrigacional, veiculado por meio da ação indenizatória) e o direito absoluto (no caso, real) são tratados por meio do processo ordinário, de modo igual, remetendo a ambos à ordinariedade, por não ter – reconhecendo o direito material que dá vida a essas ações (no sentido de expressão dinâmica do direito material) a serem alegadas na "ação" – previsto procedimento especial. Assim, o tratamento procedimental (o processo, o instrumento) se sobrepõe ao direito material (ao qual deveria servir). Veja-se que, no caso da imissão de posse, a sumariedade material da cognição foi apagada por não estar prevista sumariedade procedimental. Talvez esse seja um dos melhores exemplos do que se quer dizer quando se afirma que o processo aniquila o ser do direito material, impondo a esse o conteúdo que o próprio processo constrói abstratamente. Ademais, além de sumarizar o procedimento e tornar plena e exauriente a cognição, no caso da imissão de posse, também transformou a eficácia da sentença de tal ação em condenatória. Ao menos é essa a posição que se expressa por intermédio da doutrina que afirma que a tipicidade das formas processuais (*i.e*, se não há procedimento especial, o procedimento é o ordinário, que tem como característica a cognição plena e exauriente), e a tripartite classificação das sentenças, que suprime as sentenças executivas, reconhecendo-as, ora entre as condenatórias, como fazem Humberto Theodoro Júnior, José Roberto dos Santos Bedaque e a doutrina majoritária. Com isso, fenômenos materiais diferentes: a ação (de direito material) indenizatória e a ação (de direito material) de imissão de posse, quando ingressam no processo, pois não lograram satisfação espontânea, recebem o mesmo tratamento e tem de percorrer o mesmo caminho procedimental: o procedimento ordinário, de cognição plenária e exauriente, e a mesma eficácia sentencial é reconhecida: a condenatória, em que é necessário um procedimento (ainda que no mesmo processo) posterior para obter o resultado prático esperado do processo (o valor a ser recebido, no caso da indenizatória; a posse, no caso da imissão), e em que, especialmente, o que ocorre é uma exortação primeira ao cumprimento, baseada no pressuposto teórico velado e inquestionado de que não é dado ao juiz emitir ordens às partes, como acreditava Liebman.

Quando o direito material faz mil arrumações diferentes, ou simplesmente não as faz, utilizando o procedimento comum ordinário, como regra para todas as espécies de ações alegadas na "ação", ele interfere no plano dos fatos e altera o sentido do direito material que, como no caso da imissão de posse, deixa de ser absoluto e evidente, para relativizar-se, tornando-se meramente aparente.

Percebe-se, na verdade, em qualquer ação processual que tramita perante um juízo qualquer, que ao iniciar o seu rito procedimental, o *habitus*, que determina rotina de cartórios, juízes, e até mesmo dos advogados, leva o procedimento à ordinarização paulatina. Todo o aparato de manifestações, requerimentos, decisões, impulsos, independentemente do direito posto em causa, é analisado com uniformidade. Petição inicial, resposta, réplicas (essas, tantas vezes, sequer previstas no próprio Código de Processo Civil, como se verifica da compreensão dos artigos 323 a 327),[403] análise idêntica de antecipações (dos efeitos) do provimento final ou até mesmo de provimentos cautelares, quando, na verdade, seus pressupostos seriam diferentes, passando pelas sentenças em processos cautelares, ritualização ordinária de ritos especiais, tudo é tomado como igual, numa uniformização que desvincula o juiz da compreensão do que está produzindo, em nome do método. A confissão está no novo art. 285-A[404] do Código de Processo Civil, que reconhece ações simplesmente de direito, absolutamente despidas de fatos (fatos esses que as tornariam diferentes, porque os fatos da vida têm riquezas que o método não pode aprisionar), viabilizando, assim, a reprodução de sentidos.

Com efeito, a exigência de certeza e ordem na moderna ciência invadem o processo e desnaturam as características dos direitos – passando a presumi-los, todos, de igual evidência, ou de igual falta de evidência, quando ingressam no processo – exigindo, em todos os casos, a mesma ordem para sua concretização: ação do titular do direito, defesa da contraparte, colheita de prova, sentença de acertamento e execução, como atividade não jurisdicional, após a certeza.

As características de um direito, ser ele evidente ou não evidente, pertencem ao direito material, não ao processo. Ser ou não ser evidente é expressão do sentido do ser do direito, não do instrumento. Desse modo, devendo o processo tratar diferentemente direitos diferentes, há necessidade de resgatar essas diferenças e introduzi-las no processo. Afinal, se todos os direitos devem passar pelo mesmo procedimento para se realizarem, supõe-se que todos sejam iguais. É evidente que não são, e a defesa de tais direitos no processo não exige apenas formas de tutela de urgência; exige também formas de tutela diferenciada desses direitos, o que pressupõe o reconhecimento, pelo processo, de que o procedimento deve se amoldar ao ser do direito material, e não, o contrário. Como afirma Denti, o movimento deve ser *"dal diritto al processo, dunque: questo è il primo e piú importante significato della riforma, che tenta di porre nelle mani degli utenti della giustizia uno strumento di tutela coerente con la natura dei diritti da tutelare"*.[405]

Discorda-se, por isso, no particular, de José Roberto dos Santos Bedaque, quando afirma:

---

[403] Livro I, Título VIII, Capítulo IV, do Código de Processo Civil, relativo às providências preliminares ao julgamento, no procedimento comum ordinário do processo de conhecimento.

[404] Art. 285-A. Quando a matéria controvertida for unicamente de direito e no juízo já houver sido proferida a sentença de total improcedência em outros casos idênticos, poderá ser dispensada a citação e proferida sentença, reproduzindo-se o teor da anteriormente prolatada. [...]

[405] DENTI, Vittorio. *Processo civile e giustizia sociale*. Milano: Edizioni di Comunità, 1971, p. 264.

> O interesse público tutelado pelas regras sobre procedimento está relacionado à economia processual. Em tese, demandas menos complexas sujeitam-se a procedimento mais célere e menos oneroso. O escopo do legislador é proporcionar o melhor resultado com o menor custo.[406]

Considera-se que não é a economia processual, princípio técnico-processual, que dita a necessidade de procedimento diferenciado segundo a complexidade da demanda, mas o direito material, por sua expressão dinâmica, a ação de direito material, linguagem do direito material que fala ao processo, já que é no caso concreto que se afere a complexidade ou não, a evidência ou mera aparência do direito material (pretensão e ação), de modo a que, acompanhando a lição de Ovídio Araújo Baptista da Silva, o procedimento não é uma construção processual, desvinculada do mundo prático, ao contrário, deve "ou pelo menos deveria, num sistema ideal de tutela jurisdicional, cada procedimento crescer na razão inversa do grau de evidência do direito submetido à apreciação judicial".[407] Desse modo, a própria necessidade de cognição plenária para realização do direito no caso concreto, mediante ação no mundo dos fatos, e não meramente normativa pela jurisdição, concretizando os direitos (pretensões), deveria ser ditada pela maior ou menor evidência de um direito quando ingressa no processo, o que, segundo Ovídio, em continuação ao trecho retrotranscrito, fora afirmado por Carnelutti, que tratava da necessidade de conceber a construção de um processo, "a strutura elastica".

Esse modo de ser do direito material, que dimensiona o processo, não é totalmente estranho à realidade da legislação processual. Basta verificar que há procedimentos que respondem, embora não declaradamente, à maior ou menor evidência dos direitos. É o caso de um trinômio conhecido, mas aparentemente impensado como tal, no campo das obrigações em pecúnia. Em ordem crescente de evidência: 1) procedimento de natureza condenatório-executiva (conhecimento seguido de cumprimento da sentença que condena ao pagamento de quantia certa do Livro I do CPC); 2) procedimento monitório; 3) procedimento de execução por título extrajudicial. Necessitar-se-ia, então, levar esse fenômeno ao desvelamento, para impedir, como já assinalado, o método de uniformizar tudo, em face da busca da certeza, no campo da ciência do processo, que não se coaduna com a existência de intervenção da jurisdição com base em juízos sumários. Por isso, os juízos sumários e terminativos são recusados – como o direito substancial à cautela ou espécies procedimentais de cognição sumária com contraditório invertido – porque a busca

---

[406] BEDAQUE, José Roberto dos Santos. *Efetividade do processo e técnica processual*. São Paulo: Malheiros, 2006, p. 368.

[407] SILVA, Ovídio Araújo Baptista da. Reforma dos processos de execução e cautelar. In: ——. *Da sentença liminar à nulidade da sentença*. Rio de Janeiro: Forense, 2002, p. 177.

da certeza, conceitualizada no processo pela teorização da coisa julgada, com cuja formação "alcança o seu termo normal e definitivo não somente o procedimento de primeiro grau, mas o processo de conhecimento, *tout court* (cof. Introdução, n° 1)",[408] é alçada a objetivo primevo.

A valorização dos procedimentos de cognição sumária, especialmente aqueles não construídos pelo processo, mas que refletem as características do direito material, permite o tratamento adequado às características do direito e poderia ser uma solução que agrega qualidade à prestação jurisdicional, aliada à possibilidade de menor custo temporal e econômico dos litígios, permitindo-se, ainda, que a cognição plenária seja deixada à iniciativa da parte que se sinta prejudicada com a tutela sumária concedida ao direito da outra parte. Desse modo, a sumariedade da cognição (que não se confunde com a sumariedade meramente procedimental, criada pelo processo, como nos casos do procedimento sumaríssimo e dos juizados especiais cíveis, por exemplo) exige que se compreenda que ela não suprime a cognição plenária acerca do caso, nem ofende o direito ao contraditório e à defesa, apenas altera o modo como essa defesa ocorrerá, por escolha e iniciativa da parte que sofreu a medida fundada em sumária cognição.

Com efeito, juízos de verossimilhança, que permitem tutela dos direitos em menor custo jurisdicional, são mais adequados aos tempos de modificações rápidas e constantes. E, com eles, estar-se-ia tratando diferentes direitos de diferentes modos, em atenção ao maior grau de evidência que demonstram ou à maior necessidade de investigação que exigem e essas características não são fabricáveis pelo processo: *dal diritto al processo*, como disse Denti.

O que se quer afirmar, então, é a discordância em relação à afirmação no sentido de que "os procedimentos especiais são estabelecidos pela lei processual".[409] O que deve ditar o rumo do processo não é a legislação processual, ainda que adaptada aos litígios, pois isso transforma a lei processual no único parâmetro do processo que, adaptado, *a priori*, ao direito material abstrato, pois o direito concreto não pode ser determinado aprioristicamente, aprisiona no conceito a riqueza dos fatos e pressupõe a suficiência das hipóteses previstas pela lei processual, fundadas na pureza, no método e na segurança da ciência moderna.

O que deve ditar o rumo da técnica não é ela mesma, a inverter o fundamento de sua existência. A técnica, mesmo sendo autônoma, serve

---

[408] Trechos da obra de MOREIRA, José Carlos Barbosa. *O novo processo civil brasileiro*. Rio de Janeiro: Forense, 1993, p. 106. Na referida obra, p. 4, diz o autor, ainda: "Com a formação da coisa julgada, pois, atinge seu fim normal o processo de conhecimento."

[409] DINAMARCO, Cândido Rangel. *Instrumentalidade do processo*. São Paulo: Malheiros, 2005, p. 357.

ao seu objeto, objeto em virtude do qual foi construída. Por que, afinal, houve necessidade de regulamentar a existência do Poder Judiciário e a sua forma de atuação? Não foi, por acaso, porque o direito material (pretensão e ação de direito material) necessitava de intervenção para realizar-se? Então, a técnica nasce por causa do direito material, e a trajetória que o processo toma, na modernidade, nega, subtrai, essa compreensão, porque passa a dominar o direito material, alterando-lhe a essência. A sentença passa a ser tratada como o dispositivo, que, acoplado ao fato, muda-lhe a essência. Essa forma de compreender a relação entre direito material e processo, aprisiona o direito material nas fórmulas criadas pelo processo. Se, com isso, não haverá realização efetiva do direito material, ou se, assim, a realização será não mais do direito material (pretensão e ação), mas o que o direito processual fizer deles, alterando-lhes o que são, dando-lhes outra forma (como no caso dos direitos convertidos em direito à reparação) ou recusando-lhes prevenção de dano (como no caso de se recusar o direito à cautela), o processo não será afetado, pois atuou, normativamente, dando a resposta jurisdicional que entendera adequada. Os fatos do mundo que se acomodem à essa nova disciplina dada pela técnica.

Com tudo isso, o que se pretende sustentar é que a ação de direito material traz em si a potência e a força do direito material e, com isso, deve ser o elemento primaz na construção da técnica e sua compreensão judicial, em cada caso, inigualável, mesmo que as aparências digam o contrário, mesmo que se possa dizer que há ações idênticas – como as milhares, talvez milhões, de ações revisionais de crédito bancário, por exemplo. Quantos já pararam para analisar como, em cada caso, os negócios foram feitos, ou como as partes os conduziram, ou ainda na repercussão que a sentença terá no campo social? Os julgamentos, às centenas, por juízes e tribunais, nessa espécie de causas, demonstram que a universalização de seu significado não é apenas corriqueira, mas normal, realizada com base na verdade de que, se o pedido e a causa de pedir são os mesmos, não há necessidade de perquirir os fatos. É certo que o manejo sério da tutela coletiva poderia evitar os inúmeros, milhares de processos que veiculam pretensões à declaração de ilegalidade de cláusulas ou condutas, as quais, seguidas de processos de liquidação igualmente sérios, em que a particularidade de cada caso fosse analisada, resolveria a questão sem necessidade de se instituir o mal que advém do novo art. 285-A do Código de Processo Civil, que, como que legitima, no imaginário dos juristas, a sua conduta uniformizada e distanciada da missão essencial delegada ao Poder Judiciário em tempos de inefetividade dos direitos.

Trata-se de uma visão do processo que apaga o ser do direito material, sua pretensão e ação, invertendo-se as essências das coisas. Como o ser concreto (o que as coisas são, no mundo) foi substituído pelo conceito abstrato e o "sentido permaneceu não esclarecido porque foi tomado por 'evidente'",[410] o processo substitui o direito material.

Retomar a ação de direito material significa permitir a busca do sentido desse ser, ocupando-se em desvelar o que a unificação do agir[411] no processo encobre: o fato e suas repercussões no mundo da vida (o mundo circundante), não em um plano meramente apofântico, mas no plano ontológico daquilo que realmente são.

A ação de direito material é um modo-de-ser do direito material e, como tal, encaminha à compreensão das cargas eficaciais necessárias à satisfação dos direitos, bem como à necessidade de tratamento diferenciado, pelo procedimento, sob pena de negação da própria essência do direito (o que ele é, no mundo, e não, uma qualidade colada a ele) e de inocuidade da prestação jurisdicional. Por isso, é necessário reconhecer que o processo não pode, por omissão na previsão normativa processual, ou por reforma que suprima eventual previsão, retirar do direito material a potência e a força que lhe são próprias. Como alerta Ovídio Araújo Baptista da Silva, direito legislado e direito processual não são sinônimos.[412] Assim, ainda que não esteja prevista determinada carga eficacial na lei processual, o direito material a contém. Dessa forma, também procedimentalmente, analisando-se a cognição a ser empreendida pelo juiz – o reconhecimento da essência do direito posto em causa –, pode-se afirmar a possibilidade de sumariedade da cognição para tomada de providências jurisdicionais, sem que a previsão dessa sumariedade esteja prevista no Código de Processo Civil.

5.3.5.3. As diferentes formas de concretizar direitos: as eficácias das sentenças e seus efeitos

O que ocorre com a satisfação dos direitos por meio do processo é o mesmo fenômeno que vem sendo trabalhado até aqui: o processo condiciona o direito material. Com efeito, no campo do processo civil, opera aquele nihilismo caracterizado por Heidegger, segundo Vattimo, como "a redução do ser ao valor de troca".[413]

---

[410] HEIDEGGER, Martin. *Ser e tempo*. Petrópolis: Vozes; Bragança Paulista: Universitária São Francisco, 2006, p. 145.

[411] Porque a ação de direito material teria sido anulada ou substituída pela "ação", como sustenta a doutrina majoritária.

[412] SILVA, Ovídio A. Baptista da. Direito material e processo. In: MACHADO, Fábio Cardoso; AMARAL, Guilherme Rizzo (orgs.). *Polêmica sobre a ação*: a tutela jurisdicional na perspectiva das relações entre direito e processo. Porto Alegre: Livraria do Advogado, 2006, p. 68.

[413] VATTIMO, Gianni. *O fim da modernidade*: nihilismo e hermenêutica na cultura pós-moderna. São Paulo: Martins Fontes, 2002, p. 5.

É conhecida a divisão das eficácias sentenciais, defendida pela doutrina majoritária como resultado da classificação da "ação", o que já foi objeto de análise. Trata-se da conhecida classificação tripartida, que classifica a "ação" em declaratória, constitutiva e condenatória,[414] atribuindo às eficácias sentenciais a mesma classificação, como produto da classificação originária da "ação". É também conhecida a classificação, capitaneada por Pontes de Miranda, em cinco eficácias diferentes – declaratória, constitutiva, condenatória, executiva e mandamental –, classificação essa cuja origem são as características dos fatos, como restou explicitado no Capítulo I, e, por consequência dos direitos, pretensões e ações de direito material deles originados, os quais se manifestam, quando ingressam no processo, por meio da eficácia das decisões. Restou consignado, ainda, no Capítulo I, a posição de Ovídio Araújo Baptista da Silva, cuja classificação das ações de direito material é quadripartida: declaração, constituição, execução, mandamento, já que o jurista reconhece como processual a construção da eficácia condenatória, a qual não tem correspondente no mundo prático (mundo social), de onde, nessa visão, como na de Pontes de Miranda, e naquela aqui empreendida, partem os critérios para tal classificação.

A discussão – embora parcela da doutrina já a considere ultrapassada, inclusive porque a classificação tripartida atenderia à homogeneidade de critério classificatório, questão importante no âmbito científico – segundo se entende, e se sustenta no decorrer do presente livro, não está superada, pois está no centro de uma divergência paradigmática. De um lado, a apreensão da doutrina majoritária diante de uma classificação que não atende à homogeneidade de critério, exigida pela Ciência. De outro, uma proposta paradigmática, para a qual mais vale o resgate do mundo prático, na compreensão-interpretação-aplicação do direito material e do processo, do que os parâmetros científicos.

---

[414] A classificação tripartida ou tripartite, da "ação" e das sentenças em declaração, constituição e condenação é afirmada pela doutrina com variações, das quais se destaca duas. José Roberto dos Santos Bedaque reconhece as três espécies, julgando incorreta a classificação de Pontes de Miranda. Segundo o processualista comentado, a classificação divide a "ação" e as sentenças em declaratórias, constitutivas e condenatórias, essas últimas enfeixando o que Pontes chama de mandamentais e executivas *lato sensu*, motivo pelo qual divide as condenatórias em três subespécies. BEDAQUE, José Roberto dos Santos. *Efetividade do processo e técnica processual*. São Paulo: Malheiros, 2006. Já José Carlos Barbosa Moreira, acompanhando Chiovenda, reconhecendo ao menos uma espécie de sentença executiva (aquela hoje prevista nos artigos 466A, 466B e 466C do CPC), e com o fim de atender à homogeneidade de critério classificatório, reconhece-as entre as constitutivas, dentre as quais se enquadrariam as modificativas de estado de direito (constitutivas propriamente ditas, as quais se destinam à tutela de direitos potestativos ou formativos) e as modificativas de estado de fato (onde estariam aquelas que Pontes de Miranda classifica como executivas *lato sensu* e Ovídio Araújo Baptista da Silva chama de executivas reais). MOREIRA, José Carlos Barbosa. Sentença Executiva. In: *Revista de direito civil e processual civil*. n. 27. Porto Alegre: Síntese, jan./fev. 2004).

A discussão é realmente importante, segundo se fundamentou até aqui, diante da necessidade de comprometimento do juiz com os resultados de sua atividade no mundo social.

É imperioso, então, distinguir entre conteúdo, eficácia e efeitos da sentença. Ovídio Araújo Baptista da Silva leciona o seguinte: "Segundo uma concepção mais ou menos pressuposta por todos os processualistas, o conteúdo da sentença corresponderia à declaração pronunciada pelo juiz, enquanto seus efeitos seriam externos e somente surgiriam em momento subseqüente ao julgado".[415]

Quando se imagina que o conteúdo da sentença é meramente declaratório e, portanto, normativo, e os efeitos são subsequentes, a responsabilidade do juiz pela concretização dos direitos na esfera social resta comprometida. Isso porque sua atividade (o que lhe incumbe) é realizar a atividade de acertamento, conteúdo do ato jurisdicional e, portanto, da jurisdição. Essa ideia está adequada à ideia de que o escopo da jurisdição não é, precipuamente, concretizar direitos, mas garantir paz social, por meio da solução da controvérsia (coisa julgada). Em outras palavras, resolver a questão material subjacente, não necessariamente alterar o mundo prático a partir dessa solução, o que já não seria mais atividade jurisdicional.

As eficácias das decisões correspondem à sua potencialidade de atuação do conteúdo da sentença e, nisso, se distinguem dos efeitos, pois a "eficácia faz parte do ser da sentença e, pois, não se confunde com os efeitos que ela seja capaz de produzir".[416] As eficácias fazem parte do conteúdo da sentença e as distinguem, dando-lhes diferentes potencialidades de atuação. Os efeitos, pois, são uma decorrência dessa potencialidade, uma decorrência necessária que compromete o Judiciário com a tarefa de sua realização no mundo prático, ainda que isso não impeça as partes de alterar, por livre disposição de vontade, tais efeitos, na esfera social, o que não afeta o conteúdo e a potencialidade sentencial, que permanecem hígidos. Pois muito bem: se o conteúdo e a eficácia são uma construção do processo, pois a classificação abstrata da "ação", segundo critério científico e, por isso, homogêneo, é quem dita tal conteúdo e potencialidade, prevalecendo a posição tripartida de eficácias normativas (declaração, constituição, condenação), o juiz não tem responsabilidade por fazer concretizar essa eficácia, em efeitos, no campo social. Resgatando o mundo prático, no entanto, o que faz Pontes de Miranda, o conteúdo e a eficácia de uma decisão, que acolhe, provisória ou definitivamente, a pretensão e a ação alegadas na "ação", são manifestações do direito material, que se

---

[415] SILVA, Ovídio Araújo Baptista da. *Curso de processo civil* – Processo de Conhecimento. Rio de Janeiro: Forense, 2007. v. I, p. 460.

[416] Ibid., p. 462.

impõem, no processo, exigindo realização concreta, com o que a responsabilidade do juiz não é mais apenas normativa, mas social, no sentido de que cabe a ele a atuação daquela potencialidade, para produção de efeitos concretos no mundo prático.

Por isso, a classificação das ações ou da "ação", consideradas matéria superada por parcela importante e respeitada da doutrina, na visão aqui exposta, é de suma relevância, não em face da questão classificatória em si, mas tendo em vista a eficácia simbólica do pensamento instituído, que se projeta na compreensão da tarefa da jurisdição, limitada, ou não, ao campo conceitual (coisa julgada). Como exemplo, pode-se apontar a discussão relativa à ação eminentemente executiva (não se compreende aqui a tutela executória *ex intervallo* por expropriação), destinada à realização de direitos absolutos, e não, a dos obrigacionais (a esses seria destinada a tutela condenatório-executiva), a qual é incluída, dentre as condenatórias, por exemplo, pela doutrina de Humberto Theodoro Júnior e de José Roberto dos Santos Bedaque.[417] É, ainda, inserida dentre as constitutivas, que compreenderiam as constitutivas e as executivas, como sustenta José Carlos Barbosa Moreira.[418] Ambos doutrinadores sustentam a teoria tripartite. Ocorre que a igualização das executivas, quer às condenatórias, quer às constitutivas, leva ao fenômeno, denunciado por Ovídio Araújo Baptista da Silva, da relativização dos direitos absolutos ou absolutização dos direitos relativos, o que daria no mesmo, em que o ser do direito material é transformado em seu equivalente, dando lugar à mesma forma de tutela e aos mesmos instrumentos (ações que se incluam na tradicional classificação tripartite, porque é muito importante manter-se a lógica interna de uma classificação:[419] para o método científico, todavia, não para a realização do escopo da jurisdição!).

Ocorre que a existência, ou não, de ações de direito material executivas não se deve ao parâmetro classificatório da doutrina. Tais ações, simplesmente, são executivas, porque os direitos de que são o modo-de-ser exigem realização de acordo com as suas características, o que se projeta como necessidade de determinadas medidas para concretizá-lo, que existem independentemente do legislador do processo. Com Ovídio A. Baptista da Silva, conclui-se que assim como

> [...] pode haver executividade criada no plano processual, em outros casos a natureza executiva da demanda nasce no direito material e o legislador de processo, nesta hipótese,

---

[417] THEODORO Júnior. Humberto. As vias de execução do código de processo civil brasileiro reformado. *RDCPC*, n. 43, p. 31-65, set./out. 2006.

[418] Ambas agrupadas em um conteúdo normativo, como afirma textualmente o autor. MOREIRA, José Carlos Barbosa. Sentença Executiva *Revista de Processo*, n. 114, p. 147-162.

[419] Por todos, THEODORO Júnior. Humberto. As vias de execução do código de processo civil brasileiro reformado. *RDCPC*, n. 43, p. 54, set./out. 2006.

será impotente para transfigurar-lhe a fisionomia. Casos há em que a perda da executividade depende só de uma regra de direito processual, ao passo que noutros a natureza executiva da pretensão de direito material impõe-se ao legislador imperiosamente e acaba por modelar a respectiva ação, no plano processual, ainda que a lei do processo mantenha silêncio a seu respeito.

Interessa, para a presente investigação, a referência do autor à existência de executividade independentemente do processo, já que, na análise aqui pressuposta, não se nega a possibilidade de criação de eficácias executivas pelo processo, negando-se apenas que tais eficácias poderiam ser instrumentalizadas de modo a que sua utilização se devesse unicamente ao processo, sem análise do direito material sobre o qual seria aplicado. A dimensão processual, com efeito, é mantida, com um novo modo-de-ver os institutos processuais, que se destinam a concretizar os direitos (pretensões), o que impõe a criação de técnicas destinadas a criar as garantias para que o processo possa se realizar de acordo com os parâmetros constitucionais, que delineiam a atividade do Poder Judiciário.

Há, portanto, eficácias que emanam do próprio direito material, e outras que são construídas pela necessidade de o processo edificar formas para realizar os direitos materiais (pretensões) carentes de efetivação, em face da vedação da autotutela e da limitação à ação oriunda dos direitos fundamentais. Não se nega, portanto, o espaço próprio do direito processual; o que se nega é a possibilidade de ele ser construído à revelia do direito material.

No que tange às ações de direito material, então, estando no direito material, e não, no processo, pouco importa o que diz dela a classificação processual das sentenças, sendo necessário que os direitos absolutos sejam tutelados adequadamente, a partir da essência desses direitos.

Os direitos relativos envolvem direitos de crédito e sua ação, para realizar-se, tem de ser executiva, mas não pode se dar diretamente (tomar do outro o que é devido), porque tal conduta não é permitida pelo direito, proibição que atinge a própria jurisdição, que não pode, no caso, agir diretamente, porque o bem, objeto da expropriação, está legitimamente no patrimônio do obrigado. Para isso, a técnica condenatória, que reconhece um dever de prestar do qual resulta gravado o executado, a quem é conferido um *tempus iudicati*, para que cumpra espontaneamente. As ações e sentenças executivas reais – como as chama Ovídio, ou *lato sensu*, na denominação de Pontes – não são reconhecidas autonomamente pela doutrina majoritária e, por isso, são relegadas à subespécie da condenação, têm característica bem diferente das condenatórias. Isso porque, se, nessas, o que ocorre é a condenação a um prestar, nas executivas reais a execução ocorre "incontinenti, *quer dizer, sem que o demandado tenha a oportunidade de cumprir* espontaneamente *a sentença*",[420] porque o bem está ilegitimamente no patrimônio do usurpador, o que viabiliza a tomada direta da posse, sem a concessão de um *tempus iudicati* para que o réu cumpra espontaneamente a obrigação.

Com isso, se observa que a dimensão da técnica é imprescindível, porque, no caso das condenatórias, à atividade material deve corresponder uma técnica, que viabilize a execução. A isso o processo responde, como técnica, construindo forma para sua efetivação, por meio da ação condenatória que permite a execução expropriatória, quando se trata de obrigação de pagar quantia certa. Todavia, tal técnica deve restar restrita àqueles direitos que dela necessitam, não podendo ser imposta a direitos que, por sua evidência, trazem, do direito material, potencialidade e força de imposição, como no caso dos direitos evidentes, de natureza real.

Essa construção processual, tanto na sua feição expropriatória, quanto na espécie relativa às obrigações de fazer, infungíveis ou fungíveis, e dar exige, ainda, que se supere – desvelando o ser do direito material, que traz o mundo prático para o campo do processo e permite reconhecer a diferença entre os direitos – primeiramente, a universalização do fenômeno obrigacional e, com ele, a precedência da cognição à execução, o paradigma da incoercibilidade das obrigações e a conversão do direito ao seu equivalente em pecúnia.

Isso porque, quando a doutrina julga suficiente o reconhecimento da eficácia condenatória para abarcar necessidades diferentes como a dos direitos reais e obrigacionais, por exemplo, acaba universalizando a obrigação, como já se salientou e submetendo, no exemplo, os direitos reais ao paradigma da incoercibilidade das obrigações e da conversão dos direitos em seu equivalente em pecúnia.

José Roberto dos Santos Bedaque, engloba, como se constata do seguinte trecho de sua obra, oportunidade em que comenta a eficácia condenatória, a eficácia executiva e a mandamental como subespécies daquela:

> O tipo de medida apta a atuar concretamente o comando da sentença depende fundamentalmente do tipo de obrigação não adimplida de forma espontânea. Essas variações não influem, no entanto, no tipo de crise apresentada ao juiz, que é sempre a mesma: inadimplemento. Por isso, em todos os casos a sentença é condenatória. [...]. Se considerado esse último aspecto do fenômeno – ou seja, a "forma pela qual se dá efetividade ao julgamento" –, teremos classificação diversa: condenatória simples, executiva e mandamental.[421]

---

[420] SILVA, Ovídio Araújo Baptista da. *Curso de processo civil*. v. I. t. II. Rio de Janeiro: Forense, 2008, p. 14. Os grifos são do autor.

[421] BEDAQUE, José Roberto dos Santos. *Efetividade do processo e técnica processual*. São Paulo: Malheiros, 2006, p. 526-542.

Ocorre que o tratamento de realidades tão diferentes por meio de um mesmo meio de tutela, a condenação, ainda que o tipo de medida seja diferente, faz com que direitos não obrigacionais fiquem submetidos às características da condenação, que paradigmaticamente falando, são: a concitação ao cumprimento pelo próprio devedor (que já não será mais esbulhador, por exemplo, mas devedor de uma prestação), devendo-se, com isso, cumprir um *tempus iudicati*, à normal ordinarização do procedimento, com a imposição de cognição plenária e exauriente, antes da tutela (embora os efeitos dessa possam ser antecipados), e, especialmente, em virtude disso, de normalidade da submissão do titular do direito à vontade da contraparte, em face da incoercibilidade das obrigações, bem como, por fim, à sua conversão em pecúnia. Trata-se do que se tem insistentemente referido como inversão do ser concreto do direito material pela conceitualização que lhe der o processo. Por isso é que se considera a discussão importante e essencial, não ultrapassada, nem despicienda, pois a classificação tripartida, embora atenda à homogeneidade de critério classificatório, impõe ao direito material, que é alegado e poderá ser concretizado por meio do processo, sentidos inquestionados, porque tomados como verdadeiros, que inviabilizam a retomada do mundo prático e o acontecer da concretização autêntica dos direitos, fazendo, ademais, com que sejam necessárias construções flexibilizadoras da técnica para que as insuficiências criadas pelo alijamento do mundo prático da relação entre direito material e processo sejam superadas. Isso, novamente, se manifesta como postura anti-democrática, positivista-pragmático-estratégica, que viabiliza que os chamados espaços em branco sejam identificados e preenchidos, sem limites, pelo sujeito-intérprete.

Com efeito, a disciplina do art. 461 do CPC, retrata a universalização paradigmática da obrigação, ao falar de inadimplemento e de cumprimento da obrigação. Acerca do art. 461 do CPC, diz Ovídio Araújo Baptista da Silva:

> Cabe observar que o art. 461 busca reconquistar a distinção entre obrigações e deveres que o direito moderno tentar suprimir, a partir do período bizantino do direito romano tardio, generalizando, contra as legítimas fontes do direito romano clássico, o conceito de *obligatio*, de que proveio nossa genérica e exclusiva execução por créditos (sobre isto, nosso *Jurisdição e execução na tradição jurídica romano canônica*, 3ª edição, Forense, 2007, Cps. VI-VIII. Esta conclusão decorre da constatação de que este preceito não se limita a dispor sobre sentenças apenas condenatórias, próprias do Direito das Obrigações. As ações mandamentais e as execuções reais, que correspondem basicamente à tutela romana interdital, agora terão lugar no campo de incidência do art. 461. Esta exegese está conforme a origem da norma, porquanto, no Código de Defesa do Consumidor, sua aplicação diz respeito mais a deveres do que a relações *stricto sensu* obrigacionais. E dentre os deveres ter-se-ão como abrangidos tanto aqueles nascidos do direito privado quanto os deveres sociais e os que nascem no campo do direito público. Pode-se dizer que a norma

legal do art. 461 acena para o ideal da execução "inominada", como expressão máxima do princípio da instrumentalidade do processo, enquanto dispositivo legal de realização do direito material.[422]

A interpretação autêntica de tal dispositivo – assim como uma leitura autêntica do art. 461-A, do CPC – impõe o reconhecimento de que sua atuação não se restringe ao campo das obrigações, resgatando a diferença essencial de que se revestem as eficácias executiva, cuja realização independe da vontade do obrigado, e da mandamental, que contém ordem, não apenas concitação, para que, como dito anteriormente, não sejam reconduzidas à ideia de obrigação *lato sensu*, que englobou e inutilizou, para os fins do processo, a compreensão do dever, transformando diferentes direitos materiais concretos, no mesmo direito abstratamente considerado.

No campo das obrigações, em pecúnia, além disso, não havia como continuar programando o procedimento, *a priori*, sem permitir atos executivos que transcendessem as limitações traçadas pelo revogado art. 588 do Código de Processo Civil,[423] ainda em casos em que o direito se apresentasse com evidência tal que autorizasse a fundamentação dessas medidas. Advindo o art. 475-O do mesmo Código,[424] poucas alterações foram incluídas. Além de suprimir, ao menos legislativamente, o binômio conhecimento-execução e de facilitar a liquidação de danos e admitir expressamente a caução nos próprios autos, admitiu-se a possibilidade de chegar aos atos que importem alienação de domínio, mediante caução idônea. A precedência da cognição em relação à execução, todavia, maior óbice que o processo impõe ao direito material, não foi alterada (a única

---

[422] SILVA, Ovídio Araújo Baptista da. *Curso de processo civil*. Rio de Janeiro: Forense, 2008. v. I. t. II, p. 40-41.

[423] Art. 588. A execução provisória da sentença far-se-á do mesmo modo que a definitiva, observados os seguintes princípios: I – corre por conta e responsabilidade do credor, que prestará caução, obrigando-se a reparar danos causados ao devedor; II – não abrange os atos que importem alienação de domínio, nem permite, sem caução idônea, o levantamento do depósito em dinheiro; III – fica sem efeito, sobrevindo sentença que modifique ou anule a que foi objeto da execução, restituindo-se as coisas no estado anterior. Parágrafo único. No caso do nº IIII, deste artigo, se a sentença provisoriamente executada for modificada ou anulada apenas em parte, somente nessa parte ficará sem efeito a execução. – (Artigo revogado pela Lei nº 11.232/2002 – DOU 23.12.2005, em vigor 6 (seis) meses após a data de sua publicação).

[424] Art. 475-O. A execução provisória da sentença far-se-á, no que couber, do mesmo modo que a definitiva, observadas as seguintes normas: I – corre por iniciativa, conta e responsabilidade do exeqüente, que se obriga, se a sentença for reformada, a reparar os danos que o executado haja sofrido; II – fica sem efeito, sobrevindo acórdão que modifique ou anule a sentença objeto da execução, restituindo-se as partes ao estado anterior e liquidados eventuais prejuízos nos mesmos autos, por arbitramento; III – o levantamento de depósito em dinheiro e a prática de atos que importem alienação de propriedade ou dos quais possa resultar grave dano ao executado dependem de caução suficiente e idônea, arbitrada de plano pelo juiz e prestada nos próprios autos. § 1º No caso do inciso II do caput deste artigo, se a sentença provisória for modificada ou anulada apenas em parte, somente nesta ficará sem efeito a execução. [...] – (Artigo inserido pela Lei nº 11.232/2002 – DOU 23.12.2005, em vigor 6 (seis) meses após a data de sua publicação).

exceção diz respeito aos títulos executivos extrajudiciais). Além disso, a necessidade de caução suficiente e idônea, para atos de alienação de domínio e levantamento de depósitos em dinheiro, exige compreensão nas diferentes hipóteses de aplicação, para que o espírito presente na antiga redação não prevaleça. Novamente, para isso, ter-se-ia de analisar a ação de direito material, como modo-de-ser desse direito, que se impõe à realização de forma simplificada ante as suas características. Com efeito, a maior ou menor evidência do direito, aferida a partir, por exemplo, da maior ou menor idoneidade das razões de recurso, para determinar a reforma da decisão, devem ser elementos norteadores do arbitramento ou até mesmo dispensa da caução pelo juiz, já que a norma constitucional não admite que nenhuma lesão ou ameaça de lesão a direito deixe de ser objeto de intervenção jurisdicional. Exigir caução em determinados casos poderia ser sinônimo de recusa de tutela jurisdicional. O mesmo se dá com relação à impossibilidade de execução provisória antes da sentença, em casos que envolvam obrigações pecuniárias, o que, diante da maior ou menor evidência do direito, *i.e.*, do reconhecimento do processo a partir do conteúdo e do "ser" do direito material, pode ser superado, já que certeza não é possível por meio do processo (exceto a fictícia, a coisa julgada). Pensando nos direitos, em seu modo-de-ser, pode-se lembrar o que diz Kaufmann, que cita Heidegger, em conclusão à sua obra "Analogia e 'Naturaleza de la Cosa' – Hacía uma Teoria de la Compreension Jurídica", dizendo: *"Para el pensamiento desde la 'naturaleza de la cosa', vale la frase de Heidegger: En este ámbito nada se deja comprobar, pero algo se deja mostrar"*.[425]

Do mesmo modo, no campo das obrigações, é preciso recuperar "l'intervento degli organi giurisdizionali esecutivi teso a restaurare il diritto violato a prescindere dalla volontá del debitore dell'obligo di fare o di non fare rimasto inadimpiuto".[426] Em direção a um modo de atuação jurisdicional, em que *"esecuzione non é una misura giuridica, ma la sua attuazione; piú precisamente, l'attuazione della misura giuridica che consiste nella 'restituzione', e cioé nel mettere il mondo esteriore nelle condizioni in cui dovrebbe trovarsi ove il precetto fosse stato osservato"*.[427]

Em direção, portanto, à concretização de direitos (pretensões), desvelando, assim, também, o campo das ações de direito material mandamentais, que permitem a realização do direito material na forma específica, quando o obrigado não cumpre voluntariamente, obrigando-o a cumprir, por forma específica, através de exigências de males mais graves do que o adimplemento.

---

[425] KAUFMANN, Arthur. *Analogia y "naturaleza de la cosa"*: hacia uma teoria de la comprension jurídica. Santiago: Editorial Jurídica de Chile, 1976, p. 108.
[426] CHIARLONI, Sergio. *Misure coercitive e tutela dei diritti*. Milano: Dott. A. Giuffrè, 1980, p. 2.
[427] Ibid., p. 12.

Há casos, por exemplo, em que o paradigma da incoercibilidade das obrigações, e a não atuação de meios executivos ou coercitivos nas obrigações pode resultar na evidente negação do direito no caso concreto. Casos em geral em que o direito a atuar tem relevância primeva (em casos de prestações positivas – ações afirmativas a serem exigidas pelo Estado) em que a conversão em pecúnia não atinge os objetivos sociais e individuais que a Constituição impõe. São exemplos ilustrativos: – a má-conservação de estradas, por exemplo, em que se converte o dever do Estado em obrigação de indenizar os possíveis prejudicados sem obrigá-lo a efetivar políticas públicas para que danos iguais não se repitam; – ou casos de fornecimento de prestações positivas na área de saúde, em que a não intervenção imediata – no sentido de o Judiciário ordenar e fazer cumprir ou se substituir ao órgão estatal inadimplente na realização do que deveria ter feito – converterá o direito fundamental em direito obrigacional, *i.e.*, converte direito fundamental em direito a danos, atingindo, com isso, mais uma vez a dignidade do titular do direito e põe em risco a própria existência do ser humano. O mesmo se dá no campo dos direitos obrigacionais, em que, por exemplo, em casos em que a inexistência de cumprimento por uma das partes acarreta, à revelia do prejudicado, a imposição, pelo inadimplente, de conversão da obrigação original em pecúnia, que, na prática, equivale a entregar ao inadimplente a escolha entre adimplir ou indenizar, privilegiando o pólo da relação que age com má-fé e abuso de direito. É a alteração da essência dos direitos, por meio do processo, que beneficia o inadimplente ou violador do direito, como afirma Chiarloni, citando Wenger: "*Il convenuto che ha denaro, può aver tutto; egli non ha bisogno di restituzione, ogni sentenza che ne lo minacci, con la parola del vilano arrichito: io posso pagare*".[428] Essa forma de pensar o direito – em que o devedor inadimplente tudo pode, porque pode converter tudo em valor de troca, própria do capitalismo – permite que a condenação seja universalizada junto com a *obligatio*, como já se disse em outro momento, e com eles, a diversidade de característica dos direitos é convertida em unidade, no processo. Assim, o que já foi dito, a técnica domina o ser, e nesse paradigma não há como transformar a sociedade, concretizando direitos (pretensões).

A negação da existência de ações de direito material e, mais especificamente, das ações mandamental e executiva (porque a classificação, tripartida, é considerada, pela doutrina majoritária, como construção processual, não a manifestação do modo-de-ser do direito material, como já dito), corresponde ao abandono paulatino dos interditos do Direito Romano Clássico, desde o período de Justiniano até os nossos dias, cor-

---

[428] CHIARLONI, Sergio. *Misure coercitive e tutela dei diritti*. Milano: Dott. A. Giuffrè, 1980, p. 40.

respondendo, esse paulatino abandono, à dualidade mundo dos fatos e mundo do direito, tematizada pelo direito como ciência pura. Como diz Ovídio A. Baptista da Silva:

> Este modo de conceber jurisdição é sem dúvida um dos pilares que sustentam o Processo de Conhecimento, através do qual se consuma a separação entre a atividade puramente normativa e atividade prática – entre o "puro direito", como dissera Foschini, e essa função "*spesso odiosa*" de aplicação prática do julgado, através do processo executório. Como descreveu Friedrich, em síntese memorável, referindo-se à separação kantiana entre o mundo do "ser" e do "dever ser": "A separação radical do é e deve, dos domínios existencial e normativo, ao qual corresponde a separação de substância e forma, produz a perspectiva decididamente formal de teoria do Direito, que não deseja, poder assim dizer, sujar-se no contato com o mundo concreto" (Perspectiva histórica da filosofia do direito, trad. do original alemão de 1955, Rio de Janeiro, 1965, p. 190).[429]

Necessário dizer que a nova missão entregue à jurisdição – concretização dos direitos (pretensões) – transforma essa forma de fazer direito, distanciada do mundo prático, em atividade evidentemente inconstitucional.

Buscar a tematização de identidade e diferença, em seu conteúdo intematizável infinito, significa restaurar a relação entre o direito material e o processo, em que o método único seja substituído pela ideia de projeto, em que as diferenças apareçam na identidade. Assim, ao invés da verdade moderna, una, poder-se-á compreender o sentido do ser dos entes e, então, buscar os significados possíveis e a resposta adequada para o caso, não *a priori*. Significa dizer que a certeza metodológica não é certeza de fato, e que a verossimilhança é compatível com a natureza dos direitos, porque o que um direito é, aparente ou evidente, certo ou duvidoso, irradia de seu ser, não do processo. E, também, que as formas das quais o processo se utiliza para concretizar as pretensões e ações (de direito material) são uma característica que lhe é transmitida pelo direito material, por sua força dinâmica, a ação de direito material, medida e parâmetro do processo. Essas eficácias são a forma com que os fatos, jurídicos, se impõem, no processo.

5.3.5.4. As repercussões da compreensão da ação de direito material no princípio da demanda e na compreensão da coisa julgada e o problema da flexibilização da técnica

A ação de direito material como momento dinâmico do direito material expressa o conteúdo do direito material e da sua correspondente exigibilidade por meio de um verbo. Todo verbo indica uma ação, e é esse

---

[429] SILVA. Ovídio A. Baptista da. *Jurisdição e execução na tradição jurídica romano-canônica*. Rio de Janeiro: Forense, 2007.

o conteúdo da ação de direito material que se expressa no processo, pela eficácia que dessa ação promana. Afirma Ovídio A. Baptista da Silva que todo "direito e, correlativamente, todo dever que grava o sujeito passivo, obrigado a respeitá-lo e cumpri-lo, têm em seu núcleo um determinado verbo especial, através do qual é possível identificar a respectiva ação (de direito material) que o realiza".[430]

A compreensão desse fenômeno e a constatação de que a ação de direito material traz o mundo prático ao processo têm repercussões até mesmo na compreensão do princípio da demanda e na caracterização da coisa julgada (a partir dos *tres eadem*).

Com efeito, sendo a ação de direito material alegada por meio do processo, o juiz, ao reconhecê-la, provisória ou definitivamente (seja por meio de sentença liminar ou por meio de sentença definitiva) deverá dar ao princípio da demanda a dimensão que ele realmente tem no processo. Não há de se reconhecer, no referido princípio, a necessidade de o juiz restar vinculado a pedido incorretamente veiculado, quando a ação de direito material foi corretamente alegada e, ao depois, reconhecida, no processo. Trazer o mundo prático ao processo significa vincular o juiz à realização do direito material e, se restar evidenciado que o interesse da parte, ainda que seu pedido não esteja corretamente deduzido, é realizar a ação de direito material, de modo a obter a realização de seu direito no caso concreto, não estará o juiz autorizado a deferir-lhe menos do que isso. Como exemplo, pode-se ressaltar uma ação de restituição de coisa em que, alegada ação de direito material executiva, em que se afirma que o demandado está ilegitimamente na posse de um bem que é propriedade do demandante, a parte peça a condenação do demandado à entrega da coisa. O juiz estará autorizado pelo direito material que dá origem à ação de direito material, a proferir decisão de natureza executiva, e não meramente condenatória, em atenção ao pedido da parte que alegou e requereu medida para realização de seu direito, realização que deve ser congruente ao direito material (ao verbo que a traduz) e à vontade manifestada, e não, a um verbo, tecnicamente inadequado, utilizado no processo. Essa necessidade advém do direito material, e não significa quebra da congruência. Segundo diz Ovídio Araújo Baptista da Silva, em casos similares, eventual quebra ao princípio da demanda "é mais aparente do que real".[431] O contrário resultaria se, do requerimento deduzido pela parte, o juiz verificasse que houve, da parte do demandante, intenção de requerer menos do que poderia, como seria o caso de propor ação decla-

---

[430] SILVA, Ovídio A. Batista da. *Curso de processo civil*: Processo cautelar (tutela de urgência.). Rio de Janeiro: Forense, 2007. v. 2, p. 26.

[431] SILVA, Ovídio A. Baptista da. *Curso de processo civil*. Rio de Janeiro: Forense, 2005. v. 1, p. 51.

ratória de débito, ao invés de requerer condenação, ou no caso de invocar uma causa de pedir, quando poderia invocar outras, já que, nesse caso, a parte está limitando sua demanda segundo interesses que não são dados à perquirição judicial. Nesse caso, no entanto, não se trata de permitir a atuação jurisdicional de natureza diversa da ação de direito material de que é titular o demandante, mas de dar-lhe menos, que também é derivação da ação de direito material alegada, porque o demandante optou por menos, preferindo não exercer o direito em sua integralidade. Esse reconhecimento seria, então, mais um argumento para a inadmissão do texto do art. 219, § 5º, do Código de Processo Civil, que autoriza o juiz a exercer direito consubstanciado na exceção de prescrição, em nome do demandado e à sua revelia.

Não se trata, no entanto, de proposta de flexibilização da técnica. Ocorre que o princípio da demanda não está à disposição do juiz, que poderia, por exemplo, desconsiderar sua necessidade, com o fim de aproveitamento dos atos processuais realizados em processo em que as partes não correspondem àquelas da relação jurídica material (nem se trata de legitimação extraordinária, sucessão ou representação processual). Com efeito, o juiz deve atuar com responsabilidade para concretizar a pretensão e a ação de direito material alegadas no processo, mas não tem liberdade para dar tutela jurisdicional a quem não provocou a atuação do Poder Judiciário ou para, de ofício, determinar, sem que seja caso de litisconsórcio necessário, por exemplo, a inclusão de partes no processo.

A flexibilização da técnica, presente na moderna visão instrumental do processo, como já se salientou no Capítulo II, está inserida no campo normativo-decisionista, em que, ora a técnica dita os rumos do direito material, afirmando a supremacia do direito processual, ora é flexibilizada, a bem do aproveitamento dos atos processuais, o que termina por negar o próprio campo do processo, cuja construção, à semelhança do direito material a tutelar é imprescindível.

O importante processualista José Roberto dos Santos Bedaque traz, em sua obra, uma indagação e uma proposição, cuja análise é importante para os fins do presente livro:

> Complexa, todavia, é a possibilidade de o juiz, verificando a existência do direito de quem deveria ocupar o pólo ativo, julgar procedente o pedido, favorecendo terceiro que não participou do processo. Aliás, sequer provocou a atividade jurisdicional. Admitindo esse fenômeno, estar-se-á criando hipótese de tutela jurisdicional concedida de ofício e sem a presença do beneficiário. Por outro lado, se optarmos pela inadmissibilidade de que tal ocorra, tendo em vista o princípio da demanda (CPC, art. 2º), perder-se-á toda a atividade desenvolvida naquele processo. Colocadas as duas alternativas, a primeira parece preferível desde que, por qualquer meio, possa ser identificada a vontade do titular do direito a ser reconhecido. [...] Para que esta solução seja viável, necessário que, de alguma forma, o

legitimado participe do processo e manifeste vontade de que seu direito seja reconhecido. Caso contrário não há como conferir tutela jurisdicional a quem não demonstra intenção de obtê-la. Imagine-se situação em que o juiz, verificando ser outro o titular do direito, julga o autor carecedor da ação por ilegitimidade ativa e concede a tutela ao terceiro. Em sede recursal, ele intervém, e pede a manutenção da sentença. Se o Tribunal concluir que razão lhe assiste, não deve cassar a decisão pela ausência formal do pedido, deduzido em petição inicial, nos termos do art. 282 do CPC.[432]

Importante referir, no entanto, que, se a medida e o parâmetro do processo, segundo o que se sustenta, é o mundo prático, a ser resgatado pelo direito material, a dimensão da técnica, do processo, não pode ser anulada, nem se pode, ademais, a pretexto de aproveitamento dos atos do processo, invadir o mundo prático, aniquilando a liberdade de o sujeito, titular do direito material, fazê-lo valer por meio da atividade jurisdicional. Nem, ao contrário, retirar, do patrimônio da contraparte, que litiga contra quem não é titular do direito afirmado, o direito de que seja reconhecido que a ação de direito material afirmada não existe, pois não é aquele que o alega o titular do direito. Especialmente quando se tem presente que, no dia a dia forense (para o qual se destina a construção processual), quando se litiga contra quem não é o titular do direito, os principais esforços envidados são no sentido dessa demonstração, e não da demonstração da inexistência do direito objeto de uma outra relação material que não é aquela discutida entre as partes do processo, já que a questão da legitimidade é questão de mérito, como já se sustentou.

Veja-se que o próprio autor de Efetividade do Processo e Tutela Processual, afirma que a flexibilização do princípio da demanda seria possível, no caso transcrito, como exemplo, ainda que o art. 2º, combinado com o art. 282, ambos do CPC, disponham o contrário, mas opta por sustentar que as condições da ação são preliminares ao mérito, não mérito propriamente dito, ainda que entenda que, *de lege ferenda*, considere "configurar julgamento de mérito aquele decorrente do exame das condições da ação". Isso porque essa não foi a disciplina processual, ou, em suas palavras, "outra foi a opção legislativa".[433]

Resguardando o imenso respeito devido ao importante jurista, a leitura que se faz de tais afirmações é de que, quando se trata de dar à técnica a leitura autêntica que emerge do mundo prático, opta-se pela opção do legislador do processo, como no caso das condições da ação, ainda que essa opção exija as flexibilizações que o jurista propõe na obra mencionada. Quando se trata, no entanto, de preservar o processo, aproveitando atos processuais, é preferível flexibilizar a técnica, admitindo tutela ju-

---

[432] BEDAQUE, José Roberto dos Santos. *Efetividade do processo e técnica processual*. São Paulo:Malheiros, 2006, p. 385-386.

[433] Ibid., p. 394.

risdicional, sem parte legítima, a qual precisaria apenas anuir com o *decisum* do julgador, em contrariedade ao direito material do réu, de tutela jurisdicional, que se dá por meio do desacolhimento da ação de direito material alegada (improcedência da ação). O positivismo normativo-decisionista, em que a lei não tem força de lei e há força de lei sem lei, manifestação do estado de exceção, que permite, à técnica, o domínio sobre a coisa, se faz presente.

No que tange ao alcance da coisa julgada e de sua inconsequente leitura relativizadora, pode-se fazer construção análoga. Evidente que a separação mundo dos fatos e mundo do direito, que determina a recusa da ação de direito material, concebe o direito sem fatos. Veja-se que, nesse paradigma, o suporte fático da norma jurídica é mera descrição conceitual, não é fato, e esse necessariamente terá de se amoldar à estrutura do suporte fático. Sendo assim, a leitura que se faz dos limites objetivos da coisa julgada, declaradamente ou não, acaba optando pela teoria da individualização, em que os fatos não interferem na caracterização da causa de pedir, "sendo possível mudarem-se os fatos sem que isso acarrete necessariamente a mudança da *causa petendi*", como descreve Ovídio Araújo Baptista da Silva.[434]

Essa forma de visualizar o fenômeno de concreção do direito acaba levando à necessidade de relativizar a coisa julgada, construção que só pode vir em detrimento da estrutura do processo e da efetiva realização dos direitos (pretensões), já que a decisão sobre relativizá-la, ou não, ficaria entregue à posição desvinculada do juiz que estaria autorizado a desconsiderá-la, mesmo que a Constituição Federal a reconheça como direito fundamental material inabolível. Dessa feita, nem mesmo o legislador constituinte pode pretender a tramitação de projeto de emenda constitucional tendente a aboli-la. Apenas uma ruptura institucional poderia fazê-lo, mas o juiz, no caso concreto, também poderia, mediante a invocação de injustiça, consoante decisão paradigmática analisada por Ovídio Araújo Baptista da Silva, no estudo *Coisa Julgada Relativa*. O autor cita decisão do Min. Delgado, em que o magistrado desconsidera a coisa julgada sob o argumento de que "a grave injustiça não deve prevalecer em época nenhuma, por isso que a segurança imposta pela coisa julgada há de imperar quando o ato que a gerou, a expressão sentencial, não esteja contaminada por desvios graves".[435] E continua o autor: "a objeção que levanto contra essa proposição começa por questionar a perigosa indeterminação do pressuposto indicado pelo magistrado, qual seja o conceito

---

[434] SILVA, Ovídio A. Batista da. *Curso de processo civil*: Processo cautelar (tutela de urgência.). Rio de Janeiro: Forense, 2007. v. 2, p. 491.

[435] SILVA, Ovídio A. Baptista da. Coisa julgada relativa? *Studi di diritto processuale civile*. Milano, v. I-II-II, 2005, p. 968.

de 'grave injustiça', análogo àquele proposto por Theodoro Júnior como sendo 'uma séria injustiça'".[436]

A defesa da relativização da coisa julgada contraria o próprio objetivo do instituto – conferir segurança às relações jurídicas que foram objeto de decisão pelo Poder Judiciário – deixando a escolha sobre respeitar, ou não, a garantia constitucional, ao arbítrio do intérprete que, se pode desconsiderar o teor da norma constitucional, não tem limite nenhum.

Essa escolha, como já analisado, deriva do império da exceção, porque nem ao menos é necessária para que o ordenamento jurídico se proteja de perpetuar injustiças. Bastaria trazer o fato à compreensão dos limites objetivos da coisa julgada, para que, pela autêntica (no sentido gadameriano da palavra) compreensão da chamada teoria da substanciação, a correção de injustiças oriundas de julgados anteriores fosse corrigida pela fundamentação de inexistência de coisa julgada no caso concreto: o que não existe não precisa ser relativizado. Veja-se que, "considerando os fatos, ou o conjunto de fatos como integrantes da *causa petendi*, de modo que a sua substituição por outro conjunto de fatos transformaria a ação primitiva em outra", poder-se-ia, da análise da demanda – ou seja, dos três elementos que, na verdade, seriam um só (fato, pedido e causa de pedir) – reconhecer a ausência de óbice à tramitação de determinada demanda, porque os fatos nela veiculados não foram objeto da demanda anterior. A insistência em manter a jurisdição no campo normativo, livre dos fatos, e, portanto, independente da ação de direito material, gera a necessidade de relativização de direitos fundamentais inaboliveis, no campo onde a exceção é, pois, como dito, a regra.

Do mesmo modo, se não posso separar fato e direito, não há como compreender o dispositivo da sentença – sobre o qual se produz a coisa julgada, que é uma qualidade que se agrega ao conteúdo declaratório da sentença, tornando-o imutável – sem recurso ao fundamento ou à causa de pedir, motivo pelo qual, também aí, nesses casos, que a doutrina considera pertinente resolver por meio da relativização, ter-se-ia a inexistência de coisa julgada. Trata-se de uma leitura autêntica dos limites objetivos e, em especial, da eficácia preclusiva da coisa julgada e da identificação das ações para efeitos de análise da formação dessa imutabilidade, porque é evidente que o que não foi possível arguir na primeira ação não pode ser alcançado pela eficácia preclusiva.

Para isso, é preciso um retorno ao mundo prático, à dinâmica dos fatos e, portanto, à ação de direito material.

---

[436] SILVA, Ovídio A. Baptista da. Coisa julgada relativa? *Studi di diritto processuale civile*. Milano, v. I-II-II, 2005, p. 968.

6. Aportes finais

I. É imperioso reconhecer que o Estado Democrático de Direito, que garante prestações sociais, não apenas negativas, mas também, e principalmente, positivas, o qual inaugura uma nova fase na história do Direito, não se realizará sem que a relação entre direito material e processo supere suas dificuldades. Isso porque, como é sabido, o foco desviou-se e o Poder Judiciário assume lugar cimeiro na realização dos valores dessa nova concepção de Estado que se expressa por meio da Constituição.

II. A forma de fazer direito, ligada ao vínculo de transformação social trazido por uma Constituição embebedora, não se compraz com o arbítrio que se desprende do modo-de-pensar-e-fazer-direito da era da técnica e da exceção. Ambas, técnica e exceção, são produtos do individualismo que retirou o homem do mundo, o desvinculou do outro e da realidade, jogando-o no mundo dos conceitos.

III. Qualquer superação desse arbitrário – que impede a realização do ideal de transformação social, porque impede que o Poder Judiciário realize de modo efetivo e responsável sua missão de concretizar pretensões materiais por meio do processo – exige o desvelamento dos pressupostos que impedem o acontecer do direito material no processo. A metafísica, que solta as amarras entre pensamento e ser, fazendo com que se salte por cima do fenômeno do mundo, é o pressuposto ideológico que, investigado, permite o desvelamento do estado de coisas em que se encontra a relação entre direito material e processo.

IV. Isso porque apenas subtraindo o mundo prático é possível, à técnica, inverter a essência das coisas, e, à exceção, fazer predominar a força de lei sem lei e a lei sem força de lei. Ambos os fenômenos, investigados no campo das relações entre direito material e processo, apontam a necessidade de descontrução da metafísica, o resgate do mundo prático e o abandono do "céu dos conceitos jurídicos".[437] Nesse céu, mundo ideal,

---

[437] O céu dos conceitos jurídicos, uma fantasia de Jhering, é habitado pelos puros teóricos, que não devem perquirir sobre necessidades práticas a serem satisfeitas pelo Direito, sob pena de compro-

o distanciamento da repercussão prática é premissa básica. Não há vida, porque nenhum raio de sol penetra, e nem deve penetrar, porque o sol "es la fuente de la vida, pero los conceptos son incompatibles con la vida y por ende han menester de un mundo exclusivo, en el que existen en la mas completa soledad, lejos de cualquier contacto con la vida". [438]

V. O contrário inviabilizaria a tarefa maior de depuração dos conceitos e a construção de uma ciência perfeita, ao modo da modernidade.[439] A fantasia de Jhering é a metáfora que retrata a dimensão em que se desenvolve o direito enquanto ciência e, em especial, o processo. A depuração de conceitos, aliada à crença de que uma imaginação conceitual inventiva, como afirmou Macyntire,[440] seria capaz de debalar a crise, é o que mantém a relação entre direito material e processo atrelada a uma concepção em que a técnica domina o ser e o entifica, transformando-o na imagem representativa que dele faz o sujeito e permitindo, não apenas a alteração de sua essência, mas também a transformação constante dessa essência para o fim de adaptá-la aos preceitos do positivismo. Nele, os espaços de anomia são os modos de explicar como um determinado sentido, universalizado, pode tomar feições diferentes, em casos iguais e como situações diferentes podem ter respostas idênticas, o que direciona o pensamento à compreensão de que a era da técnica é, também, a era da exceção.

VI. Com efeito, enquanto depuram conceitos, os teóricos não se comprometem com sua repercussão no mundo da vida e nem ao menos com sua coerência com as situações a tutelar. Os conceitos são, então, os instrumentos para fabricação do direito material, a partir do processo, o que abre a possibilidade de que mixagens metodológicas digam que o direito ora é uma coisa, ora é outra, sem comprometimento com o mundo prático e abrindo a possibilidade do domínio da exceção.

VII. O retorno à atmosfera, onde brilha o sol, e onde o mundo prático seja retomado em sua riqueza, é o modo como o presente livro propõe a virada em direção à compreensão autêntica da relação entre direito material e processo. A ideologia, por trás das concepções de ar rarefeito do mundo conceitual, substituída pela autenticidade (no sentido gadame-

---

meter a pureza de suas investigações e, com isso, perder a distinção de estar entre aqueles que são chamados cientistas. Em seu sonho, Jhering, candidato a habitar esse "céu dos conceitos jurídicos" é informado sobre a "capacidad que se exige de todo aspirante al ingreso en este recinto: la de construir un instituto jurídico con prescindencia absoluta de su valor práctico, basándose exclusivamente en las fuentes y en el concepto". JHERING, Rudolph Von. En el cielo de los Conceptos Jurídicos. Una Fantasia, p. 286. In: *Bromas e veras en la jurisprudência*. Buenos Aires: EJEA, 1974, p. 281-355.

[438] JHERING, Rudolph Von. En el cielo de los Conceptos Jurídicos. Una Fantasia, p. 286. In: *Bromas e veras en la jurisprudência*. Buenos Aires: EJEA, 1974, p. 281-355.

[439] Ibid., p. 289.

[440] MACYNTIRE, Alasdair. *Justiça de quem? Qual racionalidade?* São Paulo: Loyola, 1991, p. 388.

riano do termo) do retorno ao mundo onde as coisas se dão, no qual o intérprete possa construir sentidos a partir do fenômeno no sentido privilegiado. Compreender, então, os pressupostos do acontecer do direito material no processo, retornando ao mundo prático, permitirá a retomada do sentido do método, como "caminho para recolocar a questão do sentido do ser",[441] como forma de superar o domínio da técnica e da exceção. Acrescento, no presente caso, como caminho para recolocar a questão do sentido do ser do direito material no processo, e permitir, ao último, a concretização das pretensões de direito material, impositivas nessa nova quadra da história.

VIII. Recolocar a questão do sentido do ser, desse modo, impõe o desvelamento daquilo que não se mostra numa primeira aproximação que é, justamente, o que permanece velado pela força impositiva da tradição, que se constitui em tudo aquilo que se impõe sem precisar de fundamentação. Desse modo, a retomada do mundo prático exige o desvelamento do que permanece velado nas posições que recusam a existência da ação de direito material, taxada de *slogan*, anacronismo, inútil repristinação de conceitos superados, ou, ainda, resquício medieval e bárbaro.

IX. A ação de direito material, por isso mesmo, é uma aposta paradoxal, de retomada do movimento entre o velar e o desvelar-se – *aletheia* – do sentido do ser desse ente que é o direito material. A ação de direito material é o sentido do ser desse ente que é o direito material agora em constante movimento. Ela, então, é a categoria[442] hermenêutica capaz de recuperar o mundo prático, condição de possibilidade para concretização efetiva das pretensões de direito material que não logram realizar-se espontaneamente. A aposta é paradoxal, porque o sentido é recuperado, justamente no lugar no qual, segundo todas as possibilidades de sentido, ele não se encontraria: a busca, no mundo prático, daquilo que se perdeu na construção do céu dos conceitos jurídicos, que tomou conta do processo e o tornou insensível às necessidades para as quais ele foi criado.

X. Trata-se de uma mudança de rumo radical no modo-de-compreender-e-fazer-direito, viabilizando o Estado de transformação social. Tudo isso quer dizer que não se acredita em medidas legislativas "ino-

---

[441] STEIN, Ernildo. *Compreensão e finitude*. Ijuí: Unijuí, 2001, p. 169.

[442] Segundo Heidegger, "Existenciais e categorias são as duas possibilidades fundamentais de caracteres ontológicos. O ente, que lhes corresponde, impõe, cada vez, um modo diferente de se interrogar primariamente: o ente é um quem (existência) ou um que (algo simplesmente dado no sentido mais amplo)." HEIDEGGER, Martin. *Ser e tempo*. Petrópolis: Vozes; Bragança Paulista: Universitária São Francisco, 2006, p. 89. Na fenomenologia hermenêutica, então, "Denominamos os caracteres ontológicos da presença de existenciais porque eles se determinam a partir da existencialidade. Estes devem ser nitidamente diferenciados das determinações ontológicas dos entes que não têm o modo de ser da presença, os quais chamamos de categorias (N9)." HEIDEGGER, Martin. *Ser e tempo*. Petrópolis: Vozes; Bragança Paulista: Universitária São Francisco, 2006, p. 88.

vadoras", capazes, a partir de agora, de mudar o mundo e estabelecer a justiça, a celeridade, a diminuição do número de contendas, a realização de direitos, como quem tira um coelho da cartola. Medidas inócuas construídas para serem inócuas em um mundo de mônadas solitárias e de excluídos. Nesse mundo, em que direitos fundamentais esperam realização, o próprio direito, por não viabilizar essa realização, perde legitimidade. Não é possível construir o "novo" sobre o velho alicerce – o individualismo. Não serão súmulas vinculantes ou tentativas de industrialização de sentenças como a que se vê no citado artigo 285–A do Código de Processo Civil que irão diminuir o número de processos e permitirão aos juízes o julgamento refletido das causas. As soluções não são para hoje, o eterno presente da modernidade, exigem microrrevoluções, paulatinas mudanças no pensamento das pessoas. As posições salvacionistas têm por fim permitir a eterna espera de que o mundo mude, seja salvo, quem sabe ainda hoje. A relação entre direito material e processo espera ser salva todos os dias, por súmulas vinculantes, sentenças em série, limitação de recursos em modo abstrato.

XI. Por tudo isso, é razoável acreditar que remendos legislativos não levarão ao novo, pois refletem a velha crença do sistema no conceito abstrato. Desconhecer a potência e a força do direito material – negando a ação de direito material – é atitude que continuará impedindo a possibilidade do acontecer do direito material no processo, no qual, nos caminhos do método, ele perde sua essência, sua própria existência, por vezes. Por isso não há uma proposta legislativa construída ao final do presente livro. Não se achará um anexo, com a fórmula mágica que levará o processo à efetividade.

XII. A afirmação da ação de direito material, como linguagem que fala ao processo, pois ela é o modo-de-ser do direito material, permite que a relação entre direito material e processo retome sua capacidade de construção de sentidos autênticos e de concretização de pretensões. Ela é o pressuposto do acontecer do direito material no processo, uma aposta paradoxal, mas verdadeiramente fundamental, que só se dará a partir de uma virada na compreensão em direção à hermenêutica filosófica, porque com ela o que foi alijado – o mundo prático – é retomado, permitindo que o direito material seja realizado em sua essência, aquilo que ele é, e não uma imagem refletida de seu ser, nem uma essência ideal pronta a ser extraída. Permitindo, então, que a ação de direito material, que foi alijada da relação que é objeto das presentes refexões – a relação entre direito material e processo – possa ser a medida e o parâmetro, informando o processo sobre as necessidades concretas das pretensões de direito material, impede-se o predomínio da técnica e da exceção. Com isso, o direito material, concreto, não apenas normativo, retoma força impositiva, viabilizando-se a concretização de seu conteúdo por meio do processo, cuja esfera não é negada, mas retomada em uma dimensão autêntica, em que sua própria essência é receber e doar, concretizando pretensões, satisfazendo-as, interferindo no mundo prático. O processo, assim, resgata sua dimensão ontológica.

XIII. É justamente essa a aposta paradoxal que aqui se faz, na busca da superação da ideologia e da construção da autenticidade (sempre no sentido gadameriano da palavra): retomar a ação de direito material, como forma de resgate do mundo prático, o que permite que a tarefa da interpretação e da compreensão se dê como aplicação, em que o modo--de-ser do direito material possa impor-se no processo, transformando-o e, com isso, transformando mundo. A presente aposta no resgate da ação de direito material, acredita, com Heidegger, nas palavras do poeta Höderlin: "onde mora o perigo é lá que também cresce o que salva".[443]

---

[443] HEIDEGGER, Martin. A questão da técnica. In: HEIDEGGER, Martin. *Ensaios e conferências*. Petrópolis: Vozes; Bragança Paulista: Universitária São Francisco, 2006, p. 31.

Bibliografia

AGAMBEN, Giorgio. *Estado de exceção*. São Paulo: Boitempo, 2004.

——. *Infância e história*. Belo Horizonte: UFMG, 2005.

AGUIAR, Roberto A. R. Alteridade e rede no direito. *Veredas do Direito*. Belo Horizonte, v. 3, n. 6, p. 11-43, jul./dez. 2006.

ALVES, José Carlos Moreira. *Direito romano*. Rio de Janeiro: Forense, 1978. v. 1.

AMARAL, Guilherme Rizzo. A polêmica em torno da 'ação de direito material'. In: MACHADO, Fábio Cardoso; AMARAL. Guilherme Rizzo (org.). *Polêmica sobre a ação*: a tutela jurisdicional na perspectiva das relações entre direito e processo. Porto Alegre: Livraria do Advogado, 2006, p. 111-127.

ARENDT, Hannah. *A Condição humana*. Rio de Janeiro: Forense Universitária, 2007.

ARENHART, Sérgio Cruz. *Perfis da tutela inibitória coletiva*. São Paulo: Revista dos Tribunais, 2003.

ARNAUD, André-Jean et al. *Dicionário enciclopédico de teoria e sociologia do direito*. Rio de Janeiro: Renovar, 1999.

ASSIS, Araken de. *Cumprimento da sentença*. Rio de Janeiro: Forense, 2006.

——. *Fungibilidade das medidas inominadas cautelares e satisfativas*. Porto Alegre: Síntese, [S.l:, s.n , 19--]. Estudo gentilmente cedido pelo autor.

BADIE, Bertrand; HERMET, Guy. *Política comparada*. México: Fondo de Cultura Económica, 1990.

BARCELONA, Pietro. *El individualismo proprietário*. Madrid: Trotta, 1996.

BARRETTO, Vicente de Paulo. Perspectivas epistemológicas do direito do século XXI. In: *Constituição, Sistemas Sociais e Hermenêutica:* Programa de Pós-Graduação em Direito da UNISINOS. Porto Alegre: Livraria do Advogado, p. 245-264, 2005.

——. et al. *Dicionário de filosofia do direito*. São Leopoldo: UNISINOS, 2006.

BARTHES, Roland. *Aula*. São Paulo: Cultrix, 1978.

BARZOTTO, Luis Fernando. Prudência e jurisprudência: uma reflexão epistemológica sobre a jurisprudentia romana a partir de Aristóteles. In: *Anuário do Programa de Pós-Graduação em Direito:* Mestrado e Doutorado. São Leopoldo: UNISINOS, p. 163-192, 1998-1999.

BAUMAN, Zygmunt. *Modernidade líquida*. Rio de Janeiro: Jorge Zahar, 2001.

——. *La hermenéutica y las ciências sociales*. Buenos Aires: Nueva Visión, 2002.

BEDAQUE, José Roberto dos Santos. *Direito e processo:* influência do direito material sobre o processo. São Paulo: Malheiros, 1995.

——. Efetividade do processo e técnica processual. São Paulo: Malheiros, 2006.

BERCOVICI, Gilberto. *Constituição e estado de exceção permanente*: atualidade de Weimar. Rio de Janeiro: Azougue, 2004.

BIONDI, Biondo. *Instituzioni di diritto romano*. Milano: Giuffrè, 1972.

BOURDIEU, Pierre. *O poder simbólico*. Rio de Janeiro: Bertrand Brasil, 2005.

——. *As razões práticas*: sobre a teoria da ação. São Paulo: Papirus, 1994.

BOURIE, Enrique Barros. La moderna ciencia juridica alemana y la obra de Arthur Kaufmann. In: KAUFMANN, Arthur. *Analogia y 'naturaleza de la cosa'*: hácia una teoria de la comprension juridica. Santiago: Editorial Jurídica de Chile, 1976, p. 9-31.

CALAMANDREI, Piero. *Eles, os juízes, vistos por um advogado*. São Paulo: Martins Fontes, 2000.

——. *Los estudios de derecho procesal en Italia*. Buenos Aires: Jurídicas Europa-América, 1956.

——. *Estudios sobre el proceso civil*. Buenos Aires: Bibliografica Argentina, 1945.

——. Instituciones de derecho procesal civil segun el nuevo codigo. Buenos Aires: Jurídicas Europa-América, 1962. v. 1.

CALMON DE PASSOS, J. J. *Direito, poder, justiça e processo*. Rio de Janeiro: Forense, 2003.

——. Em torno das condições da ação: possibilidade jurídica. *Revista de Direito Processual Civil*, São Paulo, v. 4, p. 57-66, 1961.

——. Instrumentalidade do processo e devido processo legal. In: *Revista de Processo*, São Paulo: Revista dos Tribunais, v. 102, p. 55-67, 2001.

CASALMIGLIA, Albert. Postpositivismo. *Doxa*, n. 21, 1998.

CAPPELLETTI, Mauro. *Juízes legisladores?* Porto Alegre: Sergio Antonio Fabris, 1999.

CARNEIRO, Athos Gusmão. *A antecipação de tutela no processo civil*. Rio de Janeiro: Forense, 1998.

CASSIRER, Ernst. *Indivíduo e cosmos na filosofia do renascimento*. São Paulo: Martins Fontes: 2001.

CHEVALLIER, Jean-Jacques; GUCHET, Yves. *As grandes obras políticas*: de Maquiavel à actualidade. Portugal: Europa-América, 2004.

CHIARLONI, Sergio. Introduzione allo studio del diritto processuale civile. Torino: G. Giapichelli, 1975.

——. Misure coercitive e tutela dei diritti. Milano: Dott. A. Giuffrè, 1980.

CHIOVENDA, Giuseppe. La acción en el sistema de los derechos. In: ——. *Ensayos de derecho procesal civil*. Buenos Aires: Europa-América, 1949.

——. *Ensayos de derecho procesal civil*. Buenos Aires: Ediciones Jurídicas Europa-América, 1949.

——. La idea romana en el proceso civil moderno. In: —— *Ensayos de derecho procesal civil*. Buenos Aires: Europa-América, 1949.

——. Instituições de direito processual civil. São Paulo: Saraiva, 1965.

CINTRA, Antonio Carlos de Araújo; GRINOVER, Ada Pellegrini; DINAMARCO, Cândido Rangel. *Teoria geral do processo*. São Paulo: Revista dos Tribunais, 1991.

COUTURE, Eduardo J. *Fundamentos de direito processual civil*. São Paulo: Saraiva, 1946.

DALL'AGNOL. Jorge. *Pressupostos processuais*. Porto Alegre: Letras Jurídicas, 1988.

DE MARTINO, Francesco. *La giurisdizine nel diritto romano*. Padova: Cedam, 1937.

DELACAMPAGNE, Christian. *A filosofia política hoje*: idéias, debates, questões. Rio de Janeiro: Jorge Zahar, 2001.

DENTI, Vittorio. *Processo civile e giustizia sociale*. Milano: Edizioni di Comunità, 1971.

———. *Un progetto per la giustizia civile*. Bologna: Società Editrice il Mulino, 1982.

DESCARTES, René. *Discurso do método*. Rio de Janeiro: José Olympio, 1960.

DINAMARCO, Cândido Rangel. *Instrumentalidade do processo*. São Paulo: Malheiros, 2005.

———. *A reforma do código de processo civil*. São Paulo: Malheiros, 1995.

———. *Tutela jurisdicional*. Revista de Processo, Porto Alegre, n. 81, 1996.

DUARTE, Francisco Carlos. *Comentários à emenda constitucional 45/2004*: os novos parâmetros do processo civil no direito brasileiro. [S.l.]: [S.n.], 2004.

DWORKIN, Ronald. *O Império do direito*. São Paulo: Martins Fontes, 2003.

ENGISCH, Karl. *Introdução ao pensamento jurídico*. Lisboa: Fundação Calouste Gulbenkian, 2004.

FARIA, José Eduardo (org.). *Direito e justiça*: a função social do judiciário. São Paulo: Ática, 1989.

FERRARI, Franchi Ferroci. *I quattro codici*: codice di procedura civile di Italia, in vigore dal 21 aprile 1942 e codice civile di Italia. Milano: Ulrico Hoepli, 1997.

FERREIRA, Bernardo. *O risco do político*: crítica ao liberalismo e teoria política no pensamento de Carl Schmitt. Belo Horizonte: UFMG, 2004.

FOUCAULT, Michel. *Microfísica do poder*. Rio de Janeiro: Graal, 2006.

———. *Vigiar e punir*. Petrópolis: Vozes, 2000.

GADAMER, Hans-Georg. *Hermenêutica em retrospectiva:* Heidegger em retrospectiva. Petrópolis: Vozes, 2007.

———. *Hermenêutica em retrospectiva:* a virada hermenêutica. Petrópolis: Vozes, 2007.

———. *A razão na época da ciência*. Rio de Janeiro: Tempo Universitário, 1983.

———. Subjetividade e intersubjetividade, sujeito e pessoa. In: ———. *Hermenêutica em retrospectiva:* a virada hermenêutica. Petrópolis: Vozes, 2007, p. 9-27.

———. *Verdade e método*. Petrópolis: Vozes; Bragança Paulista: Universitária São Francisco, 1997.

GIOFREDDI, Carlo. *Contributi allo studio del processo civile romano:* note critiche e spunti ricostruttivi. Milano: Dott. A. Giuffrè, 1947.

GRONDIN, Jean. *Introdução à hermenêutica filosófica*. São Leopoldo: UNISINOS, 1999.

GUSMÃO, Paulo Dourado de. *Introdução à ciência do direito*. São Paulo: Forense, 1976.

HABERMAS, Jürgen. *Direito e democracia*: entre facticidade e validade. Rio de Janeiro: Tempo Brasileiro, 2003.

HART, Herbert. *O conceito de direito*. Lisboa: Fundação Calouste Gulbenkian, 2005.

HEIDEGGER, Martin. A Coisa. In: ———. *Ensaios e conferências*. Petrópolis: Vozes, 2006, p. 143-160.

———. *Ensaios e conferências*. Petrópolis: Vozes; Bragança Paulista: Universitária São Francisco, 2006.

———. La epoca de la imagen del mundo. In: ———. *Caminos de bosque*. Madrid: Alianza, 1996. Disponível em: <http:www.heideggeriana.com.ar>. Acesso em: jun. 2007.

———. A questão da técnica. In: ———. *Ensaios e conferências*. Petrópolis: Vozes, 2006.

———. *Ser e tempo*. Petrópolis: Vozes; Bragança Paulista: Universitária São Francisco, 2006.

HELLER, Agnes. *Além da justiça*. Rio de Janeiro: Civilização Brasileira, 1998.

HERMET, Guy. *Cultura e desenvolvimento*. Petrópolis: Vozes, 2002.

HESSE, Konrad. *A Força normativa da constituição*. Porto Alegre: Sergio Antonio Fabris, 1991.

HINKELAMMERT, Franz J. *El sujeto y la ley*: el retorno del sujeto reprimido. Heredia: EUNA, 2003.

HOUAISS, Antônio. *Dicionário Houaiss da língua portuguesa*. Rio de Janeiro: Objetiva, 2001.

JHERING, Rudolf Von. En el cielo de los conceptos jurídicos. In: ———.*Bromas y veras en la jurisprudencia*. Buenos Aires: EJEA, 1974, p. 281-355.

———. De regresso en la Tierra. In: ———.*Bromas y veras en la jurisprudencia*. Buenos Aires: EJEA, 1974, p. 357-397.

———. Bromas y veras en la jurisprudencia. Buenos Aires: EJEA, 1974.

———. *A luta pelo direito*. Rio de Janeiro: Rio, 1983.

KAUFMANN, Arthur. *Analogia y "naturaleza de la cosa"*: hacia uma teoria de la comprension jurídica.Santiago: Editorial Jurídica de Chile, 1976.

———. La filosofía del derecho en la posmodernidad. Santa Fé de Bogotá: Temis, 1992.

KELSEN, Hans. *Teoria pura do direito*. São Paulo: Martins Fontes, 2003.

KOSCHAKER, Paul. *Europa y derecho romano*. Madrid: Revisa de Derecho Privado, 1955.

KUHN, Thomas S. *A estrutura das revoluções científicas*. São Paulo: Perspectiva, 2005.

LACERDA, Galeno. *Comentários ao código de processo civil*. Rio de Janeiro: Forense, 1984.

LARENZ, Karl. *Metodologia da ciência do direito*. Lisboa: Fundação Calouste Gulbenkian, 2005.

LEAL, Rosemiro Pereira. *Teoria processual da decisão jurídica*. São Paulo: Lany, 2002.

LIEBMAN, Enrico Tulio. *Eficácia e autoridade da sentença*. Rio de Janeiro: Forense, 1945.

MACEDO JÚNIOR. Ronaldo Porto. *Carl Schmitt e a fundamentação do direito*. São Paulo: Max Limonad, 2001.

MACHADO, Fábio Cardoso. "Ação" e ações: sobre a renovada polêmica em torno da ação de direito material. In: MACHADO, Fábio Cardoso; AMARAL, Guilherme Rizzo. (orgs.). *Polêmica sobre a ação*: a tutela jurisdicional na perspectiva das relações entre direito e processo. Porto Alegre: Livraria do Advogado, 2006, p. 139-164.

———; AMARAL, Guilherme Rizzo. (org.).*Polêmica sobre a ação*. Porto Alegre: Livraria do Advogado, 2006.

MACPHERSON, C. B. *A teoria política do individualismo possessivo*: de Hobbes a Locke. Rio de Janeiro: Paz e Terra, 1979.

MACYNTIRE, Alasdayr. *Depois da virtude*: um estudo em teoria moral. Bauru: Universidade do Sagrado Coração, 2001.

———. *Justiça de quem?* Qual racionalidade? São Paulo: Loyola, 1991.

MANNHEIM, Karl. *Ideologia e utopia*. Rio de Janeiro: Guanabara, 1986.

MARINONI, Luiz Guilherme. Da ação abstrata e uniforme à ação adequada à tutela dos direitos. In: MACHADO, Fábio Cardoso; AMARAL, Guilherme Rizzo. (orgs.). *Polêmica sobre a ação*. Porto Alegre: Livraria do Advogado, 2006, p. 197-252.

———. *Técnica processual e tutela dos direitos*. São Paulo: Revista dos Tribunais, 2004.

———. *Tutela específica*. São Paulo: Revista dos Tribunais, 2001.

———. *Tutela inibitória (individual e coletiva)*. São Paulo: Revista dos Tribunais, 2003.

———. *Teoria Geral do Processo*. São Paulo: Revista dos Tribunais, 2008.

MELLO, Marcos Bernardes de. *Teoria do fato jurídico*. São Paulo: Saraiva, 1991.

———. *Teoria do fato jurídico* – Plano da Validade. São Paulo: Saraiva, 1997.

——. *Teoria do fato jurídico* – Plano da Eficácia. 1ª Parte. São Paulo: Saraiva, 2007.

MENDEZ, Francisco Ramos. *Derecho y proceso*. Barcelona: Librería Bosch, 1979.

MERRYMAN, John Henry. Lo 'Stile italiano: la doctrina. In: *Rivista Trimestrale di Diritti e Procedura Civile*. Milano: Dott. A. Giuffrè, p. 1170-1208, 1966.

——. Lo 'Stile italiano: l'interpretazione. *Rivista Trimestrale di Diritti e Procedura Civile*. Milano: Dott. A. Giuffrè, v. 1, s.n, p. 373-414, 1968.

MERRYMAN, John Henry. *La tradicion juridica romano-canonica*. Mexico: Fondo de Cultura Económica, 1971.

MESQUITA, José Ignacio Botelho de. *Da ação civil*. São Paulo: Revista dos Tribunais, 1975.

MICHELI. Gian Antonio. Curso de derecho procesal civil. In: *Derecho procesal civil*. Buenos Aires: Jurídicas Europa-América, 1970, v. 1.

——. *Derecho procesal civil*. Buenos Aires: Ediciones Juridicas Eurpora-América, 1959.

——. Estudios de derecho procesal civil. In: *Derecho procesal civil*. Buenos Aires: Jurídicas Europa-América, 1970, v. 4.

——. Jurisdicción y acción: premisas críticas al estudio de la acción en el proceso civil. In: ——. *Estudios de derecho procesal civil*. Buenos Aires: Ediciones Jurídicas Europa-América, 1970, p. 151-181.

——. La unidad del ordenamiento y el proceso civil. In: ——. *Estudios de derecho procesal civil*. Buenos Aires: Ediciones Jurídicas Europa-América, 1970, p. 289-321.

MITIDIERO. Daniel Francisco. Polêmica sobre a teoria dualista da ação (ação de direito material – "ação" processual): uma resposta a Guilherme Rizzo Amaral. In: MACHADO, Fábio Cardoso; AMARAL, Guilherme Rizzo. (orgs.). *Polêmica sobre a ação*. Porto Alegre: Livraria do Advogado, 2006, p. 129-137.

MONTEIRO, Washington de Barros. *Curso de Direito Civil*: Direito das Obrigações. 1ª Parte. São Paulo: Saraiva, 1979.

MORAIS, José Luis Bolzan de. Crise do Estado, constituição e democracia política: a "realização" da ordem constitucional! E o povo... In: *Constituição, Sistemas Sociais e Hermenêutica*: Programa de Pós-Graduação em Direito da UNISINOS. Porto Alegre: Livraria do Advogado, p. 91-111, 2005.

——. As crises do estado e da constituição e a transformação espacial dos direitos humanos. Porto Alegre: Livraria do Advogado, 2002.

MOREIRA, José Carlos Barbosa. Efetividade do processo e técnica processual. In: ——. *Temas de direito processual*. São Paulo: Saravia, 1997, p. 17-31.

——. *O novo processo civil brasileiro*. Rio de Janeiro: Forense, 1993.

——. Sentença Executiva? *Revista de Direito Civil e Processual Civil* nº 27. Porto Alegre: Síntese, janeiro/fevereiro, 2004, p. 147-162.

——. *Temas de direito processual*. São Paulo: Saraiva, 1989.

——. *Temas de direito processual*. São Paulo: Saraiva, 1997.

MORIN, Edgar. *Os sete saberes necessários à educação do futuro*. São Paulo: Cortez; Brasília, 2006.

MUTHER. Theodor. Sobre la doctrina de la "actio" romana, del derecho de accionar actual, de la "litiscontestatio" y de la sucesión singular en las obligaciones. In: WINDSCHEID, Bernhard; MUTHER, Theodor. *Polemica sobre la "actio"*. Buenos Aires: Europa-América, 1974, p. 197-287.

NERY JÚNIOR, Nelson. *Princípios do processo civil na Constituição Federal*. São Paulo: Revista dos Tribunais, 1997.

NEVES, Celso. *Estrutura fundamental do processo civil*: tutela jurídica processual, ação, processo e procedimento. Rio de Janeiro: Forense, 1995.

OLIVEIRA, Carlos Alberto Alvaro de. Direito material, processo e tutela jurisdicional. In: MACHADO, Fábio Cardoso; AMARAL, Guilherme Rizzo (org.). *Polêmica sobre a ação*: a tutela jurisdicional na perspectiva das relações entre direito e processo. Porto Alegre: Livraria do Advogado, 2006, p. 285-319.

——. Efetividade e tutela jurisdicional. In: MACHADO, Fábio Cardoso; AMARAL, Guilherme Rizzo (org.). *Polêmica sobre a ação*: a tutela jurisdicional na perspectiva das relações entre direito e processo. Porto Alegre: Livraria do Advogado, 2006, p. 83-109.

——. Poderes do juiz e visão cooperativa do processo. *Revista Processo e Constituição*. Porto Alegre: Faculdade de Direito, UFRGS, 2004.

——. O problema da eficácia da sentença. In: MACHADO, Fábio Cardoso; AMARAL, Guilherme Rizzo (org.). *Polêmica sobre a ação*: a tutela jurisdicional na perspectiva das relações entre direito e processo. Porto Alegre: Livraria do Advogado, 2006, p. 41-54.

——. (org.).*Saneamento do processo*: estudos em homenagem ao Prof. Galeno Lacerda. Porto Alegre: Sergio Antonio Fabris, 1989.

OST, François. *O tempo do direito*. Bauru: Universidade do Sagrado Coração, 2005.

PISANI. Andrea Proto. *Lezioni di diritto processuale civile*. Napoli: Eugenio Jovene, 1996.

PLATÃO. *A alegoria da caverna*. Brasília: LGE, 2006.

——. *Crátilo*. Lisboa: Instituto Piaget, 2000.

PONTES DE MIRANDA, Francisco Cavalcanti. *Comentários ao Código de Processo Civil*. Rio de Janeiro: Revista Forense, 1959.

——. *Tratado das ações*. Campinas: Bookseller, 1999. 8 v.

PORTANOVA, Rui. *Motivações ideológicas da sentença*. Porto Alegre: Livraria do Advogado, 2003.

PUGLIESE, Giovani. Introduccion da polemica sobre la "actio". In: WINDSCHEID, Bernhard; MUTHER, Theodor. *Polemica sobre la "actio"*. Buenos Aires: Europa-América, 1974, p. XI-XLI.

REALE, Miguel. *Lições preliminares de direito*. São Paulo: Saraiva, 1990.

REDENTI, Enrico. *Derecho procesal civil*. Buenos Aires: Ediciones Jurídicas Europa-América, 1957.

RIBEIRO, Darci Guimarães. A garantia constitucional do postulado da efetividade desde o prisma das sentenças mandamentais. In: *Constituição, Sistemas Sociais e Hermenêutica*: Programa de Pós-Graduação em Direito da UNISINOS. Porto Alegre: Livraria do Advogado, p. 187-200, 2005.

——. *La pretensión procesal y la tutela judicial efectiva*: hacia uma teoria procesal del derecho. Barcelona: J.M. Bosch Editor, 2004.

ROCHA, Álvaro Filipe Oxley da. Direito, Estado e justiça: conceitos e debates em filosofia política. In: *Constituição, Sistemas Sociais e Hermenêutica*: Programa de Pós-Graduação em Direito da UNISINOS. Porto Alegre: Livraria do Advogado, p. 19-38, 2005.

ROCHA, Leonel Severo. *Epistemologia jurídica e democracia*. 2. ed. São Leopoldo: UNISINOS, 2003.

——. (org.).*Teoria do Estado e do Direito*. Porto Alegre: Sergio Antonio Fabris, 1994.

——; STRECK, Lenio Luiz. (org.). *Constituição, Sistemas Sociais e Hermenêutica*: Programa de Pós-Graduação em Direito da UNISINOS. Porto Alegre: Livraria do Advogado, 2005.

SANCHÍS, Luis Prieto. Tribunal constitucional y positivismo jurídico. In: *Doxa*, n. 23, 2000.

SANTOS, Boaventura de Sousa. Introdução à sociologia da administração da justiça. In: FARIA, José Eduardo. (org.).*Direito e justiça*: a função social do judiciário. São Paulo: Ática, 1989.

SANTOS, Moacyr Amaral. *Primeiras linhas de direito processual civil*. São Paulo: Saraiva, 1981.

SATTA, Salvatore. *Direito processual civil*. Rio de Janeiro: Borsoi, 1973.

SAVIGNY. Frederick Karl von. *Sistema de derecho romano actual*. Madrid: Góngora, 1879.

——. Sistema del derecho romano actual. Madrid: Góngora, 1930.

SCHMITT, Carl. O Führer protege o direito. In: MACEDO JÚNIOR, Ronaldo Porto. *Carl Schmitt e a fundamentação do direito*. São Paulo: Max Limonad, 2001, p. 219-225.

——. *Romanticismo político*. Buenos Aires: Universidad Nacional de Quilmes, 2000.

——. Sobre os três tipos do pensamento jurídico. In: MACEDO JÚNIOR, Ronaldo Porto. *Carl Schmitt e a fundamentação do direito*. São Paulo: Max Limonad, 2001, p. 161-217.

SILVA, Franklin Leopoldo E. *Descartes:* a metafísica da modernidade. São Paulo: Moderna, 2005.

SILVA FILHO. José Carlos Moreira da. *Hermenêutica filosófica e direito*: o exemplo privilegiado da boa-fé objetiva no direito contratual. Rio de Janeiro: Lúmen Júris, 2006.

——; ALMEIDA, Lara Oleques; ORIGUELLA. Daniela. Ensino do direito e hermenêutica jurídica: entre a abordagem metodológica e a viragem lingüística. *Revista de Estudos Jurídicos*. São Leopoldo, v. 37, n. 101, p. 5-28, set./dez. 2004.

——; ALMEIDA, Lara Oleques; ORIGUELLA. Daniela. O princípio da boa-fé objetiva no direito contratual e o problema do homem médio: da jurisprudência dos valores à hermenêutica filosófica. In: *Constituição, Sistemas Sociais e Hermenêutica*: Programa de Pós-Graduação em Direito da UNISINOS. Porto Alegre: Livraria do Advogado, p. 87, 2005.

SILVA, Ovídio Araújo Baptista da. A ação condenatória como categoria processual. In: ——. *Da sentença liminar à nulidade da sentença*. Rio de Janeiro: Forense, 2002.

——. *Ação de imissão de posse*. São Paulo: Revista dos Tribunais, 1997.

——. Ações e sentenças executivas. In: *Jurisdição, direito material e processo*. Rio de Janeiro: Forense, 2008.

——. *Antecipação de tutela:* duas perspectivas de análise. [S.l: s.n, 200-]. Estudo gentilmente cedido pelo autor.

——. Coisa julgada relativa? In: *Studi di diritto processuale civile*, Milano, v. I-II-III , p. 963-979, 2005.

——. *Curso de processo civil*. Porto Alegre: Sergio Antonio Fabris, 1991. v. 1.

——. *Curso de processo civil*. Porto Alegre: Sergio Antonio Fabris, 1993. v. 3.

——. *Curso de processo civil*: Processo de Conhecimento. Rio de Janeiro: Forense, 2005. v. 1.

——. *Curso de processo civil*. . Rio de Janeiro: Forense, 2008. v. 1. t. II.

——. *Curso de processo civil*: Processo Cautelar (Tutela de urgência). Rio de Janeiro: Forense, 2007. v. 2.

——. Da sentença liminar à nulidade da sentença. Rio de Janeiro: Forense, 2002.

_____. Direito material e normativismo jurídico. In: *Constituição, Sistemas Sociais e Hermenêutica:* Programa de Pós-Graduação em Direito da UNISINOS. Porto Alegre: Livraria do Advogado, p. 217-240, 2005.

_____. Direito material e processo. In: MACHADO, Fábio Cardoso; AMARAL, Guilherme Rizzo (org.). *Polêmica sobre a ação*: a tutela jurisdicional na perspectiva das relações entre direito e processo. Porto Alegre: Livraria do Advogado, 2006, p. 55-81.

_____. Direito subjetivo, pretensão de direito material e ação. In: MACHADO, Fábio Cardoso; AMARAL, Guilherme Rizzo (org.). *Polêmica sobre a ação*: a tutela jurisdicional na perspectiva das relações entre direito e processo. Porto Alegre: Livraria do Advogado, 2006, p. 15-39.

_____. Jurisdição, direito material e processo. Rio de Janeiro: Forense, 2008.

SILVA, Ovídio Araújo Baptista da. *Jurisdição e execução na tradição jurídica romano-canônica.* Rio de Janeiro: Forense, 2007.

_____. A *Jurisdictio* romana e a jurisdição moderna. In: _____. *Jurisdição, direito material e processo*. Rio de Janeiro: Forense, 2008, p. 263-282.

_____. *Curso de processo civil:* Processo cautelar (tutela de urgência.). Rio de Janeiro: Forense, 2007. v. 2.

_____. *Processo e ideologia:* o paradigma racionalista. Rio de Janeiro: Forense, 2004.

_____. Reforma dos processos de execução e cautelar. In: _____. *Da senteça liminar à nulidade da sentença*. Rio de Janeiro: Forense, 2002, p. 169-176.

_____. Unidade do ordenamento e jurisdição declaratória. In: _____. *Jurisdição, direito material e processo*. Rio de Janeiro: Forense, 2008, p. 1-136.

_____.Verdade e significado. In: *Constituição, Sistemas Sociais e Hermenêutica:* Programa de Pós-Graduação em Direito da UNISINOS. Porto Alegre: Livraria do Advogado, p. 265-281, 2005.

_____; GOMES, Fábio Luiz. *Teoria geral do processo civil.* São Paulo: Revista dos Tribunais, 1997.

SKINNER, Quentin. *Los fundamentos del pensamiento político moderno I:* el renacimiento. México: Fondo de Cultura Economica, 1985.

_____. *Los fundamentos del pensamiento político moderno II*: la reforma. México: Fondo de Cultura Económica, 1985.

SOUZA, Ielbo Marcus Lobo de. Hobbes e a segurança global num ambiente internacional de anarquia. In: *Constituição, Sistemas Sociais e Hermenêutica:* Programa de Pós-Graduação em Direito da UNISINOS. Porto Alegre: Livraria do Advogado, 2005, p. 77-90.

SOUZA, Ricardo Timm. Alteridade & pós-modernidade: sobre os difíceis termos de uma questão fundamental. In: _____. *Sentido e alteridade:* dez ensaios sobre o pensamento de Emmanuel Levinas. Porto Alegre: EdiPUCRS, 2000, p. 147-187.

_____. *Sentido e alteridade*: dez ensaios sobre o pensamento do Emmanuel Levinas. Porto Alegre: PUCRS, 2000.

STEIN, Ernildo. *Aproximações sobre hermenêutica.* Porto Alegre: EdiPUCRS, 2004.

_____. Uma breve introdução à filosofia. Ijuí: Unijuí, 2005.

_____. *Compreensão e finitude.* Ijuí: Unijuí, 2001.

_____. *Diferença e metafísica.* Porto Alegre: EdiPUCRS, 2000.

_____. *A questão do método na filosofia.* Porto Alegre: Movimento, 1983.

STEIN, Ernildo. *Seis estudos sobre "ser e tempo".* Petrópolis: Vozes, 2005.

STRECK, Lenio Luiz. Da interpretação de textos à concretização de direitos: a incindibilidade entre interpretar e aplicar a partir da diferença ontológica (ontologische differenz) entre texto e norma. In: *Constituição, Sistemas Sociais e Hermenêutica:* Programa de Pós-Graduação em Direito da UNISINOS. Porto Alegre: Livraria do Advogado, p. 147-180, 2005.

——. A hermenêutica filosófica e as possibilidades de superação do positivismo pelo (neo) constitucionalismo. In: *Constituição, Sistemas Sociais e Hermenêutica:* Programa de Pós-Graduação em Direito da UNISINOS. Porto Alegre: Livraria do Advogado, p. 153-185, 2005.

——. *Hermenêutica jurídica e(m) crise*. Porto Alegre: Livraria do Advogado, 2005.

——. *Jurisdição constitucional e hermenêutica*: uma nova crítica do direito. Rio de Janeiro: Forense, 2004.

——. *Verdade e consenso*. Rio de Janeiro: Lúmen Júris, 2006.

——; MORAIS, Jose Luis Bolzan de. *Ciência política e teoria geral do Estado*. Porto Alegre: Livraria do Advogado, 2004.

TAYLOR, Charles. *La ética de la autenticidad*. Barcelona: Paidós, 1994.

——. *As fontes do self*. São Paulo: Loyola, 1997.

THEODORO JÚNIOR, Humberto. A onda reformista do direito positivo e suas implicações com o princípio da segurança jurídica. *Revista da EMERJ*, v. 9, n. 35, 2006.

——. As vias de execução do Código de Processo Civil brasileiro reformado. *RDCPC*, n. 43, p. 31-65, set./out. 2006.

VATTIMO, Gianni. *O fim da modernidade*: nihilismo e hermenêutica na cultura pós-moderna. São Paulo: Martins Fontes, 2002.

VILLEY, Michel. *Direito romano*. Porto: Rés, 1991.

——. A formação do pensamento jurídico moderno. São Paulo: Martins Fontes, 2005.

WARAT, Luís Alberto. *A ciência jurídica e seus dois maridos*. Santa Cruz do Sul: UNISC, 2000.

——. O outro lado da dogmática jurídica. In: ROCHA, Leonel Severo (org.).*Teoria do Estado e do Direito*. Porto Alegre: Sergio Antonio Fabris, 1994, p. 81-95.

——.*Introdução Geral do Direito II*. Porto Alegre: Sergio Antonio Fabris, 1995.

WATANABE, Kazuo. Tutela antecipatória e tutela específica das obrigações de fazer e não fazer (arts. 273 e 461 do CPC). In: TEIXEIRA, Sálvio de Figueiredo (Coord.) *Reforma do Código de Processo Civil*. São Paulo: Saraiva, 1996, p. 160-190.

WINDSCHEID, Bernhard. La actio del derecho civil romano, desde el punto de vista del derecho actual. In: WINDSCHEID, Bernhard; MUTHER, Theodor. *Polemica sobre la "actio"*. Buenos Aires: Europa-América, 1974, p. 1-196.

——. MUTHER, Theodor. *Polemica sobre la "actio"*. Buenos Aires: EJEA, 1974.

ZACCARIA, Giuseppe. *L'arte dell'interpretazione:* saggi sull'ermeneutica giuridica contemporânea. Padova: Cedam, 1990.

ZANETI JÚNIOR, Hermes. A Teoria circular dos planos (direito material e direito processual). In: MACHADO, Fábio Cardoso; AMARAL, Guilherme Rizzo. (orgs.). *Polêmica sobre a ação*. Porto Alegre: Livraria do Advogado, 2006, p. 165-196.